申富平　王重润　主编

郭江山　曹衷阳　封文丽　郭翠荣　副主编

# 河北省
# 城市商业银行发展报告 (2017)

Development Report of City Commercial Banks of Hebei Province(2017)

河北经贸大学金融与企业创新研究中心
河北经贸大学京津冀县域金融研究中心
河北经贸大学金融研究所

经济管理出版社
ECONOMY & MANAGEMENT PUBLISHING HOUSE

**图书在版编目（CIP）数据**

河北省城市商业银行发展报告（2017）/申富平，王重润主编. —北京：经济管理出版社，2018.1
ISBN 978-7-5096-5593-1

Ⅰ.①河… Ⅱ.①申… ②王… Ⅲ.①城市商业银行—经济发展—研究报告—华北地区—2017
Ⅳ.①F832.35

中国版本图书馆 CIP 数据核字（2017）第 323809 号

组稿编辑：杨国强
责任编辑：杨国强　张瑞军
责任印制：黄章平
责任校对：董杉珊

出版发行：经济管理出版社
　　　　　（北京市海淀区北蜂窝 8 号中雅大厦 A 座 11 层　100038）
网　　址：www. E-mp. com. cn
电　　话：（010）51915602
印　　刷：玉田县昊达印刷有限公司
经　　销：新华书店
开　　本：787mm×1092mm/16
印　　张：14.75
字　　数：256 千字
版　　次：2018 年 1 月第 1 版　2018 年 1 月第 1 次印刷
书　　号：ISBN 978-7-5096-5593-1
定　　价：68.00 元

# 前　言

党的十九大报告提出，深化金融体制改革，增强金融服务实体经济能力。同时守住不发生系统性金融风险的底线。大力发展普惠金融、绿色金融与科技金融，增强金融服务实体经济的能力，在发展过程中加强区域系统性金融风险的防控。这是未来河北省金融深化改革的发展方向。当前，京津冀协同发展以及雄安新区建设为河北省金融业发展提供了历史契机。金融机构必须要认真学习贯彻十九大精神，研究如何更好服务于京津冀协同发展以及雄安新区建设，这不仅是国家战略需要，也是企业寻求新的增长点的内在需要。总之，在习近平中国特色社会主义思想指引下，中国已经步入新时代，开启新征程。河北省金融业也必将跨入新时代，迎来新发展。

城市商业银行（以下简称城商行）是地方金融体系的重要组成部分，壮大发展城商行对于区域金融稳定以及支持地方实体经济发展具有重要意义。当前经济增长正由高速度向高质量增长转变，金融领域深化改革给城商行带来机遇与挑战，城商行需要尽快完成转型，提升竞争力。在这个背景下，我们在2016年工作基础上继续撰写了蓝皮书《河北省城市商业银行发展报告（2017）》，以北京银行与天津银行为参照，对河北省城商行2016年发展状况进行了比较分析。

主要内容包括：①河北省城商行综合竞争力总体情况。从财务与非财务两个维度分析河北省城商行在2016年全年的经营管理情况。综合看，唐山银行、河北银行、邯郸银行、张家口银行综合竞争力比较强，而沧州银行、承德银行、保定银行、秦皇岛银行、邢台银行、衡水银行紧随其后。②河北省城商行融资业务发展年度报告。2014年以来，河北省城商行负债结构有了明显改善，在向主动负债与被动负债相均衡的方向发展，主动负债占比逐年上升，存款占比从原来的90%多下降到现在70%多。③河北省城商行金融科技发展年度报告。截至2016年底，11家城商行全部开展了网上银行和手机银行服务，河北银行和廊坊银行正式开通了直销银行业务。11家城商行均已建立了自己的电子商务平台，并且将智能移动终端作为业务创新和拓展的重要渠道，形成了以网银支付为基础，移动支付为主力，电话支付、自助终端、微信银行等多种电子渠道为辅助的电子银行业务结构。尝试利用大数据进行网上贷款审批与风险控制。而投融资业务智能化交易尚处于起步阶段，目前仅限于对基金、保险、贵金属业务的线上风险评估以及为客户提供量化投资策略。④河北省城商行信用卡业务发展年度报告。截至2016年底，仅有河北银行发行了信用卡，承德银行、邢台银行、沧州银行、衡水银行则面向事业单位工作人员发行了公务卡，属于不可办理附属卡的信用卡。而秦皇岛银行、张家口银行、唐山银行、保定银行、廊坊银行、邯郸银行暂时还未开通信用卡业务。⑤河北省城商行理财业务发展年度报告。理财产品最大投资对象是债券和货币市场工具为主的低风险自主投资；投资周期较短，高于1年的产品数量相对较少；发行低门槛理财产品数量占比为91.32%；截至2016年底，非保本浮动收益型产品数量最多，固定收益型产品数量次之，保本浮动收益型产品数量最少。理财产品刚性兑付开始打破，但亏损产品比例很低。⑥河北省城商行小微金融业务发展年度报告。河北省多数城商行完成小微企业贷款"三个不低于"指标，少数城商行完成小微企业贷款"两个不低于"指标，2016年河北省小微企业贷款总额已经超过1.1万亿元，11家城商行小微企业贷款约为1596.04亿元，占比14.5%。目前河北省城商行小微企业贷款不良率尚在监管容忍度之内，但经济继续下行将会带来较大压力。⑦雄安新区专题报告。探索河北省城商行雄安新区战略布局策略与途径，包括在雄安新区设立新的金融机构如成立"雄安银行"，开发"雄安新区建设"专属产品，加大产融结合，发起或参股设立产业基金，等等。

与现有的各种银行业发展报告相比，这份报告具有以下几个鲜明特点：一是综合考虑资产规模、安全性、流动性、盈利性等经营竞争力以及社会责任、治理结构等软实力来综合评价城商行竞争力。不以简单的资产规模去衡量评价银行实力，这符合当前经济增长由重数量、重规模向重质量、重内涵转变的发展战略。有助于引导各家银行把精力放在提升服务与风险管控方面上来。二是几个专题报告如金融科技、理财产品以及雄安新区专题等都比较新颖、务实，是城商行关心的热点问题，也是政府与社会所关注的问题，能够为城商行决策以及政府管理提供有价值的参考。三是数据资料翔实可靠，对现状的把握与问题的分析比较准确、深刻，针对性强，并具有较好的史料价值。

由于资料数据的限制，本报告存在诸多不足之处，敬请批评指正。

作　者

2017 年 12 月 12 日

# 目　录

# 第一章 河北省城市商业银行竞争力总体情况

## 一、城市商业银行竞争环境分析

影响城市商业银行（以下简称城商行）竞争力的因素有很多，但大致可以归纳为两大类：一类是包括经济发展状况、金融生态环境、政府管理因素等在内的宏观方面因素或称外部因素；另一类是包括银行发展定位和战略、经营管理水平等因素在内的微观因素或称内部因素。但随着经济的发展，城商行面临的竞争环境也随之变化。

### （一）城商行宏观竞争环境的变化

随着国内经济进入增长速度换挡期、结构调整阵痛期、前期刺激政策消化期的"三期叠加"阶段，城商行快速扩张所依赖的宏观经济红利不再，加之监管政策日趋严格，城商行发展面临的金融生态环境发生了根本性逆转。

第一，经济增速放缓，城商行经营面临下行周期的严峻考验。随着中国经济进入发展方式转型和结构调整的新阶段，GDP 目标增速和实际增速预期将显著下降，限制了银行资产规模扩张的能力。同时，前期大规模投资产生的部分行业产能过剩的问题也逐渐浮现，最终将体现在银行资产负债表上，负债增速有所减缓，不良率上升，持续保持较高资产质量的压力增大。再加上城商行经营的地域特性，在经济下行周期中将会面临更大的持续盈利和风险管理方面的挑战。

第二，金融市场化改革加速，既有盈利模式受到较大冲击。2016 年，中国利率市场化改革迈出新步伐，金融机构贷款利率管制全面放开，利率市场化改革已成为不可逆转的趋势，随着同业之间竞争加剧，如果仅仅依靠价格等传统手段进行竞争，将会迫使净利差水平向下限收敛，由此带来利差水平的显著下降。由于外部经营环境的影响，未来城商行发展很难复制前10年的高速增长，利差水平的下降将导致收入和利润增速放缓。

第三，监管标准日益提高，城商行面临更加严格的监管环境。2016年以来，一系列新监管办法及监管标准相继出台：一是新资本管理办法实施，城商行面临更高的资本要求、更严格的合格资本标准以及更广的风险覆盖范围。二是银监会《2016年商业银行理财业务监督管理办法（征求意见稿）》向社会公布，该征求意见稿吸纳了原有28个关于银行理财业务监管文件的重要内容，并提出一些创新性管理措施，从而形成一个更为全面的监督管理文件，城商行过去依赖同业业务推进规模扩张的增长模式难以为继。

## （二）城商行微观竞争环境的变化

城商行路径依赖的传统增长方式与需求结构的趋势转变形成明显反差，供求不匹配弱化了城商行增长后劲，而过往增长路径下的发展模式在模糊城商行发展定位的同时扭曲其决策机制，城商行发展转型陷入内生增长动力不足与外部环境变动的恶性循环。

第一，需求结构趋势性转折挑战既有模式。①资本市场日趋成熟弱化以商业银行为媒介的间接融资市场，加速金融脱媒现象。2016年，国内银行贷款占社会融资总量的69.9%，金融体系高度依赖银行系统。然而，伴随资本市场的快速发展，社会融资渠道逐渐多元化，包括信托、理财、债券等在内的非信贷资金渠道发展壮大。同期委托贷款、信托贷款、企业债券占比分别达到12.3%、4.8%和16.8%，合计占比达到33.9%，信托、债券等资金来源在社会融资中扮演着越来越重要的角色，在提升全社会资源配置效率的同时也在很大程度上影响着城商行作为金融中介机构的发展模式。②互联网金融竞争传统商业银行领域，不仅分流了城商行客户资源，同时也在逐步蚕食传统业务领域，由互联网企业主导和参与的第三方支付、网络金融产品、在线理财与财富管理、P2P贷款、网络金融平台等业务蓬勃兴起。互联网金融的出现使过去的市场格局发生了剧变，而不断衍生出的新的金融商业模式也成为挑战城商行传统金融模式的重要变量。虽然包括国有银行在内的大型商业银行纷纷应战，推出电商平台、类余额宝理财产品，但作为国内银行业第三梯队的城商行却因为自身人力资源、技术支撑的不足而应对乏力。

第二，传统路径依赖加剧供求结构失衡。在传统扩张路径下，城商行以增长为主要目标，在规模走上扩张快车道的同时，资本快速消耗、结构失衡成为常态。批发性融资的高成本以及同业资产收益的波动性使城商行的盈利水平难以得到保证，短期内更加难以支撑其转型发展。面临金融生态环境的逆转以及需求结构的趋势性转折，传统路径依赖造成转型的严重滞后，无法满足直接融资及互联网金融对商业模式转型的需求，进一步加剧城商行服务及产品供给与客户需求之间的矛盾。

第三，城商行发展定位模糊。传统粗放式增长方式模糊了城商行自身发展定位。城商行成立之初立足"服务地方经济、服务中小企业、服务广大市民"的市场定位，然而，宏观经济红利及监管套利使城商行走上网点扩张、规模增长的同质化发展道路。在不科学的激励约束机制下，以规模为核心指标的考核体系弱化了结构、转型、资本节约等科学发展目标。这种供求结构失衡，再加上发展定位的模糊、决策机制的扭曲，进一步加重城商行发展转型压力。

总之，随着经济体制改革的深入和金融市场国际化的趋势，城市商业银行的发展必定面临着一个机遇与挑战并存的客观环境，有必要在理解和掌握现实环境及未来发展趋势的基础上，分析其所面临的宏微观环境，充分发挥其独特的资源配置能力和自身的战略能力。

# 二、河北省城市商业银行财务竞争力分析

本节我们将对河北省 11 家城市商业银行经营状况进行分析。同时把北京银行与天津银行作为参照系，通过与先进对比，可以更好地了解河北省城商行的经营状况。本课题组沿用 2015 年报告对竞争力的定义，将城市商业银行竞争力分为经营竞争力与软实力。根据商业银行"流动性、安全性、盈利性"的经营原则，从盈利能力、流动性、资本充足率、资产质量等方面，结合数据的可得性，选取 6 个财务指标进行竞争力分析。这 6 个指标分别是 ROA（资产收益率）、CIR（成本收

入比率）、NPL（不良贷款率）、LR（流动性比率）、CAR（资本充足率）以及 PCP（人均利润）。

## （一）整体财务状况

各家城市商业银行 2016 年相关财务指标见表 1-1。

**表 1-1  京津冀城商行 2016 年各财务比率值**

单位：%，万元

|  | 资产收益率（ROA） | 成本收入比率（CIR） | 不良贷款率（NPL） | 流动性比率（LR） | 资本充足率（CAR） | 人均利润（PCP） |
|---|---|---|---|---|---|---|
| 北京银行 | 0.90 | 25.81 | 1.27 | 50.10 | 12.10 | 123 |
| 天津银行 | 0.69 | 27.52 | 1.54 | 34.39 | 11.88 | 69 |
| 河北银行 | 0.99 | 34.35 | 1.49 | 41.38 | 12.62 | 59 |
| 张家口银行 | 1.11 | 38.32 | 1.14 | 72.94 | 11.98 | 54 |
| 邯郸银行 | 0.90 | 30.84 | 0.54 | 44.02 | 11.89 | 61 |
| 沧州银行 | 0.94 | 39.94 | 1.78 | 71.00 | 15.61 | 42 |
| 唐山银行 | 0.89 | 8.23 | 0.05 | 68.86 | 12.51 | 156 |
| 承德银行 | 0.98 | 33.33 | 1.50 | 46.75 | 12.18 | 63 |
| 邢台银行 | 0.80 | 49.67 | 1.55 | 58.60 | 12.01 | 25 |
| 保定银行 | 0.70 | 28.40 | 1.23 | 54.39 | 10.57 | 70 |
| 衡水银行 | 0.62 | 49.37 | 1.78 | 72.29 | 11.75 | 16 |
| 秦皇岛银行 | 0.87 | 34.95 | 1.92 | 47.05 | 11.00 | 53 |
| 平均 | 0.86 | 33.39 | 1.31 | 55.15 | 12.17 | 65.92 |

从资产收益率（ROA）看，平均值为 0.86%，超过平均值的有 8 家银行。其中，张家口银行表现最好，达到了 1.11%。最低的为衡水银行，仅为 0.62%，低于平均值 0.24 个百分点。成本收入比率（CIR）是银行营业费用与营业收入的比率，反映出银行每一单位的收入需要支出多少成本，该比率越低，说明银行单位收入的成本支出越低，银行获取收入的能力越强。从成本收入比率看，平均值为 33.39%，超过平均值的有 6 家银行，其中邢台银行与衡水银行都超过了 49%。最低的是唐山银行，仅为 8.23%，说明唐山银行在控制经营成本方面表现出色。从不良贷款率（NPL）看，平均值为 1.31%。唐山银行最低，仅为 0.05%，其次为邯郸银行，仅为 0.54%，而 2015 年唐山银行与邯郸银行的不良贷款率分别为 0.06%、1.27%，邯郸银行不良贷款率显著下降。从流动性比率（LR）看，平均值为 55.15%，有 5 家银行

超过平均值，依次为张家口银行、衡水银行、沧州银行、唐山银行、邢台银行。最低的为天津银行，为 34.39%。不过流动性比率并非越高越好，监管部门要求不低于 25% 即可。保持较高的流动性固然可以降低流动性风险，但机会成本也随之增加。所以，流动性比率多高合适要因时因事而论。从资本充足率（CAR）看，平均值为 12.17%，超过平均值的有 4 家银行，即沧州银行、河北银行、唐山银行、承德银行，居后两位的是保定银行和秦皇岛银行。从人均利润（PCP）看，平均值为 65.92 万元，超过此值的银行有 4 家，分别是唐山银行、北京银行、保定银行与天津银行，其中，唐山银行与北京银行人均创利均超过了 100 万元，最低是衡水银行。

接下来我们将从资产负债、盈利性、风险管理和资本管理四个方面进行详细的比较分析。

## （二）财务指标比较

京津冀地区 13 家城商行（包括北京银行与天津银行）资产规模差异较大，经营管理水平参差不齐，但是竞争局面十分激烈。

### 1. 资产负债分析

与 2015 年相比，2016 年我国城商行的资产增速和负债增速放缓，资产增速为 24.5%，低于 2015 年 0.9 个百分点；负债增速为 25%，低于 2015 年 0.5 个百分点，但是分别高于银行业金融机构资产增速、负债增速 8.7 个和 9 个百分点，见图 1-1。

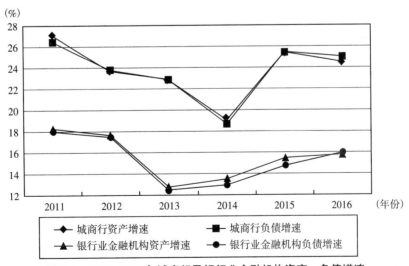

**图 1-1 2011~2016 年城商行及银行业金融机构资产、负债增速**

　　根据银监会 2016 年统计指标月度情况表，截至 2016 年底，城商行资产总额达到 28.24 万亿元，比 2015 年增长 24.5%；负债总额达到 26.40 万亿元，比 2015 年增长 25.0%。2016 年城商行资产和负债在全部银行业金融机构资产和负债中的占比进一步提升。截至 2016 年底，城商行资产总额在全部银行业金融机构中的占比升至 12.5%，比 2015 年底提高 0.8 个百分点（见图 1-2）。根据银监会 2016 年年报，从机构类型看，资产规模在全部银行业金融机构中占比从高到低前三位依次是大型商业银行、股份制商业银行、农村金融机构，分别为 36%、19.0%、13.2%，城市商业银行资产规模占比居第四位。

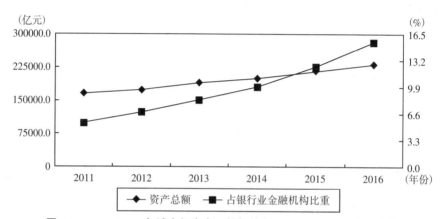

图 1-2　2011~2016 年城商行资产总额与其在银行业金融机构中的占比

　　截至 2016 年底，城商行负债总额在全部银行业金融机构中的占比升至 12.6%，比 2015 年底提高 0.8 个百分点，见图 1-3。

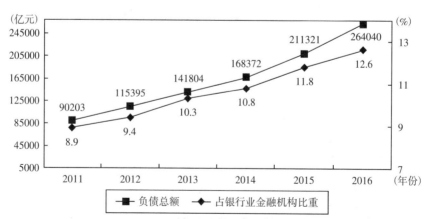

图 1-3　2011~2016 年城商行负债总额与其在银行业金融机构中的占比

2016 年 6 月末，全国城商行已有 133 家，共计 1.4 万个营业网点，其中，资产规模在 1 万亿元以上的大型城商行有 3 家，其中北京银行资产规模 21163.39 亿元；在 5000 亿~10000 亿元规模的中型城商行共 6 家，天津银行在内，其资产规模为 6573.10 亿元；在 1000 亿~5000 亿元规模的中小型城商行共 57 家，其中京津冀城商行有 6 家——河北银行、廊坊银行、唐山银行、张家口银行、邯郸银行和沧州银行，资产规模超过了 1000 亿元，分别为 3104.27 亿元、2041.87 亿元、2036.12 亿元、1670.12 亿元、1453.47 亿元和 1119.12 亿元。在 1000 亿元以下规模的小型城商行，京津冀城商行有 5 家——承德银行、邢台银行、保定银行、衡水银行和秦皇岛银行，其资产规模分别为 905.63 亿元、771.87 亿元、816.73 亿元、375.75 亿元和 507.47 亿元。

综上所述，城商行的资产负债总额是持续走高的。在京津冀城商行中，北京银行的资产负债总额最突出，体现出了大行的优势。虽然城商行资产规模仅占整个银行业的 11%，不及五大行、股份制和农村金融机构，机构数量 133 家，不足农村信用社的 1/10，但在地方经济发展中，城商行发挥着不可替代的作用。

2. 盈利性分析

盈利能力类指标反映商业银行获取利润的能力，也称作商业银行的资金或资本增值能力。下面我们用杜邦分析法对京津冀 13 家城市商业银行经营业绩进行层层分解，深入剖析不同银行利润率产生的根本原因。表 1-2 列示了城商行盈利模式背后的关键因素。

**表 1-2 2016 年京津冀城商行盈利类指标值**

单位：%

| 城商行 | 资本回报率（ROE） | 权益乘数（EM） | 资产回报率（ROA） | 收入净利率（NPM） | 资产利用率（AU） | 成本收入比（CIR） |
|---|---|---|---|---|---|---|
| 北京银行 | 12.86 | 14.29 | 0.90 | 40.18 | 2.24 | 25.81 |
| 天津银行 | 11.5 | 16.67 | 0.69 | 38.24 | 1.8 | 27.52 |
| 河北银行 | 16.5 | 16.67 | 0.99 | 35.5 | 2.4 | 34.35 |
| 张家口银行 | 13.87 | 12.5 | 1.11 | 36.87 | 2.6 | 38.32 |
| 邯郸银行 | 18 | 20 | 0.90 | 41.8 | 2.14 | 30.84 |
| 沧州银行 | 11.75 | 12.5 | 0.94 | 31.61 | 2.58 | 39.94 |
| 唐山银行 | 14.84 | 16.67 | 0.89 | 16.96 | 4.23 | 8.23 |

续表

| 城商行 | 资本回报率<br>（ROE） | 权益乘数<br>（EM） | 资产回报率<br>（ROA） | 收入净利率<br>（NPM） | 资产利用率<br>（AU） | 成本收入比<br>（CIR） |
|---|---|---|---|---|---|---|
| 承德银行 | 19.6 | 20 | 0.98 | 44.51 | 2.19 | 33.33 |
| 邢台银行 | 16 | 20 | 0.80 | 29.83 | 1.96 | 49.67 |
| 保定银行 | 17.5 | 25 | 0.70 | 45.06 | 1.72 | 28.40 |
| 衡水银行 | 7.75 | 12.5 | 0.62 | 27.86 | 2.24 | 49.37 |
| 秦皇岛银行 | 17.4 | 20 | 0.87 | 42.72 | 2.03 | 34.95 |
| 廊坊银行 | 13.20 | 20 | 0.66 | 27.05 | 2.45 | 31.81 |

首先，从 2016 年 13 家京津冀城商行 ROE 指标值看，除了天津银行、沧州银行和衡水银行外，其他银行都大于北京银行，而且从 ROE 分解成 ROA 与 EM 角度分析，天津银行和衡水银行的 ROA 更低，虽然除张家口银行外的 12 家城商行的 ROA 指标值均未突破 1%，但天津银行和衡水银行甚至都未超过 0.70%，反映了这两家银行经营业绩相对更差，并且天津银行的权益乘数要高于衡水银行，说明天津银行的财务杠杆率高，财务风险较大，借助 EM 提升了 ROE。与此同时，邯郸银行和承德银行的资本回报率是最高的，它们的权益乘数相同但相对较低，ROA 均在 0.90% 之上，承德银行为 0.98%，说明在保持相同财务风险的同时，承德银行的总体运营效率高。

其次，从收入净利率（NPM）指标值看，唐山银行的 NPM 只有 16.96%，在所有银行中最低，显示唐山银行控制营业成本的能力较弱，其资产收益率（ROA）也并不高。由于收入净利率（NPM）指标可以分解为资产收益率（ROA）除以资产利用率（AU），所以其较低的资产收益率（ROA）意味着较高的资产利用率（AU），其 AU 在京津冀城市商业银行中最高，达到 4.23%。由于唐山银行的非利息收入（包括手续费及佣金净收入 0.43 亿元、投资收益 0.13 亿元、公允价值变动收益 3.65 亿元和汇兑收益 0.01 亿元）合计仅为 4.22 亿元，占营业收入的 4.90%，因此唐山银行的收入主要来源于贷款利息净收入。

为了增加可比性，我们以河北省城市商业银行中规模最大的河北银行和北京银行进行比较，就能很好地发现差距所在，见表 1-3。

表 1-3 北京银行与河北银行 ROE 影响因素比较

单位：%

| 项目 | 北京银行 | 河北银行 |
|---|---|---|
| 收入净利率（NPM） | 40.18 | 35.5 |
| 资产利用率（AU） | 2.24 | 2.4 |
| 利息净收入占营业收入之比 | 79.07 | 89.17 |
| 净息差 | 1.93 | 2.25 |
| 净利差 | 1.77 | 2.07 |
| 业务及管理费占营业支出之比 | 48.74 | 68.29 |
| 成本收入比 | 25.81 | 34.35 |

通过对 ROE 分解为 NPM 与 AU 来看，河北银行的经营成本控制能力（NPM 为 35.5%）还是远远低于北京银行（40.18%），其利润的增加还是源于利息净收入，北京银行的资产利用率是 2.24%，低于河北银行的 2.4%，说明河北银行总资产的毛收益率较高，其从总资产中创造利润较强。那这是否就表明河北银行具有很强的竞争力呢？简单地说，利润来源于收入与成本之差，无论从净息差还是净利差分析，河北银行分别为 2.25%、2.07%，分别高于北京银行的 1.93%、1.77%，这意味着较北京地区而言，河北省银行业处于垄断态势，这为河北银行创造了垄断利润。虽然 2013 年河北银行提出"一个转变，两条渠道，三驾马车"转型总体思路，转变增长方式，由高资本的消耗转为低资本的消耗，改变传统的单纯依靠信贷来实现资产增长的思维方式，加快发展资产管理、财富管理、私人银行、投行业务、金融市场业务等轻资产业务，但与北京银行相比，其传统信贷业务还是重点。

国外商业银行的主要收入来源是中间业务收入，国外大部分商业银行的非利息净收入一直高于利息净收入。而且国外商业银行的中间业务普遍存在品种多、覆盖面广、创新机制强的特点，尤其是新兴中间业务品种较为丰富。从收入的分类看，国外商业银行的中间业务收入的主要构成部分是投资性收入，其远远高于银行卡、清算、结算、投资咨询等传统业务所获得的服务性收入的比重。图 1-4 和表 1-4 列示了 2011~2015 年[①] 国内外商业银行非利息收入占比和主要中间业务占比情况，国内的商业银行以工商银行为例。

---

① 由于数据的可得性，只获得到了 2015 年的数据。

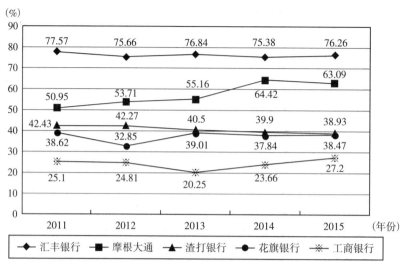

图 1-4　国内外商业银行非利息收入占比

表 1-4　国内外商业银行 2013~2015 年主要中间业务占比情况

单位：%

| 银行名称 | 主要中间业务类型 | 2013 年 | 2014 年 | 2015 年 |
|---|---|---|---|---|
| 摩根大通 | 佣金与手续费 | 28.34 | 30.94 | 30.99 |
| | 银行卡收入 | 11.30 | 5.85 | 11.84 |
| 花旗银行 | 佣金与手续费 | 56.65 | 44.59 | 39.89 |
| | 管理与信托费用 | 31.96 | 22.92 | 20.21 |
| 汇丰银行 | 佣金与手续费 | 72.91 | 72.85 | 77.34 |
| | 交易收入 | 17.40 | 19.78 | 17.41 |
| 渣打银行 | 佣金与手续费 | 53.81 | 57.00 | 61.32 |
| | 交易收入 | 32.99 | 25.86 | 15.50 |
| 工商银行 | 理财与私人银行 | 21.08 | 21.53 | 28.56 |
| | 银行卡收入 | 19.50 | 21.25 | 19.86 |

资料来源：各行年报。

　　北京银行通过战略转型，实现信贷业务与非信贷业务均衡发展，优化收入结构，收入来源多元化，降低单一依赖信贷业务的经营风险。图 1-5 列示了 2011~2016 年北京银行非利息收入业务增长趋势。

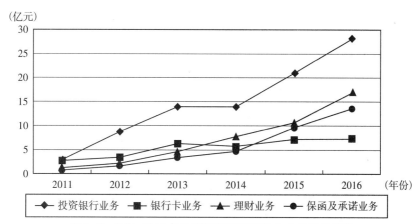

**图 1-5　2011~2016 年北京银行非利息收入业务增长趋势**

资料来源：2011~2016 年北京银行各年年报。

在非利息收入中，手续费及佣金收入占比超过 97%；北京银行的手续费及佣金收入中，投资银行业务发展势头凶猛，2011~2016 年增长很快，2016 年占比达到 28%，比上年增长 1 个百分点；理财业务、保函及承诺业务 2016 年比 2015 年分别增长 59%、42%，远远超过手续费及佣金收入的增长率 34%。

如表 1-3 所示，北京银行的收入净利率为 40.18%，比河北银行的 35.5% 高出约 5 个百分点，说明北京银行总收益的单位利润水平较高，该行在控制成本方面能力突出，这可从成本收入比指标得到进一步的确认，北京银行为 25.81%，远低于河北银行的 34.35%。

在业务及管理费中，员工薪酬、办公室、业务宣传及发展费用、租赁费是主要支出，尤其是以工资和奖金发放为主的员工成本占比约为 50.13%。图 1-6 显示，北京银行员工薪酬增长幅度较大，较 2015 年增长了 18 个百分点，办公费比较平缓，但也增长了 0.3 个百分点。而业务宣传及发展费用和租赁费用几乎没有增长，这反映出银行通过建立网点机构招聘员工扩大资产规模，同时由于品牌已经得到社会的认可，并且现在有京津冀一体化的良好依托，银行并没有进行大力的宣传，以此节省经费开支。

以上我们利用杜邦分析法对京津冀城市商业银行的经营业绩进行了深入分析，得出的主要结论是河北银行虽然在河北省城商行中处于垄断地位，也做了适当的业务转型，但同北京银行相比还是有很大的差距，需要在巩固传统业务的基础上，加大力度创新业务产品，提高非利息收入的比例，控制好经营成本，做好河北省城市

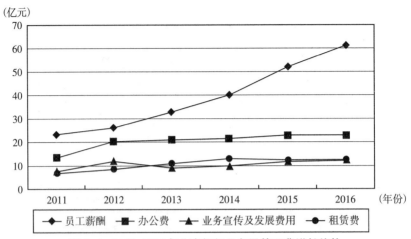

**图1-6　2011~2016年北京银行业务及管理费增长趋势**

资料来源：2011~2016年北京银行各年年报。

商业银行的"领头羊"。

3. 风险管理

城商行所面临的风险主要有信用风险和流动性风险，在利率市场化的背景下，还将面临利率风险。

（1）信用风险。

城商行的信用风险主要集中在信贷资产，因为银行的风险管理表现在信贷资产质量、集中度等方面。不良贷款"双升"是近期国内银行业最受关注，也是最令人担心的问题。银监会采取了多种措施，引导和促进商业银行加强风险管控、化解金融风险。2016年全国银行业监督管理工作会议指出，要开展不良资产证券化和不良资产收益权转让试点，逐步增强地方资产管理公司处置不良资产的功效和能力。当前，我国经济增速从高速向中高速的调整基本完成，工业品价格下降、实体企业盈利下降、财政收入增速下降等矛盾和问题将进一步凸显，结构性改革和发展方式转变将带来很多结构性机会，但会对产能过剩行业、杠杆率过高的领域带来较大的经营压力，银行业面临的信用风险、利率风险可能会进一步上升。不良贷款余额和不良贷款率的"双升"势头很难在近期内止步。

2016年底城商行不良贷款余额和不良贷款率比2015年底"双升"，但形势好于商业银行平均水平（见图1-7）。截至2016年底，城商行不良贷款率1.48%，低于商业银行平均水平1.66%，高于2015年底0.08个百分点；不良贷款余额呈上升趋势，2016年底为1498亿元，比2015年底新增285亿元（见图1-8）。值得注

意的是，2016 年底城商行不良贷款率比 2016 年第三季度末略有下降，下降了
0.04 个百分点。

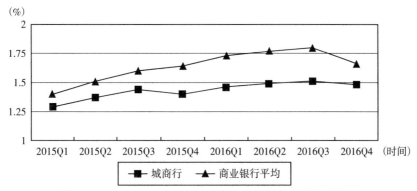

**图 1-7　2015~2016 年各季度商业银行及城商行不良贷款率**

资料来源：银监会 2015 年、2016 年商业银行主要监管指标情况表。

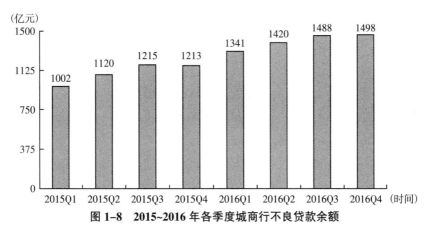

**图 1-8　2015~2016 年各季度城商行不良贷款余额**

资料来源：银监会监管指标统计表。

2015 年第三季度以前，城商行不良贷款率走势与全部商业银行不良贷款率的走
势基本保持一致，但二者的差异或分化在 2015 年第四季度出现了，商业银行不良贷
款率持续上升，但 2015 年底城商行不良贷款率比 2015 年第三季度末略有下降。截
至 2016 年第四季度末，城商行不良贷款率低于商业银行不良贷款率 0.18 个百分点，
比 2015 年底下降了 0.06 个百分点（见表 1-5）。

表 1-5　京津冀城商行信用风险财务指标

单位：%

| | 不良贷款率 | 单一最大客户贷款比率 | 最大十家客户贷款比率 |
|---|---|---|---|
| 北京银行 | 1.27 | 4.51 | 19.25 |
| 天津银行 | 1.54 | 7.38 | 65.38 |
| 河北银行 | 1.49 | 4.86 | — |
| 张家口银行 | 1.14 | 7.47 | — |
| 邯郸银行 | 0.54 | 0.11 | 10.50 |
| 沧州银行 | 1.78 | 1.01 | 7.15 |
| 唐山银行 | 0.05 | 8.65 | 25.78 |
| 承德银行 | 1.5 | 9.07 | — |
| 邢台银行 | 1.55 | 8.52 | 10.00 |
| 保定银行 | 1.23 | — | — |
| 衡水银行 | 1.78 | 9.3 | 47.05 |
| 秦皇岛银行 | 1.92 | 9.04 | 13.08 |
| 廊坊银行 | — | — | — |
| 平均 | 1.32 | 6.36 | 24.77 |

资料来源：各行年报。

2016 年全国银行业商业银行的不良贷款率为 1.74%，沧州银行、衡水银行均是 1.78%，秦皇岛银行为 1.92%，其余都小于 1.74%。表 1-5 显示除邯郸银行和唐山银行不良贷款率没有破 1% 外，其他城商行的不良贷款率都不低，这无疑和实体经济下滑有很大的关系。即便如此，我们也应考虑到关注类贷款向不良贷款迁徙的可能性很大，因此将关注类贷款与不良贷款之和占全部贷款比重作为广义信贷不良指标进行分析，见表 1-6。

表 1-6　广义信贷不良指标

单位：亿元，%

| | 关注类贷款与不良贷款之和 | 占全部贷款的比重 |
|---|---|---|
| 北京银行 | 245.22 | 2.72 |
| 天津银行 | 126.87 | 5.93 |
| 河北银行 | 42.5 | 3.27 |
| 张家口银行 | 15.43 | 2.69 |
| 邯郸银行 | 61.92 | 13.51 |
| 沧州银行 | 12.86 | 2.69 |

|  | 关注类贷款与不良贷款之和 | 占全部贷款的比重 |
|---|---|---|
| 唐山银行 | 1.29 | 0.38 |
| 承德银行 | 15.61 | 4.64 |
| 邢台银行 | 6.61 | 2.79 |
| 保定银行 | 4.61 | 2.66 |
| 衡水银行 | 21.12 | 10.11 |
| 秦皇岛银行 | 10.64 | 6.27 |

资料来源：各行年报。

从表 1-6 中可以发现，邯郸银行、衡水银行、秦皇岛银行和天津银行的指标明显高于其他银行，意味着四家银行未来存在不良贷款激增的可能性。

贷款集中度反映了信用风险的风散程度。我们用单一最大客户贷款比率和最大十家客户贷款比率分析银行贷款的集中程度，银监会设定这两个指标的监管标准不超过 10% 和 50%。从表 1-5 中可以看出，大多数城商行都符合监管指标的要求，但天津银行的最大十家客户贷款比率达到 65.38%，超过了监管指标的要求，说明该行的资本净额相对较小，对大客户的依赖程度较高，贷款风险较为集中。沧州银行和邯郸银行表现最优，两个指标值分别稳定在 1%、10% 左右，有效地释放信用风险。

一般来讲，商业银行根据其预期损失计提贷款损失准备金，用于防范可预期的损失侵蚀资本金。贷款损失准备金的充足性用拨备覆盖率和拨贷比（即贷款拨备率）两个指标描述。根据国内银行业监管要求，商业银行拨备覆盖率不得低于 150%，贷款拨备率不得低于 2.5%。

如图 1-9 所示，除张家口银行外，其他的城商行拨备覆盖率均在 150% 以上，符合监管指标的要求，说明张家口银行对贷款损失的弥补能力和对贷款风险的防范能力不足，财务不稳健。从拨贷比看，张家口银行和沧州银行分别为 1.59% 和 2.3%，低于监管要求 2.5%，说明防御坏账风险的能力不足。

商业银行在经济下行、信用风险上升时期存在逆周期扩张现象，存在三角难题（见图 1-10）。

如果经济下行、不良上升的背景下，资产规模保持不变，为了满足拨备和资本的要求，其利润必然下滑。拨备和资本上升，还要维持利润增长，则需要增加拨备前的营业利润。营业利润从何而来，一是增量，二是涨价，而利率市场化挤压了涨价的空间，银行想保持利润增长则只有选择继续增量。因此，城商行的逆周期扩张，

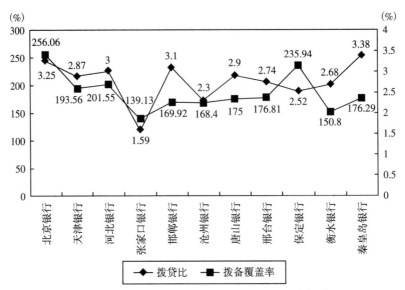

**图1-9 京津冀城商行拨备覆盖率和拨贷比指标值**

资料来源：各家城商行年报统计。

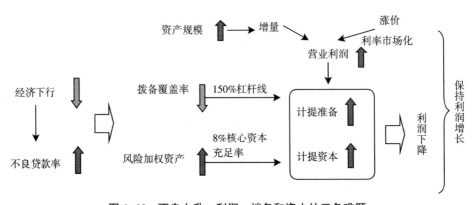

**图1-10 不良上升、利润、拨备和资本的三角难题**

并不代表其在经济下行时仍能找到实体经济的优质资产，更大程度上是为了扩张而扩张、为了生存而扩张。

（2）流动性风险。

对银行业的流动性分析主要是观察银行的资信能力和银行经营的风险。由于银行业经营的特殊性，其自有资金只占据资产总额非常有限的部分，大部分资金来源于第三方，因此良好的经营管理必须建立在保证清偿能力的基础上，如果不能很好保持银行的流动性以满足第三方抽出资金的需求，会增加银行的经营风险，很容易使银行陷入危机。

流动性比率用于衡量流动性的整体水平，是现有财务报表中的重要指标，也是监管指标，监管标准大于等于25%。流动性资产包括现金、黄金、超额准备金存款、1个月到期的同业往来款项轧差后资产方净额、1个月内到期的应收利息及其他应收款、1个月内到期的合格贷款、1个月内到期的债券投资、在国内外二级市场上可随意变现的债券投资、其他1个月内到期的可变现资产（剔除其中的不良资产），流动性负债包括活期存款、1个月内到期的定期存款、1个月内到期的同业往来款轧差后负债方净额、1个月内到期的已发行的债券、1个月内到期的应付利息及各项应付款、1个月内到期的中央银行借款、其他1个月内到期的负债。从图1-11中可以看出，除沧州银行外，其他城商行的人民币流动性比率均在25%以上，符合监管要求，资产流动性充足，安全性高。

存贷比是商业银行贷款余额和存款余额的比例。按照国家监管机构的规定其比例不得超过75%。监督管理类各指标是国家监管机构规定的法定值，各个商业银行必须按照规定达标，科学合理的指标能使商业银行在维持安全且稳定经营的基础上，实现资源的最优配置。从图1-11中可以看出，除北京银行外，其他城商行均符合监测指标要求，说明北京银行的贷款比例高，面临坏账的风险略高。

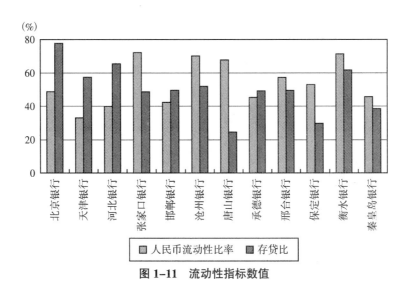

**图1-11 流动性指标数值**

商业银行市场风险是因为变化了的金融市场变量对商业银行的不利影响，导致银行资产负债表内和表外遭受损失的风险。按照《商业银行风险监管核心指标（试行）》规定，市场风险指标衡量商业银行因汇率和利率变化而面临的风险，包括累计外汇敞口头寸比例和利率风险敏感度。由于京津冀城商行累计外汇敞口头寸比例的数据大多未公开，所以我们只对利率敏感度这一指标进行分析。

1）利率敏感性缺口分析。所谓利率敏感性缺口，是指利率敏感性资产与利率敏感性负债的差额，当前者大于后者时，为正缺口；当前者小于后者时，为负缺口；两者相等时，为零缺口。用公式表示为：利率敏感性缺口=利率敏感性资产-利率敏感性负债。这个指标的数值越大，说明银行的利率敏感性缺口越大，资产和负债越不匹配，差距越大。这样的话，在利率变动中，银行面临的利率风险就越大。

另外一个指标是利率敏感性系数，它是利率敏感性资产与利率敏感性负债的比率，即利率敏感性系数=利率敏感性资产/利率敏感性负债，这个指标越接近1，说明资产负债匹配度越好，银行面临的利率风险越小。利率敏感性缺口反映的是绝对数，利率敏感性比率反映的是相对数，不同银行之间的这个指标可以相互比较。

利率敏感性资产与利率敏感性负债的比例大小直接决定敏感性缺口的方向和大小。当银行的利率敏感性资产刚好等于利率敏感性负债时，为零缺口。这个时候，无论未来市场利率如何变动，银行与利息收入和利息成本相关的收益及成本都将保持不变，即所谓的无利率风险，可以准确预测收益。但在实际银行业的经营管理中，这是很难达到的，或者说，即使一时达到也难以长期维持。当银行的利率敏感性资产大于利率敏感性负债时，就形成了正缺口，当市场利率上升时，银行现在持有的资产负债就会按照利率上升以后的价格较高的数值再一次定价，并且这部分资产多于负债，也就是利息收入的增量大于利息支出，银行与利息收入相关的利润就会增加；而当市场利率下降时，银行现在持有的资产负债就会按照利率下降以后的价格即较低的数值再进行一次定价，且资产多于负债，也就是利息收入的增量小于利息支出，银行与利息收入相关的利润就会减少。当银行的利率敏感性资产小于利率敏感性负债时，形成负缺口。如果市场利率上升，新增加的利息支出将会超过利息收入，银行的净利息收入减少，反之则会增加。

利率敏感性缺口与净利息收入的关系，是以利率敏感性资产与利率敏感性负债的利率等幅变动为前提假设的。不难看出，当市场利率上升时，维持正缺口对银行是有利的；当市场利率下降时，维持负缺口对银行是有利的。利率敏感性缺口为零时，利率风险最小；利率敏感性缺口越大，风险越大。

为了进行之后的分析，以及更清晰、直观地看出这几年中利率的变化，本书整理出了 2007~2015[①] 年中国人民银行公布的存贷款基准利率变动情况（见表 1-7）。

表 1-7 至表 1-9 是用央行公布的利率变动情况来模拟市场变动情况，以此来分析在这种变动下，银行面临的利率风险，从而得出结论。

### 表 1-7　2007~2015 年贷款基准利率变动表

单位：%

| 调整时间 | 6 个月以内<br>（含 6 个月） | 6 个月至 1 年<br>（含 1 年） | 1~3 年<br>（含 3 年） | 3~5 年<br>（含 5 年） | 5 年以上 |
|---|---|---|---|---|---|
| 2007 年 12 月 21 日 | 6.57 | 7.47 | 7.56 | 7.74 | 7.83 |
| 2008 年 9 月 16 日 | 6.21 | 7.20 | 7.29 | 7.56 | 7.74 |
| 2008 年 10 月 9 日 | 6.12 | 6.93 | 7.02 | 7.29 | 7.47 |
| 2008 年 10 月 30 日 | 6.03 | 6.66 | 6.75 | 7.02 | 7.20 |
| 2008 年 11 月 27 日 | 5.04 | 5.58 | 5.67 | 5.94 | 6.12 |
| 2008 年 12 月 23 日 | 4.86 | 5.31 | 5.40 | 5.76 | 5.94 |
| 2010 年 10 月 20 日 | 5.10 | 5.56 | 5.60 | 5.96 | 6.14 |
| 2010 年 12 月 26 日 | 5.35 | 5.81 | 5.85 | 6.22 | 6.40 |
| 2011 年 2 月 9 日 | 5.60 | 6.06 | 6.10 | 6.45 | 6.60 |
| 2011 年 4 月 6 日 | 5.85 | 6.31 | 6.40 | 6.65 | 6.80 |
| 2011 年 7 月 7 日 | 6.10 | 6.56 | 6.65 | 6.90 | 7.05 |
| 2012 年 6 月 8 日 | 5.85 | 6.31 | 6.40 | 6.65 | 6.80 |
| 2012 年 7 月 6 日 | 5.60 | 6.00 | 6.15 | 6.40 | 6.55 |
| 2014 年 11 月 22 日 * | 5.60 | | 6.00 | | 6.15 |
| 2015 年 3 月 1 日 | 5.35 | | 5.75 | | 5.90 |
| 2015 年 5 月 11 日 | 5.10 | | 5.50 | | 5.65 |
| 2015 年 6 月 28 日 | 4.85 | | 5.25 | | 5.40 |
| 2015 年 8 月 26 日 | 4.60 | | 5.00 | | 5.15 |
| 2015 年 10 月 24 日 | 4.35 | | 4.75 | | 4.90 |

注：自 2014 年 11 月 22 日起，金融机构人民币贷款基准利率期限档次简并为 1 年以内（含 1 年）、1~5 年（含 5 年）和 5 年以上 3 个档次。

资料来源：中国人民银行官网。

---

① 笔者写文章期间，中国人民银行官网只对存贷款基准利率更新到 2015 年 10 月 24 日。

表 1-8　2007~2015 年存款基准利率变动表

单位：%

| 调整时间 | 活期存款 | 定期存款 | | | | | |
| --- | --- | --- | --- | --- | --- | --- | --- |
| | | 3 个月 | 半年 | 1 年 | 2 年 | 3 年 | 5 年 |
| 2007 年 12 月 21 日 | 0.72 | 3.33 | 3.78 | 4.14 | 4.68 | 5.40 | 5.85 |
| 2008 年 10 月 9 日 | 0.72 | 3.15 | 3.51 | 3.87 | 4.41 | 5.13 | 5.58 |
| 2008 年 10 月 30 日 | 0.72 | 2.88 | 3.24 | 3.60 | 4.14 | 4.77 | 5.13 |
| 2008 年 11 月 27 日 | 0.36 | 1.98 | 2.25 | 2.52 | 3.06 | 3.60 | 3.87 |
| 2008 年 12 月 23 日 | 0.36 | 1.71 | 1.98 | 2.25 | 2.79 | 3.33 | 3.60 |
| 2010 年 10 月 20 日 | 0.36 | 1.91 | 2.20 | 2.50 | 3.25 | 3.85 | 4.20 |
| 2010 年 12 月 26 日 | 0.36 | 2.25 | 2.50 | 2.75 | 3.55 | 4.15 | 4.55 |
| 2011 年 2 月 9 日 | 0.40 | 2.60 | 2.80 | 3.00 | 3.90 | 4.50 | 5.00 |
| 2011 年 4 月 6 日 | 0.50 | 2.85 | 3.05 | 3.25 | 4.15 | 4.75 | 5.25 |
| 2011 年 7 月 7 日 | 0.50 | 3.10 | 3.30 | 3.50 | 4.40 | 5.00 | 5.50 |
| 2012 年 6 月 8 日 | 0.40 | 2.85 | 3.05 | 3.25 | 4.10 | 4.65 | 5.10 |
| 2012 年 7 月 6 日 | 0.35 | 2.60 | 2.80 | 3.00 | 3.75 | 4.25 | 4.75 |
| 2014 年 11 月 22 日 * | 0.35 | 2.35 | 2.55 | 2.75 | 3.35 | 4.00 | — |
| 2015 年 3 月 1 日 | 0.35 | 2.10 | 2.30 | 2.50 | 3.10 | 3.75 | — |
| 2015 年 5 月 11 日 | 0.35 | 1.85 | 2.05 | 2.25 | 2.85 | 3.50 | — |
| 2015 年 6 月 28 日 | 0.35 | 1.60 | 1.80 | 2.00 | 2.60 | 3.25 | — |
| 2015 年 8 月 26 日 | 0.35 | 1.35 | 1.55 | 1.75 | 2.35 | 3.00 | — |
| 2015 年 10 月 24 日 | 0.35 | 1.10 | 1.30 | 1.50 | 2.10 | 2.75 | — |

资料来源：中国人民银行官网。

表 1-9　2008~2015 年 1 年期存贷款基准利率变动情况表

单位：%

| 年份 | 2008 | 2009 | 2010 | 2011 | 2012 | 2013 | 2014 | 2015 |
| --- | --- | --- | --- | --- | --- | --- | --- | --- |
| 存款利率变动 | −1.89 | 0 | 0.50 | 0.75 | −0.5 | 0 | −0.25 | −1.25 |
| 贷款利率变动 | −2.16 | 0 | 0.50 | 0.75 | −0.56 | 0 | −0.4 | −1.25 |

　　表 1-9 是由本年末利率减去上年末利率得出的利率变动情况，使读者更能清晰、准确地把握利率的变动情况。

　　2）数据取样分析。本书选取了河北银行作为研究样本。主要基于以下几个原因：第一，河北银行作为河北省城市商业银行的代表，是河北省资产规模最大的城市商业银行，综合实力较强，能够代表河北省城商行的发展情况；第二，以河北银行这一单一银行作为整个河北省城商行的代表进行研究难免有一些片面，但基于数据收集的难易度、成本角度综合考虑，这是相对较好的做法，河北省其他城商行的利率敏感性缺口问题有待进行进一步的研究。

表1-10 2010~2016年河北银行利率敏感性资产负债

单位：亿元

| 时间 | 项目 | 3个月以内 | 3个月至1年 |
|---|---|---|---|
| 2010年末 | 资产 | 555.94 | 35.73 |
| | 负债 | 454.70 | 78.07 |
| 2011年末 | 资产 | 732.99 | 84.47 |
| | 负债 | 640.95 | 277.61 |
| 2012年末 | 资产 | 669.82 | 237.55 |
| | 负债 | 664.34 | 356.95 |
| 2013年末 | 资产 | 967.65 | 276.91 |
| | 负债 | 8815.56 | 459.41 |
| 2014年末 | 资产 | 1118.79 | 385.07 |
| | 负债 | 956.12 | 581.54 |
| 2015年末 | 资产 | 859.50 | 817.25 |
| | 负债 | 1392.86 | 525.30 |
| 2016年末 | 资产 | 1114.77 | 1155.78 |
| | 负债 | 1855.87 | 902.92 |

资料来源：河北银行历年年报。

利用公式"利率敏感性缺口=利率敏感性资产-利率敏感性负债"，整理计算得出河北银行2010~2016年的3个月以内以及3个月至1年的利率敏感性缺口情况，见表1-10。

表1-11 2010~2016年不同阶段的利率敏感性缺口

单位：亿元

| | 3个月以内 | 3个月至1年 | 1年内累计缺口 |
|---|---|---|---|
| 2010年末 | 101.24 | -42.34 | 58.90 |
| 2011年末 | 92.04 | -193.13 | -101.10 |
| 2012年末 | 5.49 | -119.40 | -113.92 |
| 2013年末 | 86.08 | -182.50 | -96.41 |

续表

| | 3 个月以内 | 3 个月至 1 年 | 1 年内累计缺口 |
|---|---|---|---|
| 2014 年末 | 162.68 | −196.46 | −33.78 |
| 2015 年末 | −533.35 | 291.96 | 256.95 |
| 2016 年末 | −741.10 | 252.86 | 640.70 |

资料来源：河北银行历年年报。

由表 1-10、表 1-11 我们可以清晰地看到，2010 年末，3 个月以内的利率敏感性缺口变化较大，由负缺口−48.12 亿元变成正缺口 101.24 亿元，经过分析 2009 年、2010 年的财务报表得出，主要是由于发放的 1 个月以内的贷款从年初的 13.62 亿元，增长到了年末的 283.15 亿元。相比而言，3 个月至 1 年的负缺口变化不大。这样的结果导致一年累计的利率敏感性缺口由负缺口变为正缺口，那就意味着河北银行在 2009 年资产负债结构由负债敏感性变成了资产敏感性。这时，如果未来利率下降的话，这一变化会让河北银行的利息收入大幅减少。

2011 年末，河北银行 1 年内累计利率敏感性缺口由正缺口变为负缺口。其中，3 个月以内的缺口变化不大，主要是由于 3 个月至 1 年内的负缺口增长巨大所致。其 3 个月至 1 年的利率敏感性负债由 78.07 亿元暴涨到 277.61 亿元，增加了 3 倍多，这一变化是巨大的。经过分析财务报表，主要是 3 个月至 1 年的吸收存款从年初的零增长到了年末的 79.06 亿元，相对于前两年，出现了大的利率负缺口，如果未来利率在一年内上升的话，那么河北银行将会承受很大的利率风险。

2012~2014 年，3 个月以内的利率敏感性资产持续增加，主要归因于存放中央银行款项、拆借同业以及发放存款的不断增加，相比而言，这 3 年的 3 个月至 1 年的利率敏感性缺口以及 1 年内累计的利率敏感性缺口相对来说比较稳定，到了 2015 年、2016 年 3 个月以内的利率敏感性资产减少，而 3 个月至 1 年的利率敏感性缺口以及 1 年内累计的利率敏感性缺口变成正缺口，如果未来利率下降的话，那么河北银行将会承受很大的利率风险。

从整体上看，2010~2016 年 1 年内累计缺口除了 2010 年和最近两年的正缺口，其他年份一直是负缺口，说明河北银行对利率走势的预测偏向于未来一年内利率会上升，这样保持正缺口的话，银行会提高成本。河北银行之所以利率敏感性缺口会有这样的结果，究其原因，河北银行没有建立利率风险的内部控制制度，更没有利率风险控制的专门机构，对利率风险不够重视。在利率市场化逐渐深化的今天，河北银行应该建立健全内部控制机制，引进和吸收风险管理的相关人才，通过合理地预测利率的走势来调整资产负债的结构，最后达到规避利率风险的目的。从表 1-12 和表 1-13 可以看出，利率波动有上升、有下降的情况，并非只是下降。这说明河北银行的资产负债结构不是十分合理，并没有做到准确地预测利率的走势，并根据利率的预测合理调整资产和负债的结构，做到合理规避利率风险。

为了更好地分析河北银行的利率敏感性缺口，本书选择了北京银行作为对比的对象，主要是将两个银行的利率敏感性系数进行对比，以此分析河北银行利率敏感性缺口与京津冀资产规模最大的城商行之间的差距。

表 1-12  2010~2016 年北京银行利率敏感性资产负债

单位：亿元

| 时间 | 项目 | 3 个月以内 | 3 个月至 1 年 |
|---|---|---|---|
| 2010 年末 | 资产 | 540.89 | 1247.43 |
| | 负债 | 4762.23 | 1476.52 |
| 2011 年末 | 资产 | 6723.92 | 1377.65 |
| | 负债 | 6598.29 | 1600.55 |
| 2012 年末 | 资产 | 6960.26 | 2318.33 |
| | 负债 | 7380.86 | 2089.94 |
| 2013 年末 | 资产 | 8254.03 | 2794.94 |
| | 负债 | 9580.89 | 2588.55 |
| 2014 年末 | 资产 | 9217.49 | 2943.33 |
| | 负债 | 9873.13 | 3161.73 |
| 2015 年末 | 资产 | 2004.64 | 3586.42 |
| | 负债 | 2386.23 | 3106.54 |
| 2016 年末 | 资产 | 1839.17 | 4764.49 |
| | 负债 | 3169.96 | 4766.88 |

资料来源：北京银行历年年报。

结合公式"利率敏感性系数=利率敏感性资产/利率敏感性负债"，整理计算得出 2010~2016 年 3 个月以内和 3 个月至 1 年资产负债的利率敏感性系数。

表 1-13　河北银行与北京银行利率敏感性系数（3 个月以内）

| 年份 | 河北银行 | 北京银行 |
| --- | --- | --- |
| 2010 | 1.22 | 1.13 |
| 2011 | 1.14 | 1.02 |
| 2012 | 1.01 | 0.94 |
| 2013 | 1.10 | 0.86 |
| 2014 | 1.17 | 0.93 |
| 2015 | 0.62 | 0.84 |
| 2016 | 0.60 | 0.68 |

资料来源：河北银行、北京银行历年年报。

从表 1-13 中我们可以看到，2010~2014 年 3 个月以内的河北银行、北京银行资产负债的利率敏感性系数都接近于 1，且差值不管是正负基本都在 0.2 以内。但在 2015 年、2016 年 3 个月以内的利率敏感性缺口呈现下降的趋势，说明如果未来利率有所变化的话，这两个银行的利率风险都不可控，面临的风险增大。随着利率市场化的深入，各个银行还没有意识到利率风险的巨大危害，也未建立自己的风险控制体系。

从对比分析的角度看，除了 2012 年和 2013 年两个商业银行的利率敏感性系数比较接近，在其他年份，北京银行的利率敏感性系数都比河北银行更加接近于 1，说明北京银行在对 3 个月以内的资产负债结构的调整做得相对较好，能够比较合理地调整利率敏感性资产负债的结构。主要是因为北京银行的风险管理起步较早，风险管理人才的引进与培养有一套相对成熟的制度，能够更加准确地预测到利率的走势；风险管理部门和其他部门又有一个良好的沟通和交流，能够把风险信息及时地传达到每个部门，各部门积极调整资产负债结构，以最终达到规避风险的目的。

表 1-14　河北银行与北京银行利率敏感性系数（3 个月至 1 年）

| 年份 | 河北银行 | 北京银行 |
| --- | --- | --- |
| 2010 | 0.46 | 0.84 |
| 2011 | 0.30 | 0.86 |
| 2012 | 0.67 | 0.11 |
| 2013 | 0.60 | 1.08 |
| 2014 | 0.66 | 0.93 |
| 2015 | 1.56 | 1.15 |
| 2016 | 1.28 | 0.99 |

资料来源：河北银行、北京银行历年年报。

再来分析河北银行和北京银行 3 个月至 1 年资产负债的利率敏感性系数（见表1-14）。从整体上看，这个期间的资产负债敏感性系数离 1 都相对较远，且有些年份利率敏感性资产和负债的比例严重失调，如果未来一年内利率变动频繁的话，会给商业银行带来很大的利率风险。

根据假设，以央行公布的存贷款基准利率变动作为市场利率的变动，在 2010年，央行多次上调了存贷款利率。这可以很明显地看出，当 2010 年利率上升时，北京银行会因此受益，获得较大的利润增长。说明北京银行在 2009 年利率预测方面做得很好，能够准确地预测到利率变化的趋势，并能够根据变化及时调整资产负债结构，合理规避利率风险，同时赚取大量利润。当 2010 年利率上升时，河北银行就会面临很大的利差收入损失，河北银行并没有合理地预测利率的走势，并根据走势合理调整资产负债结构。这主要有以下几方面的原因：一是河北银行利率风险管理方面的人才比较匮乏，无法建立起一个统一有效的利率风险管理体系；二是河北银行没有选取适合的利率风险度量模型，合理度量利率风险；三是没有专门的利率风险管理部门，利率风险管理无法统一调度，风险控制的时效性和准确性有待加强。

2010~2016 年，北京银行的利率敏感性系数都在 1 左右，或者接近于 1。这主要是由于从 2011 年开始到 2016 年，利率的变化十分频繁，并且北京银行认为，它无法准确地预测未来的利率走势，所以，为了规避可能发生的利率风险，北京银行及时调整了资产负债结构，使得利率敏感性系数趋于 1，这样的结构受到利率变化的影响很小，合理规避了利率风险。反观河北银行，2010~2014 年，利率敏感性系数一直小于 1，负债敏感型，在这样的情况下，一旦利率上浮，对河北银行来说损失是巨大的。但在 2015~2016 年，河北银行有合理预测利率的走势，并且根据利率的走势适时调整资产负债结构，风险防范意识增强。

以上在利率敏感性缺口分析中，主要对河北银行的利率敏感性缺口进行了分析，并且对河北银行利率敏感性系数和北京银行进行了对比。结论表明，河北银行不能合理预测未来利率的变化趋势，并根据预测的结果合理调整资产负债结构。北京银行的利率敏感性系数比河北银行更加接近于 1，合理调整资产负债结构，使利率敏感性系数接近于 1，是合理规避利率风险的一个重要途径。

4. 资本管理

资本金是商业银行建立信誉的基础，是商业银行业务发展的支撑，是商业银行吸收损失的最后一道防线。当非预期的损失发生时，银行需要动用资本金吸收，这可以在一定限度内保障存款人、消费者、交易对手免受损失。从监管的角度看，资本金包括符合监管要求的核心一级资本工具、其他一级资本工具和二级资本工具。杠杆率指标是风险加权资本充足率指标的有益补充。银监会于 2015 年初发布了《商业银行杠杆率管理办法（修订）》，要求商业银行并表和未并表的一级资本与调整后的表内外资产余额的比率即杠杆率均不得低于 4%，不再要求除可随时无条件撤销的贷款承诺以外的承兑汇票、保函、跟单信用证、贸易融资等其他表外项目均采用 100% 的信用转换系数，而是根据具体项目分别采用 10%、20%、50% 和 100% 的信用转换系数，自 2015 年 4 月 1 日起施行。

公开上市、发行二级资本债、增资扩股、利润留存是近两年来城商行补充资本金的主要渠道。公开上市方面，2016 年 3 月，天津银行成功实现在香港上市，募集资金近 80 亿港元。二级资本债发行方面，2015 年北京银行发行二级资本债，合计为 180 亿元，承德银行发行 10 亿元二级资本债，2016 年沧州银行成功发行 12 亿元二级资本债。

从近两年数据看，城商行资本充足率水平一直低于大型商业银行和农村商业银行水平（见图 1-12）。2015 年内，城商行资本充足率持续上升，截至 2015 年底达到 12.59%，为近两年来的新高。大型商业银行和农村商业银行的最高资本充足率分别为 14.50% 和 13.48%，分别高于城商行 1.91 个和 0.89 个百分点。

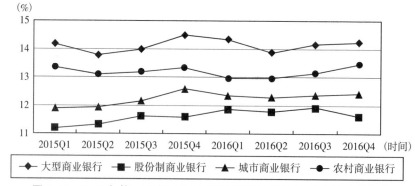

**图 1-12　2015 年第一季度至 2016 年第四季度各类商业银行资本充足率**
资料来源：银监会商业银行监管指标统计。

按照《商业银行资本充足率管理办法》、《商业银行资本管理办法（试行）》等监管要求，京津冀城商行都满足相关资本充足率要求（见图 1-13）。

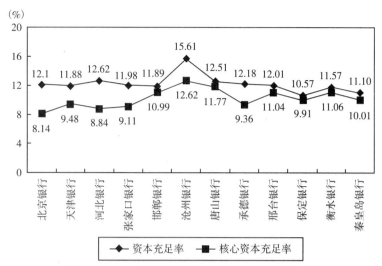

图 1-13 2016 年京津冀城商行资本充足率指标值

资料来源：各行年报。

沧州银行的资本充足率达到最高 15.61%，这是因为启动了二级资本债和增资扩股工作，成功发行资本债 12 亿元，募集股本 15 亿股、资金 34.5 亿元。总之，京津冀城市商业银行为了保持未来业务拓展能力，必须做好业务转型，发展零售业务、小微业务和中间业务，利用好二级资本债，提高附属资本数量。

## （三）问题及对策

经过对财务指标比较分析发现，目前京津冀城市商业银行的经营水平正在逐年变好，虽然经营水平不断提升，但达到有效水平的商业银行数量并不多。因此，城商行竞争力还存在着很大的提升空间。

1. 城商行之困

城市商业银行来源于城市信用合作社，是中国经济改革的产物，是伴随中国经济发展而不断发展壮大的。但在不断壮大的同时，也慢慢陷入一些困境，接下来从五个方面说明城商行之困。

（1）信用风险上升。

随着经济下行、信用风险的不断暴露，城商行作为服务地方、服务小微的金融机构，面临的信用风险也在上升。由于其区域化、长尾化的服务特征，其信用风险的控制难度也在加大。比起小微长尾客户，城商行最难防范的是区域性的政府投资项目或大国企带来的信用风险。大行体量大，一家央企的违约并不会对大行产生过大的影响，但对于体量较小、服务地方的城商行，大客户的违约对其盈利的冲击是巨大的。

1）不良率动态上升。虽然城商行的不良率处于银行业较低水平，但 2013 年以来，城商行的不良率也呈动态上升的趋势。同时，城商行还有许多隐藏的信用风险点，比如表外授信业务，即便将委外理财纳入广义信贷监管，委外理财所投的非标资产违约也不会直接反映在账上，但是该资产的收益状况却会影响城商行的健康运营。因此，如果将表外授信项目也纳入不良核算，那么城商行的实际不良率可能比现在反映出来的数值要高得多。经过前面数据的比较，在不良贷款率这一点上，秦皇岛银行暴露得最突出，其次是沧州银行和衡水银行。

2）拨备率红线。不良率上升之后，多家银出现了拨备率不满足 150% 的监管红线的情况。城商行总体拨备率仍然处于较高水平（219.89%），但也呈动态下滑的趋势，并且个别银行（张家口银行和衡水银行）的拨备覆盖率已经低于或逼近 150% 的红线。

（2）"理财—投资"：市场风险、监管风险。

投资类业务扩张，一般有两个资产投向：一个是仍然投向授信资产，这一现象兴起于 2011~2014 年，"四万亿"带动了大量的基建、地产的投资需求，城商行当时受制于合意贷款规模，通过各种信托、资管计划加通道投向授信资产；另一个是投向资本市场，这一现象主要出现在近两年，利率市场化之后城商行负债成本上升，逼迫其去追逐高收益的资产，然而实体经济投资回报率下降，资本市场就成为了新的资金去向，城商行通过委外理财、资产管理计划等多种方式投向资本市场，包括债市、股市以及产业基金等。

这一资产扩张渠道除了隐藏了信用风险以外，还隐藏了较大的市场风险和监管风险。如果是预期收益类的理财，其作为城商行的负债，具有一定刚兑特征。根据 2016 年 9 月的数据，城商行理财产品预期年化收益率为 3.99%，同时期的一年期国债收益率、AAA 级企业债收益率都远不能满足接近 4% 的预期收益率要求（见图 1-14）。

机构只能加杠杆、长久期或者投向收益更高、风险更大的资产，必然会导致负债端的风险承受能力与资产端的风险不匹配、资产负债的期限不匹配，加大金融体系的系统性风险。在资金投向更加多元化的情况下，市场风险和监管风险成为了城商行面临的新风险。

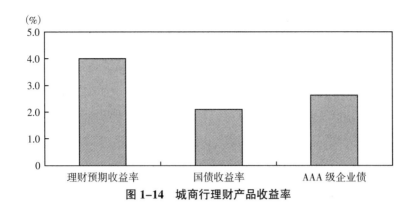

图 1-14 城商行理财产品收益率

（3）票据案：防不胜防的合规风险。

2016 年以来，银行业内票据案频发，城商行尤为突出。票据案大部分作案手法简单，多源于银行自身内部管理问题，但涉案金额相当巨大，对于规模相对较小的城商行来说，一个违规人员往往牵涉多单票据，金额多在数十亿元以上，将直接影响到银行自身的生存和发展。

因而在风险不断攀升时期，监管层数次发文要求规范票据业务管理、排查票据风险，但在 2016 年 126 号文之后，天津银行、宁波银行、龙江银行仍出现了多起票据违规案件。7 月，银监会城商部再次发文要求城商行自查票据风险，明确指出了目前城商行票据业务还存几大风险：票据业务专营治理落实不到位；实物票据管理混乱；与票据中介联手违规交易；资金划付违规操作；员工行为管控不力。

城商行在通过票据业务抵消贷款规模从而达到资产扩张目的的同时应尤其注意相关业务的合规风险和隐藏的信用风险，以免得不偿失。

（4）资产利润率低，盈利能力不高。

虽然城商行的资产、利润增速均高于行业平均，但城商行的资产利润率较低，大部分城商行的 ROA 在 1% 以下。也就是说，城商行的利润增长基本靠拼资产，而不是提高资产收益率。

盈利能力不高，一是由于做小微贷款的成本较高，虽然小微企业的利差较大企业高，但考虑成本之后，小微贷款的利润率并不高；二是由于对当地的大客户，城商行的议价能力并不是很强，对区域外客户的获得难度也很大；三是在于非息收入方面，虽然近几年飞速提升，但总体来说，非息收入占比仍然是低于大行的。

（5）"低 ROA+不良上升"，资本计提难追资产扩张。

资产增速快、资产利润率低、不良率上升，共同造成了城商行的资本充足率难题。不良率上升和资产扩张均使得风险资产增加，为满足资本充足率要求，资本计提也要相应增加，资本从利润中计提，但其利润增加又跟不上资产的增加，如果要满足资本充足率，必然要牺牲利润，资产利润率进一步下降。可以看到，城商行和股份制银行的资本充足率均低于商业银行平均水平，这与两者的激进扩张不无关系。

为了减少对利润的损耗，当前城商行主要通过发行次级债、上市等方式补充资本。2015 年 5 月 23 日至 2016 年 10 月 23 日，城商行共发行次级债 1502 亿元，明显高于其他商业银行。

2. 城商行之未来

在 2016 年的城商行年会中，银监会主席谈论城商行未来发展时提到"城商行无论采取什么业务模式，都要着眼长远发展，坚持商业可持续原则，为建成'百年老字号'打好基础"，"百年老字号"这个字眼首次出现在监管层对城商行未来的定位中。因此，城商行在迅速扩张之时，也应该思考：如何走出一条可持续的发展道路，是否快就是好。

（1）创新存贷款业务。

对于传统的存贷款业务，京津冀城市商业银行可以根据中小企业和居民的日常金融需求，创新多种存款业务和贷款业务。在存款业务方面，河北银行应该丰富储蓄存款的品种，比如，河北银行自主研发了易生钱、多利宝和定活通三款负债类产品，通过创新新产品带动业务发展和基础客户群的增长。在贷款业务方面，河北银行不断丰富贷款产品体系，优化产品功能，降低资金成本，提高银行效率，比如河北银行开发的网银自助贷。

（2）大力发展中间业务。

对于中间业务，京津冀城商行的业务占比依旧较低，北京银行 2016 年中占比最高也才达 28%，与国外银行的占比还存在很大的差距。经济新常态下，新型城镇化建设给京津冀城商行带来了发展空间，并且京津冀协同发展带来重要的战略机遇，应该抓住这些难得的发展机遇，转变银行的盈利模式，不要局限于传统的存贷业务和简单的中间业务，可以根据市场发展的需求，创新业务品种，优化业务结构，拓宽盈利渠道，提升盈利能力。为提升盈利空间，除了发展传统的支付结算、代收代付、理财产品等成本支出高、盈利收入低的中间业务外，还应加大力度去发展同业业务、基金托管类等收益较高的中间业务。

（3）构建全面风险管理体系，提高风险管理能力。

构建全面的风险管理体系，提高风险管理能力，具体做法为：第一，信用风险管理方面，加快授信政策调整，根据国家产业结构调整和化解过剩产能的政策来决定贷款的投向，减少对高风险行业的贷款，并且根据区域经济发展的特色，提高授信政策的差别化管理，防范区域性信用风险；第二，流动性风险管理方面，持续监控银行的资产、负债结构，合理安排资产和负债的期限搭配，保证银行有充足的流动性资金；第三，内控合规建设方面，聘用会计师事务所定期开展内部控制评价，加强合规建设，提高银行员工的合规意识，确保银行业的各项业务能合规开展。

（4）扎根本土，优化服务。

京津冀城市商业银行的市场定位应是为地方经济、中小企业和居民提供优质服务。河北省的城市商业银行和北京银行、天津银行应该积极践行这个发展理念，明确自己的市场定位，实行特色服务和差异化的竞争，才能得到持续的发展，从而为银行提供丰厚的利润报酬。首先，应该提高对中小微企业的金融服务能力，增强市场影响力。除北京银行外，京津冀其他12家城商行与大型城市商业银行相比规模较小，因此，应该立足本土，做精做细才是盈利的根本，深入挖掘本地客户，以中小企业和居民的金融需求为重点，利用自身熟悉本地的信息优势，展开业务活动，不与大型商业银行争抢大客户、大项目，避免自身发展的劣势。其次，制定差异化发展策略，提供特色产品和服务，根据市场发展情况，关注当地客户的需求特点和消费行为，提供高质量的产品和服务，根据不同客户的差异化需求，创新产品和服务，培养自身发展的优势，避免与大型银行交叉竞争，提高客户满意度。只有这样，才能与企业和居民保持较为稳定的利益关系，才能保证丰厚的收入来源。

（5）激发金融创新驱动。

京津冀城商行在新常态的背景下，要积极深入挖掘当地企业和居民的金融需求，不断提高金融创新能力，增强资金的使用效率。主要包括：第一，创新金融产品。互联网金融的快速发展对传统的银行经营带来了挑战，要积极利用现在的科学技术，大力开发手机银行、网上银行等科技含量较高的现代金融产品，根据市场发展的新形势，适时地推出新的金融产品，扩大自身的市场份额。第二，创新金融服务。优质的服务在现代的竞争中至关重要，要针对客户群体实行多层次、全方位和个性化的金融服务，比如成立惠友俱乐部，举办专题讲座等活动，为小微企业提供增值服务，通过人性化的服务，争取获得更多的客户资源，在客户群中建立良好的口碑。

第三，创新金融业务。河北银行不仅要创新传统的存贷款业务，还要积极地创新中间业务，大力开展证券、基金等业务模式。

（6）混业经营。

1）获得相关非银金融牌照、成立子公司。大型城商行在这方面走在前列。目前，北京银行已经拥有基金公司、金融租赁公司和资产管理公司，同时进一步下沉网点，设立了4家村镇银行。天津银行可以成立基金公司、资产管理公司以及金融租赁公司。保定银行也可以发挥区域优势，与保定长城汽车公司合作成立汽车金融公司。

2）与股权投资基金战略合作，投贷联动。战略合作也是近年来城商行开展综合化经营的重要方式。比如近年来的"投贷联动"模式，在这种模式下，商业银行提供信贷资金，股权投资基金（如PE、VC及政府引导基金）提供股权融资服务，共同为中小企业、科技型企业以及部分政府项目提供融资服务。北京银行、南京银行、江苏银行等一些城商行已经开始积极探索投贷联动业务。北京银行成立国内首家由银行牵头成立的创客中心，探索投贷联动模式。目前，北京银行已与九鼎投资、深创投、天星资本、同创伟业等近百家私募股权投资机构建立了长期稳定的合作关系。此外，地方政府成立的政府引导基金，也会优先让本地的城商行参与基金的投资和项目的配套贷款。

3）同业结盟，合作共赢。京津冀一体化如此具有天然优势的平台，打破了北京、天津和河北省的城商行之间区域限制以及政策障碍，京津冀城商行同业结盟是大势。

2016年9月13日，由衡水银行承办的河北省城市商业银行合作组织第十一次圆桌会议在衡水市召开。来自全省各地市的11家城市商业银行和北京银行、天津银行、库尔勒市商业银行等代表齐聚一堂，共商发展大计。通过实行抱团战略，城商行不仅能够在风险暴露期中寻求同业支持来走出经营困境，同时还可以通过合作实现资源互补，突破自身发展瓶颈，寻求新的利润增长点。当前银行资产质量下滑，是战略投资者进入的好时机。引进战略投资者可以帮助城商行增强资本实力、优化股权结构、完善公司治理。

# 三、河北省城市商业银行非财务竞争力分析

城市商业银行的竞争力还包括了无法全部在财务指标中得到反映的软实力，主要包括市场影响、产品创新与信息技术、公司治理、人力资源以及社会责任等。本节利用非财务指标分析京津冀城商行发展的软实力。

## （一）市场影响

市场影响主要以银行所拥有的资产数量为主要评价标准。北京银行在京津冀13家城市商业银行中市场影响一直处于领头地位，其在2016年的总资产就达到211634亿元，远超其他几家银行的总资产。从表1-15可以看出京津冀13家城市商业银行的资产数额以及所选项目所占资产的比值。

表1-15  2016年京津冀城商行资产数额及所选项目占比

| 城商行 | 总资产（亿元） | 客户贷款及垫款净额（%） | 现金及存放央行款项（%） | 存放和拆放同业及其他金融机构款项净额（%） | 买入返售款项（%） | 其他（%） |
|---|---|---|---|---|---|---|
| 北京银行 | 21163.39 | 41.01 | 7.86 | 9.97 | 3.90 | 0.30 |
| 天津银行 | 6573.01 | 31.62 | 8.84 | 3.97 | 5.06 | 0.59 |
| 河北银行 | 3104.27 | 40.46 | 10.40 | 4.35 | 3.81 | 0.78 |
| 邯郸银行 | 1462.03 | 30.78 | 28.93 | 16.11 | 1.37 | 0.68 |
| 邢台银行 | 771.87 | 32.47 | 13.95 | 7.79 | 3.90 | 6.50 |
| 保定银行 | 816.73 | 20.67 | 14.32 | 10.93 | 2.43 | 0.20 |
| 承德银行 | 929.47 | 35.87 | 16.3 | 5.43 | 6.52 | 0.14 |
| 沧州银行 | 1119.12 | 41.45 | 12.98 | 0.11 | 6.38 | 0.18 |
| 廊坊银行 | 2061.15 | 16.99 | 10.19 | 19.42 | 2.91 | 0.13 |
| 唐山银行 | 2036.12 | 15.76 | 10.34 | 1.97 | — | 0.17 |
| 衡水银行 | 375.85 | 54.11 | 15.40 | 8.26 | 0.87 | 3.90 |
| 秦皇岛银行 | 507.47 | 32.15 | 18.78 | 22.29 | 1.97 | 14.80 |
| 张家口银行 | 1637.34 | 32.52 | 12.88 | 9.82 | 2.45 | 0.36 |

资料来源：各行2016年年报。

　　从表 1-15 可以看出，北京银行、天津银行、河北银行总资产位于三甲，同时资产没有过千亿元的有邢台银行、保定银行、承德银行、衡水银行以及秦皇岛银行。对比客户贷款及垫款净额在各行总资产的比值可发现，衡水银行、北京银行、河北银行和沧州银行所占比值均超过 40%。相反，廊坊银行、唐山银行、保定银行三者相对较少一些。银行贷款数额越多，盈利能力越强，说明客户对其本身信誉有信任，同时对于自身业务的开展，以及对整个市场的影响力也就越大。

　　从各银行所存现金以及存放央行款项的比值看，此比值相对应该较小，同时大部分银行也确实如此一般都维持在 10% 左右，但邯郸银行就较为突出，其所占比值基本与客户贷款与垫款净额的比值相等，说明邯郸银行的流动性相对较好，但盈利性却相对较差。因为银行主要还是靠贷款赚取相应的利息，所以库存现金及央行款项越多，用于发放贷款的金额越少，这会使银行的盈利能力降低。对于这一指标，在此说明一下，一个运行合理、业务开展顺利的银行应该对自身资产匹配相应的管理方法。因此，银行在现金资产的管理中，应坚持总量适度原则、适时调节原则和安全保障原则。库存现金不应保存过多，应在满足日常业务开展的情况下，尽量保持最低水平，过高则影响盈利，过低则无法满足日常业务的开展。这要求银行必须在分析影响库存现金数量变动的各种因素的情况下，准确测算库存现金的需要量，及时调节存量，并加强各项管理措施，确保库存现金的安全。对法定存款准备金的管理，主要是准确计算其需要量和及时上缴应缴的准备金。超额准备金是商业银行在中央银行存款账户上超过法定存款准备金的那部分存款，是商业银行最重要的可用头寸，是用来进行贷款、投资、清偿债务和提取周转金的准备资产。对超额准备金的管理重点，要在准确测算自身需要量的前提下，适当控制数额规模，以尽量减少持有超额准备金的机会成本，增加银行盈利收入。商业银行对同业存款的管理，要准确地预测其需要量，使之能保持一个适度的量。因为同业存款过多，会使银行付出一定的机会成本；而同业存款过少，又会影响委托他行代理业务的展开，甚至影响本行在同业之间的信誉等。各银行必须合理管理自己的现金资产，争取使其达到相对合适的水平，尽可能实现最大的盈利水平。

　　银行间的同业拆借款是为了满足银行双方之间资金的调配，有的银行库存资金多，有的银行库存资金少，这时便出现同行业之间的资金相互调配。但倘若同行业拆借资金在总资产所占的比重较大，则说明此银行的库存资金要么过多，要么过少。可以看出，各银行的存放和拆放同业及其他金融机构款项净额在总资产中所占比值在 10% 以内的有 9 家，其他 4 家均超过 10%。其中沧州银行最小，只占 0.11%，说明此银行内部没有过多的库存资金，同业业务较少，以内部资金调用为主。反观秦皇岛银行，其存放同业款项达到 113.82 亿元，占比 22%，这说明秦皇岛银行内部闲置资金过多，并没有对本银行的资金管理进行合理化。另外，综合观察秦皇岛银行的数据，贷款数额占比并不是很大，相反另四个指标占比总和超过了 50%，这不得不说秦皇岛银行应该加强自身内部资金的管制制度，但也不能否认秦皇岛银行将资金进行投资多元化处理。

此外，各银行对市场的影响除了观察其资产项目之外，其在地方上开设的支行数目的多少也有一定程度的影响。当然，所开的网点数越多，对地方的影响程度自然越大。各银行开设的网点数如表 1-16 所示。

表 1-16　京津冀 13 家城市商业银行的支行数

单位：家

| 城商行 | 支行数目 | 城商行 | 支行数目 |
|---|---|---|---|
| 北京银行 | 503 | 廊坊银行 | 64 |
| 天津银行 | 337 | 唐山银行 | 55 |
| 河北银行 | 224 | 衡水银行 | 52 |
| 邯郸银行 | 91 | 秦皇岛银行 | 48 |
| 邢台银行 | 59 | 张家口银行 | 242 |
| 保定银行 | 48 | 沧州银行 | 83 |
| 承德银行 | 12 | | |

资料来源：各行 2016 年年报。

从表 1-16 可以看出，北京银行的下属支行最多达到 503 家，并且其分布地区多达 14 个，近则于京津冀地区，远则达香港、新疆等地，由此可以看出北京银行的市场影响力相当大；其次是天津银行，为 337 家，张家口银行 242 家，河北银行 224 家，剩余几家都在 100 家之内，并且大多支行都在河北省之内。由此便可看出，京津冀地区城商行的市场影响力还属北京银行、天津银行、河北银行为前三，当然除了本身信誉、资产之外，也和地区经济、政府扶持有一定的关系，应客观加以看待。

## (二) 产品创新与信息技术

创新是企业向前发展的源源不断的动力，2016 年，京津冀各城市商业银行在信息技术、产品等方面均进行了一定程度的创新，现分别将其进行阐述。

1. 北京银行

北京银行主要在以下三个方面进行金融产品的创新工作：一是业内率先推出交易银行品牌，其中包括五大业务板块、六大业务渠道及 36 项特色金融产品；二是产品研发实现新突破，推出跨境双向人民币资金池，实现本行全球交易银行服务零突破，推出再保理等新产品；三是持续优化交易银行服务，"e 存管"业务发展迅猛，存管客户 1322 户，交易资金存管实现领创金融互联网平台、大商道大宗商品平台应用"e 结算"与"腾讯"、"国美在线"等知名机构合作，年结算交易 13.97 万亿元，票据规模超 3000 亿元，实现营收 5.77 亿元，同比增幅 20%。另外，北京银行健全新的运营模式，比如建立多家分行级和支行级信贷工厂，4 家经营网点被人行中关村中心支行评为科技金融专营机构 A 档。持续打造中关村小巨人"创客中心"，发布支持中关村"万家创客"行动计划，相继被科技部、北京市科委授予"众创空间"称号。截至 2016 年末，国标小微贷款余额 2908 亿元，较年初增长 22%；占公司贷款比重 49%；完成"三个不低于"监管指标，"定向降准"达标。

2. 天津银行

天津银行利用自身具有众多强大竞争力公司银行业务的优势，并将其自身所具优势与区域经济发展相结合，成功发展科技型中小微业务。这种新型业务是天津银行在天津地区的一大特色。同时，天津银行推动着整个天津地区的科技型中小微企业的迅速发展。截至 2015 年 9 月 30 日，天津市科技型中小微企业已逾 7 万家，科技型中小企业对经济的拉动作用不断提升，已成为天津市经济发展的新引擎和动力源。天津银行在服务科技型中小微企业领域始终保持在天津市银行业领先地位。2012~2014 年，天津银行对科技型中小微企业贷款余额年均复合增长率达 23.5%。截至 2015 年初，天津银行科技型中小微企业贷款客户数在天津市场的占有率约 12.0%，行业涵盖生物医药、节能环保、新材料、高新技术服务、电子信息等国家战略新兴产业，有力扶持了一批处于创业和成长期的科技型中小微企业。随着科技型中小微企业大量涌现和快速发展，天津银行科技金融的比较优势将得到更充分的发挥。

3. 河北银行

河北银行积极推动自身结构的优化升级，加强自身金融产品的创新发展。公司业务投行化步伐加快，在产业基金、企业资产证券化、债权融资计划、选择权贷款、

PPP 项目融资等创新投行业务品种实现突破，创造了多个全国或全省首单业务。充分发挥小微业务特色支行、科技支行的产品和效率优势，小微企业金融服务能力不断提升，完成小微贷款"三个不低于"监管指标。消费信贷和财富管理业务比以往有相对较大的变化，满足零售客户多样化需求，全年新增基础客户超过 10 万户，管理客户总资产达到上千亿元。同时，河北银行加大对乡村建设的力度，将普惠金融融入自身发展理念之中，在河北省内设立助农取款服务点，有效改善了农村金融支付环境。同时，该行在 2016 年努力提升自身金融市场业务水平，加强投研能力、创新能力和风险管理能力，持续扩展冀银合作平台合作范围，设立冀银流动性互助基金，进一步增强了自身市场影响力。

4. 邢台银行

邢台银行与 2016 年开发的"创业贷"系列产品，为高成长性、创新型的中小企业提供了全方位的金融服务，向中小企业投放信贷资金 186 亿元。该行还创新"冀南微贷"系列产品，其业务已拓展到邢台、邯郸、衡水、保定等地区，累计支持小微企业 3 万多家、放贷 90 多亿元，带动就业 50 余万人。为鼓励员工创新，树立整个企业的创新理念，邢台银行于 2015 年 12 月 1 日设立了 10 万元的"创新基金"，以此来激励员工敢于创新、勇于创新的精神，鼓励员工大胆探索，积极创新。此外，"互联网+"也被邢台银行运用到转型发展之中。通过运用互联网、移动通信、大数据、云计算等技术，最大限度提高业务运行效率和科学决策水平。为应对经济下滑带来的压力问题，该行利用银行客户信息资源优势，为企业提供市场、客户、信息等"增值"服务，帮助企业发展。

5. 邯郸银行

邯郸银行被省政府连续 2 年授予"金融创新奖"；在"中国金融机构金牌榜"评选中被评为"最具创新力中小银行"；在"2015 中国金融创新论坛"活动中荣获"最佳金融创新奖"；"夜市银行"荣获"十佳金融产品创新奖（零售业务）"。具体是：第一，为保证群众可以更快地得到所需服务，除了提高员工的办公效率之外，邯郸银行积极创新，提出三种措施："贷款不排队"、贷款限时办以及"次日贷"，提高了邯郸银行在办理贷款方面的业务水平，节省了办事群众的时间。第二，该行努力结合二代核心系统建设，充分利用互联网技术，积极打造领先同业、接近主流的"智慧银行"。一是加快网上银行、手机银行、微信银行升级改造，建立完善的立体化服务网络，持续提升客户服务体验；二是通过搭建互联网金融技术平台，打造线上线下高效互动的互联网统一支付系统，进一步提升支付结算服务效率和质量；三是通过信息科技与业务发展的深度融合，全面推动业务创新、产品创新、服务创新、流程创新和管理创新，为广大客户提供优质、安全、便捷的金融服务。

### 6. 唐山银行

2016 年，唐山银行在产品创新、渠道创新，智能金融的开发、应用以及推广等方面进行探索，有效提升了唐山银行对客户差异化、多元化需求的服务能力，赢得了客户、公众以及市场的高度关注，走出了一条"变轨升级、持续创新"的发展之路。

另外，唐山银行通过对现有结算流程、业务处理流程以及服务流程的不断优化升级和标准化建设，与国内知名金融机构供应商联合研发了具有自主知识产权的自助存单机和存单回收机，并在网点成功地进行了应用与推广。截至 2016 年末，全辖 55 家营业网点均完成智能化改造建设，共计投入使用自助设备 1000 余台，其中存单机 224 台、发卡机 140 台、快柜 43 台、智能钱柜 54 台、零钞兑换机 35 台、自助存取款机 313 台。这些自助设备的应用为客户带来了更加方便、快捷、安全的智能化服务体验。

### 7. 保定银行

保定银行在 2016 年也做出一系列的产品创新。本着"贴合需求、灵活务实、缩短链条、减费让利"的发展理念来研发产品，为了应对新发地园区小微企业实际需求，研发出"金支点·助农贷"特色产品，大幅降低申贷门槛、缩短审批时间，已累计发放给 296 户 8300 余万元。

### 8. 承德银行

承德银行在过去的几年里主要为科技型企业的发展提供自己相应的服务，同时为了适应科技型企业发展的需求，自身也相应地进行了一些产品的创新。比如为满足中小企业多元化的融资需求，承德银行加大产品创新力度，研发推出两大系列授信品牌，具有高效、便捷、担保灵活的特点，可以满足包含科技型企业在内的不同规模，不同发展阶段的中小企业融资需求。同时，"科技支行"根据科技型企业经营特点，为其量身定做，创造性地提出"十户联保"的贷款方式，为承德市 10 家科技型中小企业组成的联保小组提供授信 1000 万元，有效解决了企业短期流动资金的需求。同时，承德银行又于 2015 年 4 月在全市成立首家独立运营的小微企业信贷服务中心，打破原有信贷管理机制，打造小微企业新的融资渠道，有效缓解小微企业融资难的问题，其业务模式更加迎合科技型小微企业对金融服务需求的特点。

9. 廊坊银行

廊坊银行在2016年创新生产出53款新产品，增强自身的市场影响力。该行积极创新网络金融服务，全面布局"互联网+金融"体系，以PC、手机、微信、银行卡为载体，先后搭建起网上银行、手机银行、微信银行、VTM自助设备、移动柜员终端和互联网支付等具有区域经济特色的互联网金融产品与服务体系，为广大客户提供了安全、便捷、低成本的普惠金融服务。其中新版个人网上银行于2016年7月上线，同年的12月新版企业网上银行业正式上线，为客户提供了新的网上银行服务。廊坊银行的手机银行客户端和微信银行客户端也在2016年登上市场，便捷的服务和快速的支付进一步增加了客户量。廊坊银行只在2017年上半年就新增理财交易金额34亿元，新增定期存款交易金额12亿元。

10. 衡水银行

衡水银行不断加快自身金融产品的创新力度和进程，自主开发设计了"金如意"、"银如意"、"玉如意"等低风险、期限灵活的理财产品，同时根据不同服务对象，推出各具特色的贷款产品，并以银行卡、网上银行、手机银行等电子银行为抓手，推出网银转账免费、银行卡异地支取免费等更多优惠政策。衡水银行于2016年共发行"金如意"理财产品25期，金额达到13亿元；发行"银如意"理财产品9期，金额合计6亿元；发行称心系列同业理财产品7期，金额合计15亿元，实现理财净收益达756万元。

11. 沧州银行

2016年，沧州银行存款经营部推出"薪金卡"、"黄金屋"、大额存单、"立得利"，于2016年末存款余额达到900.23亿元，较年初增加221.65亿元，增长32.66%；贷款经营部推出保单质押贷款、白色家电产业链，于2016年末贷款余额达到478.18亿元，比年初增加117.04亿元，增长32.41%，当年增量较2015年增加了42亿元，增长达156%；金融市场部拓宽投资渠道，扩大投资范围，推出多款高收益理财产品。沧州银行顺利建成客户关系管理系统（CRM）、内部资金转移定价系统（FTP），大大提升了精细化管理水平，对优化资源配置、改进绩效考核、多维度交叉营销、应对利率市场化有着重大意义。此外，沧州银行积极有序地推进网点建设。2016年有9家分支行陆续开业，年末又获批筹建衡水、秦皇岛两家分行。截至2016年末，营业及在建网点数量达到83个，包括7家域外分行、45家县域支行、31 家市区支行，服务范围覆盖全省 8 个地市。

12. 张家口银行

张家口银行于 2016 年大零售业务发展迅速，银行内部积极研发新产品。2016 年，该行线下研发推出无担保、无抵押的"畅享贷"、"畅购贷"信贷产品，满足客户家装、旅游、教育等消费需求；线上研发推出"微粒贷"，100%线上模式。线上线下全年累计发放贷款 20 多亿元。理财产品不断丰富，全年共发行理财产品 449 期，募集金额 630 亿元，余额 276 亿元，满足了客户多元化需求。

13. 秦皇岛银行

秦皇岛银行在银行内部风险防控方面，采用了新的解决思路和办法，对潜在风险贷款及抵债资产进行专业化的集中管理和经营，创新实行第三方监管、债权转让、外包清收等多种方法。全年清转不良贷款 8.65 亿元，其中清收本金 3.07 亿元，清收利息及其他收入 1.7 亿元，转化本金 3.67 亿元。

通过对京津冀 13 家城市商业银行在 2016 年的金融产品创新与信息技术的发展看，北京银行、天津银行、河北银行、唐山银行、邢台银行、廊坊银行等较为突出，其大胆创新产品，勇于探索，为实体经济发展提供了支持。相对而言，保定银行、张家口银行、秦皇岛银行以及沧州银行则稍显逊色，这 4 家银行应将产品创新放在重要位置，唯有创新出与客户利益相符的金融产品，才能赢得市场。

## （三）公司治理

公司治理是指在所有权与经营权分离的基础上，所有者对经营者的一种监督与制衡机制。即合理配置所有者与经营者之间的权利与责任关系的一种制度安排。公司治理的目标是保证股东利益的最大化，防止经营者背离所有者的利益。其主要特点是通过股东大会、董事会、监事会及管理层等内部组织结构实现内部治理。

目前，大部分公司治理结构主要采取两种模式：美英式与德日式。这两种结构模式存在显著差异。

美英式公司治理模式以股权分散和管理层持有股票较少为主要特征，其公司治理具有以下特点：

（1）实行单层委员会制度，董事会的独立性尤为突出。英美公司治理的框架由股东大会、董事会及首席执行官三者构成。其中，股东大会是最高权力机构，董事会是最高的经营决策机构，董事会大多由外部独立董事组成，董事长一般由外部董事兼任，既是决策机构，又是监督机构。

（2）外部治理机制作用比较明显。英美的股票市场比较发达，众多小投资者对经济的影响力比较弱，因此该模式下的公司治理更多地依赖于公司外部市场的力量，比较强调保护少数股东的利益，要求公司财务数据充分公开，增加透明度，用股票市场监督管理层。①

德日式公司治理模式在资本结构方面以股权相对集中、采取银企交叉持股为主要特征，其公司治理具有以下特点：

（1）实行双层委员会制度，股东直接控制程度较高。监事会不参加银行的经营管理，主要执行对董事会和经理层的监督作用。从激励约束机制看，该制度强调团队精神，注重职务晋升。

（2）德日企业融资方式以间接融资为主，采取股权和债券相结合的方式。德、日银行既为公司提供贷款，又是银行股东，集股东和债权人于一身。

（3）德日银行的外部治理机制相对较弱，以内控机制为主。德日银行通过债券和股权共同参与公司内部治理，并因此形成银行导向型的公司治理模式。

因此，综观京津冀13家城商行的公司治理结构，可以看出其已形成以德日模式为基础，又具有美英式的特点。既具有股权相对集中、董事会和监事会并存、控股股东对经营者选举有较大决策权的特点，又具有独立董事等特点。这13家城商行虽有相同点，但也有各自的特色，分析如下：

1. 股权集中度有所差异

股权结构是公司治理的基础，它决定了股东结构、股权集中程度以及大股东的身份，导致股东行使权力的方式和效果有较大的区别，进而对公司治理模式的形成、运作及绩效有较大影响（徐向艺，2006）。中国银行股权结构主要分为三种：股权高度集中、股权相对集中、股权相对分散。故京津冀13家城商行的股权集中形式也处于三种类型之中，并且其大多都以国家股和法人股为主，个别像北京银行、天津银行会有境外法人股等股权类型，其地方银行含有自然人股，并且其国家股以财政股为主，除此之外邢台银行还兼具职工持股。具体股份占比见表1-17。

---

① 窦洪权. 银行公司治理分析 [M]. 北京：中信出版社，2005.

表 1-17　2016 年京津冀 13 家城商行各自持股比例

单位：%

| 城商行 | 国家持股比例 | 法人持股比例 | 自然人持股比例 | 前十股东总持股比例 |
|--------|------------|------------|--------------|------------------|
| 北京银行 | 19.98 | — | — | 47.49 |
| 天津银行 | 1.64 | 79.46 | 6.38 | 44.98 |
| 河北银行 | 6.97 | 64.93 | — | 71.90 |
| 邯郸银行 | 9.69 | 83.78 | 6.53 | 73.32 |
| 邢台银行 | 39.69 | 58.88 | 0.21 | 63.68 |
| 保定银行 | 12.25 | 86.08 | 1.67 | 91.78 |
| 承德银行 | 7.36 | — | — | 57.65 |
| 沧州银行 | 16 | 74.95 | 9.05 | 55.78 |
| 廊坊银行 | — | — | — | 85.87 |
| 唐山银行 | 5.38 | 94.49 | 0.01 | 54.52 |
| 衡水银行 | 21.24 | 71.89 | 6.87 | 61.17 |
| 秦皇岛银行 | 33.17 | 59.03 | 7.80 | 87.83 |
| 张家口银行 | 6.77 | 90.45 | 2.78 | — |

注："—"表示数据缺失。

资料来源：各行 2016 年年报。

从表 1-17 中可以看出，邢台银行、秦皇岛银行、衡水银行国家持股比例相对较大，分别为 39.69%、33.17%、21.24%，天津银行、唐山银行、张家口银行国家持股比例相对较小，分别为 1.64%、5.38%、6.77%。保定银行、廊坊银行、秦皇岛银行、邯郸银行、河北银行等前十股东总持股比例分别为 91.78%、85.87%、87.83%、73.32%、71.90%，为股权高度集中型，另外，唐山银行、衡水银行、沧州银行、承德银行、邢台银行前十股东总持股比例相对较小，属于股权相对集中型。反观北京银行、天津银行前十持股比例相对较小，分别为 47.49%、44.98%，其中北京银行外资持股为最大，占比 13.64%，天津银行的前十持股中第一大股则占 15.88%。总体看，京津冀 13 家城商行股权结构为法人持股较多，国家持股次之，自然人持股最少。

2. 公司治理的架构有所不同

虽然它们都采用"三会一层"的治理结构，即设置股东会、董事会、监事会以及高级管理层的治理结构，但董事会下设的专门委员会却有所不同（见表 1-18）。

从表 1-18 中可以看出，13 家城商行在公司治理架构上大体相同，又略有不同，它们的董事会下都设有战略委员会、风险管理与关联交易控制委员会、提名与薪酬委员会、审计委员会 4 个委员会。但不同之处在于，天津银行与廊坊银行设有消费

表 1-18　京津冀 13 家城商行董事会下设置机构种类

| 城商行 | 董事会下设置专门委员会的种类 |
|---|---|
| 北京银行 | 战略、提名、薪酬、审计、风险管理、关联交易 6 个委员会 |
| 天津银行 | 战略、提名与薪酬、审计、风险管理、关联交易控制、消费者权益保护 6 个委员会 |
| 河北银行 | 战略、提名、薪酬、审计、风险管理与关联交易控制 5 个委员会 |
| 邯郸银行 | 战略、提名与薪酬、审计、风险管理与关联交易控制 5 个委员会 |
| 邢台银行 | 战略、提名与薪酬、审计与合规、风险管理与关联交易控制 4 个委员会 |
| 保定银行 | 战略、提名与薪酬、审计、风险管理与关联交易控制 4 个委员会 |
| 承德银行 | 提名与薪酬、财务管理、风险管理与关联交易控制、审计、战略发展规划 5 个委员会 |
| 沧州银行 | 战略、提名与薪酬、风险管理、关联交易、审计 5 个委员会 |
| 廊坊银行 | 战略、提名与薪酬、审计、风险管理、关联交易控制、消费者权益保护 6 个委员会 |
| 唐山银行 | 战略、风险管理与关联交易控制、提名与薪酬、审计、财务审查 5 个委员会 |
| 衡水银行 | 战略、风险管理与关联交易控制、提名与薪酬、审计 4 个委员会 |
| 秦皇岛银行 | 战略、风险管理与关联交易控制、提名与薪酬、审计 4 个委员会 |
| 张家口银行 | 战略、风险管理与关联交易控制、提名与薪酬、审计 4 个委员会 |

资料来源：各行 2016 年年报。

者权益保护委员会；邢台银行设有合规委员会；承德银行设有财务管理委员会；唐山银行设有财务审查委员会。

3. 董事会规模有所不同

京津冀 13 家城商行董事会规模如表 1-19 所示。

表 1-19　京津冀 13 家城商行董事会组成人数

| 城商行 | 董事会组成规模 |
|---|---|
| 北京银行 | 董事会由 17 名董事组成，其中独立董事 6 名，董事会的人数和人员构成符合法律法规的要求 |
| 天津银行 | 董事会由 15 名董事组成，其中包括 4 名执行董事，6 名非执行董事，5 名独立非执行董事 |
| 河北银行 | 共有 12 名董事，其中 4 名执行董事、6 名非执行董事以及 4 名独立非执行董事、1 名职工代表董事 |
| 邯郸银行 | 董事会由 14 名董事组成 |
| 邢台银行 | 董事会由 6 名董事组成，其中执行董事 3 名，股东董事 2 名，独立董事 1 名 |
| 保定银行 | 董事会由 15 人组成，设董事长 1 人。为使本行董事会人员结构更加合理，利于科学决策，董事会设立独立董事 2 人 |
| 承德银行 | 董事会由 11 名董事组成 |
| 沧州银行 | 董事会由 15 名董事组成，其中独立董事 3 名 |
| 廊坊银行 | 董事会由 10 名成员组成，其中外部股东董事 5 人，执行董事 2 人，独立董事 3 人 |

| 城商行 | 董事会组成规模 |
|---|---|
| 唐山银行 | 董事会由 9 名董事组成，其中 3 名执行董事、4 名股权董事、2 名独立董事 |
| 衡水银行 | 董事会由 9 名董事组成，其中外部董事 4 名，内部董事 5 名，公司未设独立董事 |
| 秦皇岛银行 | 董事会共有 12 名董事，包括董事长 1 名、副董事长 1 名、独立董事 2 名、董事 7 名和董事会秘书 1 名 |
| 张家口银行 | 董事会由 11 名董事组成 |

注：以上数据均来自各行年报，因有的年报数据不全，会导致数据不全。

由表 1-19 可以看出，京津冀 13 家城商行董事会由执行董事、非执行董事、独立董事组成，只有衡水银行未设置独立董事。董事会人数最少如邢台银行，由 6 人组成，最多如北京银行，由 17 人组成，但大部分银行的董事会规模都保持在 10 人左右。虽然邢台银行董事会人数最少，但其执行董事所占比例超过一半，是所有银行中占比最高的，即说明董事会对银行内部运营具有的执行力相当大。大多数银行都会设置独立董事，这引自于英美模式，是一种内部监督机制。而对独立董事比例和数量，在能查到结果的银行中，保定银行独立董事所占比例最小，邢台银行次之，北京银行所占比例最大。

4. 监事制度有所差异，监事结构有所不同

监督机制作为公司治理机制的重要保障，是解决股东、董事会、高级管理层之间因信息不对称产生的委托代理问题、强化权力制衡的重要抓手，而监事会是银行监督机制的重要承载。京津冀 13 家城商行均设立监事会，执行内部监督职责，但有所不同，见表 1-20。

**表 1-20　京津冀 13 家城商行监事会组成规模**

单位：人，%

| 城商行 | 股东代表监事 | | 职工代表监事 | | 外部监事 | | 监事会总人数 |
|---|---|---|---|---|---|---|---|
| | 人数 | 占比 | 人数 | 占比 | 人数 | 占比 | |
| 北京银行 | — | — | — | — | 3 | 0.33 | 9 |
| 天津银行 | 2 | 0.33 | 1 | 0.17 | 2 | 0.33 | 6 |
| 河北银行 | — | — | 1 | 0.25 | 2 | 0.50 | 4 |
| 邯郸银行 | — | — | — | — | 1 | 0.14 | 7 |
| 邢台银行 | 2 | 0.29 | 2 | 0.29 | 2 | 0.29 | 7 |
| 保定银行 | — | — | — | — | — | — | 5 |
| 承德银行 | 2 | 0.4 | 1 | 0.2 | 2 | 0.4 | 5 |

续表

| 城商行 | 股东代表监事 | | 职工代表监事 | | 外部监事 | | 监事会总人数 |
|---|---|---|---|---|---|---|---|
| | 人数 | 占比 | 人数 | 占比 | 人数 | 占比 | |
| 沧州银行 | — | — | — | — | 3 | 0.3 | 10 |
| 廊坊银行 | — | — | 3 | 0.43 | 2 | 0.29 | 7 |
| 唐山银行 | 2 | 0.29 | 3 | 0.43 | 2 | 0.29 | 7 |
| 衡水银行 | — | — | 2 | 0.4 | — | — | 5 |
| 秦皇岛银行 | — | — | — | — | 1 | 0.14 | 7 |
| 张家口银行 | — | — | — | — | — | — | 5 |

资料来源：各行 2016 年年报。

从表 1-20 可以看出，规模方面，沧州银行监事会人数最多，达 10 人，其次北京银行为 9 人，再者为邯郸银行、邢台银行、廊坊银行、唐山银行与秦皇岛银行人数为 7 人，天津银行人数为 6 人，保定银行、承德银行、衡水银行与张家口银行为 5 人，河北银行人数为 4 人。结构方面，天津银行、邢台银行、承德银行与唐山银行监事会结构设置最全，股东监事、职工监事、外部监事都设有，其次则为河北银行设有职工监事与外部监事，北京银行、邯郸银行、沧州银行、秦皇岛银行只有外部监事。由于所查数据不完整，保定银行、秦皇岛银行数据不明，未填写。对于各行监事会下设置的委员会，大体都设有提名委员会、监督委员会，不同之处在于天津银行、河北银行、邯郸银行还设有监事会办公室，沧州银行还设有审计委员会以加强对银行内部的监督。

5. 薪酬与内部激励制度存在差异

激励约束机制作为公司治理机制的关键要素，是各治理主体能否切实履职的重要推动力和着力点。激励约束机制与董事、监事、高级管理层切身利益直接相关，从而直接影响机构运行效率。

对于内部激励机制，京津冀 13 家城商行大都相同，根据银行制定的薪酬管理规定发放薪酬，高管人员年薪由基础薪酬、业绩薪酬和特别贡献奖励组成，其中基础薪酬由基本薪酬和福利薪酬构成，业绩薪酬由风险薪酬、管理薪酬和效益薪酬构成。其中，北京银行薪酬管理组织架构较为严谨，由股东大会、董监事会及高级管理层三个部分组成，各部分对薪酬发放都有各自的权力和职责。天津银行对执行董事、职工监事及高级管理人员根据规定提供薪酬，而对独立非执行董事及外部董事则根据职责提供薪酬，邯郸银行的不同之处在于非执行董事与股东监事薪酬不在本行领取，衡水银行外部董事、股东监事不在本行领取薪酬。而对于员工考核制度多数机构缺乏有效的人才激励机制、缺少透明公正的绩效评级体系及报酬与绩效挂钩的薪酬体系，不同程度地存在同工不同酬、员工晋升渠道不透明等问题，员工绩效考核过于注重规模考核，忽视质量和效益增长。

## （四）人力资源

人力资源对一个企业发展有着巨大的影响，良好的人力素质有助于提升企业的业务办理水平和提升企业优秀的文化底蕴，是企业软实力的重要体现。京津冀13家城市商业银行在人力资源方面的差异是影响竞争力的重要因素。表1-21为2016年13家城商行人力资源的情况。

表1-21　京津冀13家城商行2016年人力资源的情况

单位：人，%

| 城商行 | 总人数 | 研究生及以上学历 | | 本科学历 | | 专科及以下学历 | |
|---|---|---|---|---|---|---|---|
| | | 人数 | 占比 | 人数 | 占比 | 人数 | 占比 |
| 北京银行 | 14534 | 2679 | 18 | 9130 | 63 | 2725 | 19 |
| 天津银行 | 6526 | 5254 | | | 80.51 | 1272 | 19.49 |
| 河北银行 | 4483 | 651 | 14.52 | 2719 | 60.65 | 1113 | 24.83 |
| 邯郸银行 | 2141 | 268 | 12.52 | 1200 | 56.05 | 672 | 31.39 |
| 邢台银行 | 1774 | 67 | 4 | 1191 | 67 | 516 | 29.09 |
| 沧州银行 | 2150 | 177 | 8.23 | 1715 | 79.77 | 258 | 12 |
| 廊坊银行 | 2150 | 267 | 12.42 | 1504 | 69.95 | 379 | 17.63 |
| 唐山银行 | 935 | 118 | 12.62 | 458 | 48.98 | 359 | 38.39 |
| 衡水银行 | 1455 | — | — | — | — | — | — |
| 秦皇岛银行 | 834 | 352 | | | 42.21 | 482 | 57.79 |

资料来源：各行2016年年报。

如表1-21所示，没有保定银行、承德银行以及张家口银行相关数据。可以看出，北京银行、天津银行以及河北银行员工人数在13家城商行中位列前三，而且综观各学历人数所占比例，本科学历人数为最多，专科及以下学历次之，研究生及以上学历最少。这样可以得出结论：大多数本科及以下学历愿意从事银行行业，而且优先考虑的是北京银行、天津银行、河北银行。这造成三家银行与其他几家银行在人力资源方面的差距，这个差距又将导致企业之间实力的差距。而且可以看出，北京银行、天津银行呈"两头小，中间大"的现象，本科占比最大，但是研究生及以上学历和专科及以下学历的人数基本处于相等状态，相反，如秦皇岛银行、唐山银行、邢台银行等呈现的却是"中间大，两边不等"的一种不平衡状态。另外，在对员工发展与培训方面，天津银行相对较为突出。天津银行建立多渠道培训为员工营造良好的学习和成长环境，充分发挥教育培训的作用，帮助员工提高自身素质，加快个人成长，引导员工职业发展。天津银行在全行范围内推行员工持证上岗，定期对员工进行资格选拔竞争考试，持续完善员工教育培训的电子档案建设，将员工培训开发与人员资格调整、人员进出等环节紧密挂钩，形成人力资本动态管理。此外，天津银行在 2016 年正式建成网络培训学院，实现了员工培训线上、线下全覆盖，进一步提升员工素质，实现技术强化。

## （五）社会责任

企业的社会责任通常指企业对社会承担的责任，企业应以一种有利于社会的方式进行经营和管理。社会责任通常指组织承担的高于组织自己目标的社会义务。通过对京津冀 13 家城商行社会责任履行情况的阐述、分析与比较，不但可以直观地看出 13 家城商行之间在社会责任履行方面的特点，各家银行之间取长补短，相互学习，有助于提高自身实力的增长，而且促使企业更好地履行其社会责任。这样做能使企业的所有利益相关者，包括投资者、员工、消费者、客户、政府、社区、自然环境等都受益，从而增加整个社会的福利。

以下是 13 家城商行在近年社会责任的履行情况：

1. 北京银行

北京银行在 2016 年社会责任主要体现在三个方面：

（1）小微企业：将服务小微企业作为立行之本、发展之源，塑造了科技金融、文化金融、绿色金融、民生金融品牌。截至 2016 年末，该行国标小微贷款余额 2908 亿元，较年初增长 521 亿元，增幅 22%，完成银监会"三个不低于"目标，达到人民银行定向降准要求。

（2）三农金融：北京银行已在京郊构建起涵盖 41 家营业网点、31 家精品富民直通车金融服务站、256 家村村通助农取款点、7000 个 M-POS 商户的惠农服务网络，累计发放贷款超过 1200 亿元，服务居民、农民超过 850 万人次，为首都城乡一体化建设作出重要贡献。

（3）民生关怀：北京银行积极参与保障性住房建设和融资服务，贷款项目覆盖5个省市，涉及公租房、棚户区改造、限价房、经济适用房等种类。截至2016年末，全行保障性安居工程贷款余额139亿元。开展助学贷款业务，北京银行分别通过校园的国家助学贷款和生源地国家助学贷款两类业务为北京市43所市属高校学生和北京16个区（县）户籍学生提供助学贷款服务。截至2016年末，北京银行累计发放助学贷款4.38亿元，累计资助3.68万名学生，帮助他们顺利完成学业。布局社区金融，截至2016年末，北京银行在全国已设立150家社区支行及小微支行，另有一批此类网点正在建设中。面向社区居民发行专属乐邻卡，除具备存取款、转账消费、缴费、个人信贷、理财等传统金融服务功能外，更可为社区居民加载出入门禁、停车管理等专属需求，并围绕社区衣食住行、医疗、教育、娱乐等提供附加便民服务，深得百姓喜爱。[①]

2. 天津银行

天津银行始终将经济发展和改善民生提供资金支持作为第一发展目标，以国家经济战略发展为中心，依靠天津滨海新区开发开放率先发展大势，以控风险为纲，以促发展为本，加大信贷支持力度，优先支持民生工程、中小企业、"三农"建设、天津滨海新区建设和市区县重点项目；加大对国家政策受益行业、优势产业及其延伸领域，比如重要基础设施、装备制造、港口物流、高科技等行业的信贷支持力度；对信用记录较好、有竞争力、有市场、有订单但暂时出现财务困难的企业给予信贷支持；坚决压缩和限制对"双高"行业、产能过剩行业、不良率较高行业以及天津银行贷款集中度较高的房地产、冶金等行业的贷款，积极参与区域社会经济建设。截至2016年12月31日，该行做出慈善及其他捐款合计5600万元。

3. 河北银行

近年来，河北银行从授信政策、产品创新、服务理念等方面大力发展绿色金融。积极引导信贷资金流向，大力支持大气污染治理、新能源产业、绿色制造及生态农业，对从事循环经济生产的企业实施利率优惠。严格控制"两高一剩"行业信贷规模，强化名单制管控，加大对落后产能行业总量压降和结构调整。在授信审批环节开辟"绿色通道"，简化业务办理流程，提高放款效率，支持企业绿色发展、循环发展、低碳发展。截至2017年第一季度末，绿色信贷余额50.52亿元，较年初增加

---

① 《北京银行2016年社会责任报告书》。

13.17 亿元，增长 35%。

该行还不断加大绿色金融产品研发力度，持续提升绿色金融服务创新能力，坚持将环境及社会责任理念融入到产品创新之中。发放省内首笔排污权质押贷款，并大力推广排污权担保融资、合同能源管理融资、知识产权质押贷款等业务。该行在运用自有资金支持绿色经济的同时，还积极尝试通过证券、基金、保险等方式将社会资金引入绿色产业，引导企业利用新型产品支持节能环保。同时，该行坚持"有保有压、有扶有控"原则，积极化解过剩产能，两年之中共压缩退出钢铁、煤炭、水泥等行业客户 170 户，涉及金额 80.92 亿元，产能过剩行业贷款余额占全部贷款的 3.62%，占比连年下降。

该行积极通过节约资源、转变发展模式实现自身转型发展，并用自身行为影响客户消费观念和消费行为的转变。一方面，加快绿色服务渠道建设。大力发展手机银行、网上银行等电子渠道服务方式，有效降低客户对柜面资源的依赖，达到节能、减排的目的。目前个人电子银行用户达 114.26 万户，较年初增长 17.26%，2016 年累计交易金额 1633.91 亿元。另一方面，积极倡导柜面业务无纸化，实现了开户、存取款、转账、挂失等个人业务的免填单，完成企业客户电子化对账，大大提高了业务办理效率，践行了"低碳金融、绿色服务"理念。

4. 邢台银行

邢台银行近年来结合邢台市经济、环境、社会协调发展的主要任务，积极扮演社会角色，充分发挥信贷杠杆作用，合理配置信贷资源。一是加大对浮法玻璃、太阳能、电动车等高端科技产业的资金投入，支持一大批具有邢台地域特点、行业竞争优势，发展前景良好的科技创新型企业生产经营，促进邢台市调整产业结构和转变经济增长方式。二是新增 15 亿元信贷规模扶持环境治理、公共交通、供水供电等城市基本建设项目，增加对教育、医疗、文化等与老百姓息息相关的民生工程的信贷倾斜，提高人民的生活水平。三是支持邢台市产业升级建设工业聚集区，增加信贷资金的保障力、引导力和推动力，促进工业项目进园入区的发展战略实施。

邢台银行在兼顾自身发展的同时，注重不断回馈家乡，回报社会。"7·19"特大洪灾发生后，邢台银行及时响应，在第一时间成立突击队奔赴灾区开展救援，同时广泛发动捐款捐物，先后向邢台灾区捐款 100 万元，向邯郸灾区捐款 20 万元，为灾区群众和救援人员提供 2700 份工作餐，为救灾一线解放军和武警官兵捐赠话费 14.4 万元，组织员工捐款 17.3 万元，用实际行动履行社会责任。另外，针对受灾较重的县市区紧急研发了无须担保、执行基准利率的"抗洪救灾应急贷款"，为支持灾后重建工作，邢台银行又推出"灾后重建贷款"。截至 2017 年 3 月末累计申请"抗洪救灾应急贷款"9.5 亿元，发放 6.88 亿元，累计申请"灾后重建贷款"6.6 亿元，发放 3.13 亿元，为灾区人民恢复生产提供了资金支持，营造出积极的社会效应。

5. 邯郸银行

邯郸银行致力于创建"公益银行"，2015 年投入公益慈善事业 21 项，累计出资 4120 万元，占全年利润总额的 2.7%，25 万人次直接受益。尤其在 2015 年资产超千亿元之际，设立 3000 万元公益基金，重点用于市民公共自行车 3000 辆和存取点 10 处、市民卡 100 万张、新能源公交车 3 辆、新农村建设 8 个、青年创业、文化事业、教育基地、精准脱贫等公益活动。从 2014 年 8 月 1 日起邯郸银行开办"爱警夜餐厅"，为夜间在一线工作的公安干警提供免费夜餐，为平安城市创建做出贡献。与此同时，邯郸银行荣获 2015 年中国银行业"社会责任最佳公益慈善贡献奖"，全国银行业 5 家地方银行中仅 1 家获此殊荣。会上发布的《2015 年度中国银行业社会责任报告》中，邯郸银行支持北京新机场建设、创新建设夜市银行、支持新能源汽车、城乡志愿者服务、设立"爱警夜餐厅"、无偿献血、急救知识培训等 8 个案例入选，是入选案例最多的地方银行。

6. 唐山银行

唐山银行坚持践行"政府银行、市民银行"的理念，主动承担社会责任，依法照章纳税，为全市财政收入增长做出贡献，于 2016 年被授予"唐山市 2016 年度纳税大户"称号。这已是唐山银行连续四年获此荣誉，2016 年，唐山银行纳税贡献再创新高，实缴各项税金 9.71 亿元，同比增长 10.16%，位居唐山市重点企业前列，其中企业所得税纳税额排名全市首位。

7. 保定银行

保定银行继续秉承"尚德务实，力行合规，协作创新，追求卓越"的企业精神，立足"服务地方经济，服务中小企业，服务市民百姓"的市场定位，主动履行社会责任，从而取得了较为显著的经济效益和社会效益。积极融入国家发展战略，主动融入京津冀协同发展战略，倾力支持"一带一路"建设，积极配合供给侧改革，扎实开展金融扶贫工作，在确保取得显著经营效益的同时，大大提升了保定银行的社会形象，扩大了保定银行的品牌效益。

8. 衡水银行

衡水银行将"惠民、便民、共赢"融入自身的发展理念中，在融入社区、贴近社区方面实现业务创新，实行不同于传统网点的金融服务模式，加大对社区居民进行金融知识的宣传教育，实行延时营业、上门服务等服务措施，根据居民所需开发特色化、个性化的金融产品，满足社区客户的金融需求，进一步提升自身业务服务水平。此外，衡水银行的相关支行除了具备常规功能分区，还为老年客户、残疾人客户专设了服务室，配备饮水机、电视、空调以及各类报刊、血压计、体温计及应急小药箱等物品。衡水银行将服务理念融入日常业务办理中，积极履行社会责任，进一步增加了客户数量。

9. 廊坊银行

廊坊银行不仅以优质的金融产品和专业的融资支持服务京津冀地区，服务实体经济，服务县域经济，也一直恪尽职守，积极承担社会责任。2015 年，廊坊市卫生计生委与与廊坊银行达成合作，由廊坊银行投资建设廊坊市 450 万张居民健康卡项目。截至 2016 年底，完成 251 万居民信息采集工作，并完成 8 万张卡片制作。廊坊银行将以居民健康卡项目建设为契机，大力发展健康金融服务。一方面，构建其在医疗产品、保健用品、营养食品、医疗器械、保健器具、休闲健身、健康管理、健康咨询等多个与健康紧密相关的场景应用的商业模式；另一方面，在居民健康卡一期建设的基础上，加载多种服务功能，拓展健康卡应用范围，为零售业务发展布局，为便民惠民服务的推出构建系统支持。廊坊银行还自行组织对社区人民传播金融知识的活动。活动期间，该行通过微信、微博向社区居民公布每天的观影内容，并向社区居民普及人民币防伪知识、理财小常识等金融知识。此外，廊坊银行还自觉为高考学子献爱心，支持廊坊的教育事业。

10. 沧州银行

沧州银行在 2015 年获得各类荣誉 61 项；连续七年被国家银监会评为"二级行"，同时获评国家级、省级、市级三级"文明单位"，刘泽平董事长被评为"全国劳动模范"，在全国各级报刊媒体发表文章 30 余篇，显著提升了本行的社会认知度。同时，各分支行特别是域外分行，开展了一系列扶贫济弱、奉献爱心的公益活动，并以一流的服务、一流的作风，赢得当地领导、社会公众的认可和尊重。

11. 承德银行

承德银行成立 10 年来，始终以"服务地方经济、服务中小企业、服务居民百姓"为己任，通过帮助群众兴家立业、实施费用减免、帮扶危困企业等方式，为地方经济社会发展作出了积极贡献。该行不仅通过多种形式宣传小额贷款惠民政策，还开通了小额贷款"绿色通道"，方便人们随时咨询、办理业务，还致力于打造特色化的小微企业融资方案，量身定做了如最高额抵押贷款、联保贷款等特色信贷产品，形成了专营专管、资料收集、项目营销、调查评估、发放审核、贷后管理及监督于一体的小微企业运营模式，实现了总分支机构间信贷管理"扁平化"、信贷审批"电子化"和信贷发放"高速化"的特点。在贷款投向上，该行严格设置贷款准入条件，对国家明令禁止的项目和淘汰落后工艺，严禁介入，并大力发展"绿色信贷"，加大对科技创新、"三农"、民生工程等领域的资金支持力度，推行环保评估"一票否决"制。

12. 秦皇岛银行

秦皇岛银行坚持以支持地方经济建设为己任，重点针对本市经济发展新动能培育、旅游文化产业升级、产业园区建设等领域，深化银政合作；全年新增资金投放57.85 亿元，其中通过贷款方式投放资金 38.15 亿元，全年累计投放资金 125.1 亿元。创新特色产品，快速响应客户需求，现已形成"传统基础类"、"中小企业类"、"特色信贷类"等五大系列 35 个产品。

13. 张家口银行

张家口银行始终坚持"服务社区、服务中小、服务县域"的市场定位，牢记责任使命，积极履行社会责任，主动融入奥运经济，力争为奥运经济更好更快发展提供更加优质高效的金融服务。2016 年，全行新增贷款 170 亿元，较上年增长 44%，贷款余额达到 553 亿元，增量和增幅均创历史新高。全年累计投放信贷资金 570 多亿元，支持了奥运经济、京津冀协同发展和全市棚户区改造等重点项目建设和经济社会各项事业发展。全年缴纳各项税金 7.52 亿元，同比增加 2 亿元，纳税额位列市属企业第一。

从各家银行的履行情况看，有的银行积极承担着自身对社会的责任，为人民、为社会做出了不少贡献，如北京银行、河北银行、邢台银行、邯郸银行及廊坊银行。相对而言，保定银行、沧州银行、秦皇岛银行及张家口银行在社会责任方面与前者有着一定的差距。造成这种差距除了自身实力差之外，在企业管理、经营者素质以及员工自身承担的社会责任感等方面也存在不同程度的差距。为加强各家银行社会责任的建设，不仅需要银行自身的努力，也需要政府的支持帮助。银行应改善经营管理，提高经济效益，只有自身经济实力增强了，才能更好地承担社会责任。增强经营管理者和员工的社会责任感，积极转变经营理念，将社会责任纳入银行发展的战略目标，并将其进行制度化。政府应该深化经济体制改革，加强相关立法建设，尽量为银行履行社会责任提供一个良好的氛围，建立和完善对银行社会责任评价和监督机制，促使各家银行在全社会的关注下，履行自身的社会责任。

## （六）发展建议

通过对京津冀 13 家城市商业银行在市场影响、产品创新与信息技术、公司治理、人力资源及社会责任五个方面的非财务指标进行分析，可以看出这 13 家银行在五个方面各有优势，但相互之间仍存在不小差距，而且各城商行之间由于历史等方面的原因，在管理体制、业务体系和人力资源等方面与大行相比尚存在不小的差距。这说明城商行在潜在竞争力上存在着不足，未来可能面临较大的竞争压力。已上市城商行比如北京银行、天津银行的综合竞争力明显高于其他城商行。上市的城商行历史包袱摆脱较早，已经建立起比较好的风险管理机制和激励约束机制，而且经营地点都处于发达地区，不仅人力资源丰富，还可以优厚的薪金从四大国有商业银行或股份制商业银行挖掘人才。有的银行如沧州银行、张家口银行发展则相对缓慢，在各项指标方面表现并不突出，业绩平平。京津冀 13 家城商行在非财务指标竞争力方面的差距较大，这也预示着未来在河北城商行相互之间面临的竞争压力可能更大。因此，城商行应该在战略规划、公司治理、业务转型以及人才建设等方面未雨绸缪，加大工作与投资力度不断提高自身的竞争实力。

针对 2016 年京津冀城商行在非财务指标中存在的问题，提出以下三点发展建议：

1. 明确市场定位，打造核心竞争力

对城商行的战略定位，学界和监管部门一直主张城商行应加强特色化服务和差异化经营，做小、做强、做精，但在实践中城商行大部分还是倾向于多机构、跨地域、增规模的扩张式发展方式，与大型商业银行、股份制银行开展同质竞争，抢夺市场和客户。在 2016 年召开的首届全国城商行年会上，银监会的阎庆民副主席要求城商行"立足本地，防止求大；立足简单，防止求全；立足稳健，防止求快"。为此，城商行不宜再走粗放型的业务扩张之路，应深耕本地市场，下沉业务重心，集中精力服务地方、服务小微企业、服务社区居民，实施错位竞争、差异化发展，形成自身特色，打造核心竞争力。同时，河北省监管部门应对 13 家城商行实施差异监管、分类指导。对北京银行、天津银行等实力较强、渠道布局较广的城商行，应鼓励其进一步做大做强，与其他大中型商业银行展开正面竞争；对唐山银行、邢台银行等特色经营突出的城商行，应鼓励它们在保持自身特色的基础上，发展成为具有较强竞争力的区域性银行；对其他实力较弱、特色不突出的城商行，应要求其立足服务本地市场，限制其跨地域扩张。

2. 优化组织，完善城商行公司治理结构

京津冀 13 家城商行应建立相对规范的公司治理架构，逐步实现以自我为中心向以客户和市场为中心转变，从同质性竞争向差异化发展转变；建立健全全面风险管理模式，除了信用风险，还应加强对市场、操作、流动性、信息科技、声誉、策略和法律风险的管理；管理方式也应集中化发展，通过加快信息管理系统建设和改造业务流程，使经营决策更加科学。不但京津冀城商行需要优化公司治理机制，国内城商行的公司治理也同样有待在今后的经营发展中逐步完善。各行应适当分散股权结构，尤其像邢台银行、衡水银行、秦皇岛银行等，应降低国有股比重。各家银行董事会规模组成，执行董事、外部董事与独立董事所占比例应做到相对均衡，使得权力平衡，防止一家独大。建立健全监事制度，监事人数应与自家银行的规模保持基本一致，设置人数最好不要出现过多过少的现象，应做到股东代表监事、职工代表监事和外部监事均有所任职。

3. 深化改革与创新，打造智能化服务体系

虽然 2016 年里，各家银行在产品创新方面均有所建树，但未来仍应将创新作为企业发展的动力源泉。各家银行应将产品创新与渠道拓展双管齐下，以产品创新推动业务发展。加快电子化品牌建设，打造基于互联网的线上银行和智能化服务体系，降低成本。营销宣传线下线上同步开展，引入主题营销方式，设定营销重点并推出重点产品奖励办法，提升客户关注度；将过程管理纳入内部经营管理与考核评价中，创新风险授信模式，建立多级授信评审体系。

# 第二章 河北省城商行融资业务发展年度报告

2015年7月，《京津冀协同发展规划纲要》已经印发并开始实施，京津冀城商行与农村金融机构发展作为京津冀一体化战略发展规划的一个重要部分，将对区域内的实体经济发展与产业转型提供有力的金融资源支持。京津冀一体化政策成为京津冀地区13家城商行的发展契机。负债业务是城商行的重要业务之一，我们将对京津冀13家城商行的负债结构进行分析，深入探究在京津冀一体化的趋势下，各城商行跨区域协同发展的条件与可能途径。

## 一、河北省城商行资金来源的基本特征

在我国，与美国社区银行更加类似、与拥有软信息优势的中小银行独特性质更加匹配的是城市商业银行。原因在于我国的国有银行与股份制商业银行经营范围都面向全国，规模上也远远超出了所谓的"社区银行"。而我国城市商业银行中只有少部分小范围地开展了跨区经营，规模上与社区银行更为接近。20世纪90年代中期，我国以城市信用社为基础，组建城市商业银行，经过近20年的发展，全国共有城市商业银行145家，从业人员接近30万，营业网点近万个，遍及全国各个省份。

经过2014~2016年的发展，京津冀城商行已成为京津冀地区银行业的一支重要力量。截至目前，京津冀地区主要的13家城商行资产规模从2014年的2.5万亿元，增长到2016年末的4.2万亿元，扩张近一倍。城商行作为银行业规模扩张最快的群体，增长速度明显快于行业平均水平。2014~2016年，京津冀城商行已经有了很大

的基数了，但仍然增长了近一倍，京津冀城商行的资产增速超过了京津冀地区行业平均增速几乎一倍。自 2012 年第二季度之后，随资金环境趋紧以及监管部门对影子银行、同业业务的清理和规范，京津冀城商行规模扩张势头明显减弱，增速一度跌到 15% 以下，之后有一定回升。总体上讲，随着内外部环境的变化，京津冀城商行的规模扩张较以往逐步趋缓，但仍高于全行业水平，发展意愿相对较强。京津冀城商行规模的扩张将有利于京津冀融资业务的发展，更有利于取得人们的信任，取得更多的融资，从而进一步发展京津冀城商行的规模，形成一个积极发展的循环。在快速扩张的同时，融资结构也出现了以下几种现状：

## （一）单一城市制经营、营业网点少、市场份额低

京津冀城商行自成立之初，其经营活动就被限制在所在城市及其周边地区，对其他城市和地区的辐射影响较小。例如：秦皇岛银行仅有 48 家分支行，唐山银行 55 家，衡水银行 52 家（见表 2-1）。河北省内地方城商行的营业网点都在几十家，最大的北京银行的分支行在全国各地也只有 500 多家，和国有商业银行仍有很大差距。近几年来，单一城市制经营模式的负面效应日益显现，并成为城市商业银行进一步发展的重要障碍。首先，地域限制不利于城市商业银行分散融资风险。一家银行被限制在一个城市开展业务，其资金势必集中到该城市发展较好或可供开发的行业、产业和项目上，造成贷款的行业集中度、客户集中度偏高，带来巨大风险隐患。其次，地域限制不利于城市商业银行的业务发展和产品创新。现在，企业跨地区甚至跨国的经营活动，要求商业银行能够按照企业的地理布局为其提供存贷款和资金清算等服务。然而结算渠道的不畅通恰恰是城市商业银行的软肋。显然，仅资金跨区流动就已经超出了城市商业银行自身的能力，从而造成城市商业银行大量客户流失。这也是很多企业在规模较小时与当地城市商业银行的关系非常好的原因，而一旦这些企业做大，实现跨地区经营，往往就会与城市商业银行分道扬镳。

表 2-1　京津冀城商行支行数量

| 城商行 | 支行数目 | 城商行 | 支行数目 |
| --- | --- | --- | --- |
| 北京银行 | 503 | 廊坊银行 | 64 |
| 天津银行 | 337 | 唐山银行 | 55 |
| 河北银行 | 224 | 衡水银行 | 52 |
| 邯郸银行 | 91 | 秦皇岛银行 | 48 |

续表

| 城商行 | 支行数目 | 城商行 | 支行数目 |
|--------|---------|--------|---------|
| 邢台银行 | 59 | 张家口银行 | 242 |
| 保定银行 | 48 | 沧州银行 | 83 |
| 承德银行 | 12 | | |

资料来源：2014~2016年京津冀城商行年报。

## （二）财政存款占主导地位

20世纪90年代中期，政府决定将2200家城市合作社吸收纳入到城市商业银行中。通常当地政府都参与入股，大约25%~30%，这造成地方政府一股独大，在其中扮演着重要的角色，长此以往城市商业银行的使命是向政府和政府企业提供资金，保证当地政府正常的财政收入。这种不健康的经营模式造成了政企不分，严重扰乱了当地正常的金融市场秩序，阻碍了本地金融市场的发展。另外，城市商业银行普遍存在大量的政府关联贷款，这部分贷款一般具有金额大、贷款质量差等特点，其中有的甚至已经形成风险造成了损失，严重影响到城市商业银行的经营和发展。

首先，地方政府一般作为城市商业银行的最大股东，不仅在董事会会议中具有最大的发言权和投票权，而且拥有对城市商业银行的监管权，拥有任命董事长及派遣相关董事会成员的权力。控制董事会之后，地方政府很大程度上可操控城市商业银行的股东选择及其股权比例。

其次，地方政府通过地方融资平台来干预城市商业银行的贷款流向。地方政府控制城市商业银行最重要的是控制其贷款流向和贷款规模。受地方政府控制，又主要承担地方经济开发与公共基础设施建设任务的地方政府融资平台，地方政府成为了城市商业银行的重要贷款对象。地方政府通过干预城市商业银行贷款流向，为城市商业银行吸引了一大批融资平台类贷款客户，而且这些客户在城市商业银行整个客户网络中具有重要的地位。

最后，地方政府通过协调政府关系资金来引导城市商业银行的存款来源。除了干预贷款资金流向，作为主要股东的地方政府还有义务为城市商业银行吸收存款创造资金来源。地方财政的资金或与地方政府关系密切的资金，在地方政府的提倡和引导下以城市商业银行作为主要的存款银行。目前，我国多数城市商业银行的主要存款客户是财政局（包括各区县）、经费核算中心、土地储备中心（包括各区县）、社保局，以及与地方政府联系密切的资产管理公司、各大保险公司等。地方政府通过积极推动政府资金存入城市商业银行，也为城市商业银行创造了一批重要的存款客户。

表 2-2　城商行政府持股比例

单位：%

| 部分非上市城商行 | 2014 年 | 2015 年 | 2016 年 |
|---|---|---|---|
| 邯郸银行 | 9.99 | 9.99 | 8.94 |
| 河北银行 | 6.97 | 6.97 | 6.97 |
| 秦皇岛银行 | 25.95 | 30.79 | 33.17 |
| 唐山银行 | 14 | 8 | 5.3 |
| 邢台银行 | 35.44 | 35.44 | 35.44 |
| 沧州银行 | 0.83 | 10.01 | 16 |

资料来源：2014~2016 年京津冀城商行年报。

从表 2-2 中我们可以看出，河北省未上市的城商行仍受地方政府左右，秦皇岛银行的政府持股比例甚至在逐年上升。唐山银行在 11 家未上市的城商行中政府持股比例逐年降低，唐山银行的融资结构在改变，正逐步改变负债结构单一的局面，向多元化的融资渠道迈进。

## （三）偏好股权融资

2016 年，江苏银行、贵阳银行、杭州银行、上海银行先后登陆 A 股市场，终结了 A 股市场连续八年无城商行上市的历史。此外，长沙银行、苏州银行等多家银行正在积极筹划 A 股公开发行，未来会有更多城商行在 A 股上市。与 A 股市场的火热相比，2016 年城商行在 H 股上市显得有点低迷，年内仅天津银行一家赴港上市。而早先在 H 股上市的城商行纷纷提出回归 A 股，公开信息显示青岛银行 A 股 IPO 已获受理。这种局面背后的原因，一是两个市场的估值差异，A 股估值明显高于 H 股，尤其是上市后的表现更是优于 H 股；二是城商行的业务开展主要在内地，客户也基本为内地客户，在 A 股上市的市场影响力更高；三是城商行业务以人民币为主，随着汇率波动的加剧，潜藏较大汇率风险。

在跨区域（主要是跨省区）发展受阻后，联合重组成为城商行迅速做大、做强的一条捷径。在过去几年中，江苏银行、徽商银行、吉林银行、长安银行、华融湘江银行、湖北银行、贵州银行、宁夏银行、龙江银行等，均是通过联合重组模式形成，在短时间内实现了规模上的飞跃。客观地讲，在银行业竞争日趋激烈的背景下，中小型的城商行独立发展的压力不断增大，通过联合重组，不仅可以改善这些城商行的资产质量、增强资本实力、提升市场影响力，也能有效整合原先较为分散的资源，争取更大的发展空间。当然，也必须看到的是，重组整合本身也蕴含着一定的风险，一方面，通过行政力量强行推进的整合，可能会使很多历史问题在重组过程中被掩盖；另一方面，这种整合能否确保新成立的银行在经营管理上的规范和职业，也还存在很多不确定性。除联合重组外，积极寻求上市机会，也是城商行近年来重点争取的发展机遇。在北京银行、宁波银行和南京银行之后，城商行到目前都未再获得在国内 A 股上市的机会，而不得已转道海外市场。重组上市有利于京津冀城商行形成良性的资本补充机制。衡量一家商业银行抗风险能力的强弱，很重要的指标是资本充足率。城市商业银行在组建阶段，资本充足率不是很高，随着业务的快速发展，资本充足率就更低，从上文分析，城市商业银行中的地方财政和企业法人已不大可能再注入大量资本。采取私募方式增加股本，既受筹资成本高（如寻求投资者困难、售股困难等所致）的影响，又受筹股价格较低的困扰。如果城市商业银行公开发行股票并上市，可以建立稳定的资本补充机制，提高运作的透明度，促进城市商业银行的股份化，通过公开发行股票（包括送股、配股等）来筹集资本性资金（且成本低、溢价高），并可在此基础上，建立比较合理的资产结构和财务结构。在这一点上，上市将有助于城市商业银行缩小与国外大银行的资本规模差距，有助于筹集更多的营运资金进行业务创新和提高金融服务的科技含量，还可利用资本市场的监督及资源分配功能，促使银行加强管理和提高效率。此外，上市还可为引入外资参股铺路，开辟一条新的银行引资途径。城市商业银行通过资本市场发展股票、筹集资金将是未来一段时间内金融市场的重要旋律。

# 二、2016 年河北省城商行融资结构比较分析

国内城商行根植于地方经济，有限的经营牌照决定了城商行的发展依赖于特定的城市经济，同时也受制于特定的经济总量及金融发展水平。于是，中国多样性、

层次化的城市经济金融发展水平衍生出多层次的城商行规模发展水平：既有北京银行这般资产规模超万亿元，上海银行、江苏银行之类规模超 5000 亿元的城商行，也有大量资产规模不足千亿元的中型城商行，甚至不到百亿元的小型城商行。河北省的城商行就是属于这些小型城商行。从各城商行的年报中可以看出，所有的城商行都处在扩张阶段，负债是城商行的主要资金来源，也是其规模扩张的基础。作为城商行资产负债的独特项目，存款从过去到现在一直是国内城商行最为传统、最主要的资金来源，吸收包括居民储蓄存款、企业对公存款及其他机构团队对公存款在内的存款资金是支撑其生存和发展的重要基础。这种被动型负债资金在居民及企业储蓄意愿强烈且不断上升的宏观经济环境下为国内城商行负债扩张提供了坚实的保障。对河北省 11 家城商行样本的研究发现，2016 年，11 家样本城商行存款占负债的平均比重高达 70%，国内城商行普遍存在融资渠道单一，对存款这一被动负债资金来源依赖性强的特点。特别是在跨区域经营受限、本地经济金融发展有限、银行业竞争日益激烈的发展环境下，依托存款较为单一的融资渠道日益凸显城商行的融资困境。

从市场营销的角度分析，商业银行负债划分为主动负债和被动负债。城商行的主动负债是指银行通过发行大额可转让定期存单、回购协议、金融债券等工具，主动地从金融市场吸收非存款资金的业务。主要的主动负债包括：①发行债券即城商行通过发行金融债券从货币市场或者资本市场融入资金，自 2005 年以来，城商行陆续开始发售次级债和金融债。②从中央银行的借款，城商行从中央银行融入资金的行为。目前主要的形式是再贷款、再贴现和央行公开市场回购。③同业拆借，城商行从金融机构融入资金的业务行为。主要形式有票据转出、信贷资产转出回购、债券正回购和同业拆借。④协议存款。城商行按照规定从保险公司、邮政储蓄和货币市场基金单位引进大量存放资金，并约定利率和期限。城商行的被动负债是指由存款人决定期限和金额，银行决定利率的资金来源，这种负债往往使银行处于被动局面，无法决定资金的流动性，因此为被动负债。被动负债是指各种吸收存款。当下我国城商行的存款主要有活期存款、储蓄存款和定期存款。

与存款这一被动负债资金来源相比，批发式融资等主动负债赋予城商行更高的主动性及灵活性，城商行的经营决策者可以根据货币市场利率走向及本行流动性管理需求判断是否主动融入资金。不过，相较西方商业银行包含大额可转让存单（CD）、欧洲货币市场借款、欧洲金融债券、信贷资产证券化等多样化的融资工具，国内城商行的主动负债融资工具相对有限，集中于同业及其他金融机构资金融入、卖出回购金融资产、同业存放等融资工具，这与国内欠发达的金融市场及较为欠缺的金融工具息息相关。然而，无论是小型城商行，还是大中型城商行，批发式融资在负债中占比的提升都表明了国内城商行吸收主动负债的增速要高于存款，一方面，多样化其资金来源、优化负债结构、提高城商行流动性及资产负债管理空间；另一方面，对于其应对未来利率市场化也具有一定的意义。但部分主动负债成本较高、金融市场利率波动、对同业及其他金融机构依赖性的增加会降低城商行整体资金来源的稳定性，特别是在金融危机下，少数银行经营状况的恶化可能会影响并扩散至相关银行，从而加大银行系统性风险的产生。城商行运用批发式融资资金效率的高低会直接影响其业务扩张及盈利效率，同业资金比率较高的银行，无论是盈利效率还是业务扩张效率都比较低，相较于批发式融资、拆入同业及其他金融机构资金，从零售市场吸收存款较多的城商行更加有效率。而国内城商行在金融市场业务领域尚不成熟的经营运作和相应人才的匮乏进一步对城商行扩张非存款类融资提出严峻挑战。如何在优化负债结构、开辟存款之外的第二资金来源渠道的同时保持应有的流动性及利率风险管理，并确保资金成本可控、盈利能力可持续是城商行在这一融资模式下首先应面对并着力解决的关键问题。与此同时，目前城商行所面临的存贷比这一刚性监管指标对其存款的支撑性要求继续对城商行吸收存款施加刚性压力，网络布局及客户基础的先天不足将使城商行被迫吸收高成本的存款资金，未来利率市场化背景下资金成本压力将首先对城商行造成极强的冲击。

## （一）资产负债率普遍偏高

针对城商行总体负债规模的分析，本书从各个城商行的总体负债规模的绝对值以及相对值（资产负债率）的角度进行对比分析。具体数据见表2-3。

**表2-3 京津冀城商行总体负债规模情况**

单位：亿元，%

| 名称 | 2014年 | | | 2015年 | | | 2016年 | | |
|---|---|---|---|---|---|---|---|---|---|
| | 负债 | 资产 | 负债比率 | 负债 | 资产 | 负债比率 | 负债 | 资产 | 负债比率 |
| 保定银行 | 347 | 367 | 95 | 509 | 531 | 96 | 788 | 817 | 96 |
| 沧州银行 | 540 | 581 | 53 | 788 | 835 | 94 | 1031 | 1119 | 92 |
| 邯郸银行 | 754 | 804 | 94 | 1052 | 1113 | 95 | 1384 | 1462 | 95 |

续表

| 名称 | 2014 年 | | | 2015 年 | | | 2016 年 | | |
|---|---|---|---|---|---|---|---|---|---|
| | 负债 | 资产 | 负债比率 | 负债 | 资产 | 负债比率 | 负债 | 资产 | 负债比率 |
| 廊坊银行 | 540 | 570 | 95 | 1214 | 1280 | 95 | 1932 | 2041 | 95 |
| 秦皇岛银行 | 316 | 334 | 95 | 341 | 363 | 94 | 482 | 507 | 95 |
| 唐山银行 | 533 | 573 | 93 | 1167 | 1248 | 94 | 1905 | 2036 | 94 |
| 邢台银行 | 407 | 437 | 93 | 391 | 419 | 93 | 736 | 772 | 95 |
| 河北银行 | 1710 | 1817 | 94 | 2066 | 2219 | 93 | 2851 | 3026 | 94 |
| 天津银行 | 4500 | 4789 | 94 | 5324 | 5657 | 94 | 6150 | 6573 | 94 |
| 北京银行 | 14172 | 15130 | 94 | 17281 | 18449 | 94 | 19726 | 21163 | 93 |

资料来源：2014~2016 年京津冀城商行年报。

京津冀城商行的负债规模一直处于较高水平，资产负债率都达到 90%以上。由此可以说明，我国京津冀城商行进行经营的大部分资金来源于银行的负债，这与城商行高杠杆经营的性质有关。城商行的资产负债率则低于国有和股份制银行。从京津冀城商行的负债规模的发展趋势看，京津冀城商行的负债总量呈现出快速上升的趋势。这是由于负债业务是城商行开展资产业务和中间业务的基础，随着我国城商行业务的不断发展和创新，对资金的需求越来越大，所以城商行为了发展业务的需要而不断扩大负债规模。

总体上讲，我国城商行的负债率水平无论是从绝对数值还是相对数值看都处于较高水平，京津冀城商行的高负债经营存在着信用风险、流动性风险、利率风险等各种各样的风险，一旦银行的风险发生，将会给整个金融体系带来严重的影响。因此，城商行在保证业务发展需要的同时，更要注重对负债水平的控制，不能盲目地进行规模扩张。

## （二）京津冀城商行负债结构单一

我国银行存款一般包括活期存款、储蓄存款、定期存款和大额可转让存款等其他存款。由于除活期存款外，其他的存款形式都是定期存款，其稳定性较高，所以定义：活定期存款比率=活期存款/定期存款。活定期存款比率可以用来衡量银行融资基础的稳定性。活期存款数量上升，该比率也会上升，则意味着流动性、稳定性降低，流动性需求上升。当该比率下降时，意味着活期存款比重降低，银行筹资成本上升,同样带来市场风险。银监会通常会以存贷比的大小对银行的活期存款进行衡量,从图2-1中我们可以很明显地看出河北城商行的活定期存款比率在逐年降低,与已经上市的北京银行、天津银行有着非常明显的差距。保定银行在2015年比2014年增长了16%,而2016年却减少了14%。邯郸银行在2015年降低了5%之后,在2016年维持了原有的活定期存款比率。秦皇岛银行和唐山银行的活定期存款比率连续三年逐年降低,天津银行在近三年中维持了原有的活定期存款比率,已经上市的北京银行活定期存款比率一直持续攀升,活期存款已经占了绝大多数的存款数额。活期存款的比重升高,对京津冀城商行的流动性、稳定性要求提高。

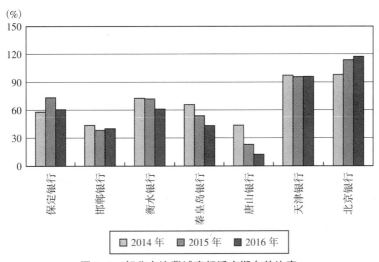

**图 2-1 部分京津冀城商行活定期存款比率**
资料来源:2014~2016年京津冀城商行年报。

目前城商行负债主要由各项存款、向央行借款、内部资金往来、同业拆借、发行债券五部分组成,,但存款占绝大部分。从表2-3中可以看出,京津冀城商行现阶段的负债业务基本上是存款业务,负债经营几乎成为单一的存款业务的经营。这种种类单调、组合畸形的负债结构带来的主要弊端是:存款的多少直接制约着贷款规模的大小。在单调的负债结构下,一旦存款滑坡,资金来源减少,城商行就会因缺乏其他筹资手段而被迫压缩贷款规模。同时,从表2-3中也可以看出,京津冀城商行中已经上市的比较成熟的北京银行的负债结构依然单一,存款仍是负债结构的主要组成部分,并且相对于2015年有一个很大的增幅,例如主动负债中同业及货币市场融入减少了9.01%,但应付债券相对于2015年增大了72.79%,可以看出北京银行虽然负债结构依然单一，但它在积极寻求改变，通过增加持有债券获得主动融资，丰富负债结构，见表2-4。

表2-4　北京银行负债结构

单位：百万元，%

| 北京银行负债项目 | 2016 年 12 月 31 日 | 2015 年 12 月 31 日 | 增减幅度 |
|---|---|---|---|
| 吸收存款 | 1150904 | 1022300 | 12.58 |
| 同业及货币市场融入 | 432018 | 474786 | -9.01 |
| 应付债券 | 301765 | 174639 | 72.79 |

资料来源：2014~2016 年京津冀城商行年报。

## （三）京津冀城商行负债结构不对称

我国城商行资产与负债期限结构不匹配现象严重，短期负债达到90%以上，这些短期负债主要包括存款中的短期存款、应付票据以及其他流动性较强的负债。存款在我国城商行负债中占很大比例，因此，存款的期限结构在一定程度上决定了我国城商行负债期限的整体结构。由图2-2可以看出，从存款的期限结构看，河北城商行的定期存款占比比活期存款占比要大，人们还是偏向于在城商行进行储蓄存款，而天津银行、北京银行的定期存款与活期存款占比差不多相等，尽管近些年河北城商行的活期存款在总负债占比中略有下降，但定期存款占比上升的幅度明显较小，这应该是河北城商行为改善资产负债期限结构不匹配现象所做出的努力，但活期存款占比与定期存款占比差距依然较大，短时间内难以将二者的差距缩小。从客户结构存款期限的角度上看，河北城商行的公司存款大部分为结算资金，也就是说，企业的活期存款占比要大于定期存款。居民存款则不同，居民的储蓄存款占比较大，而活期存款则相对较小。但是随着我国利率市场化的不断推进、通货膨胀严重以及像余额宝、招财宝、理财通等各种理财产品的出现，居民为了实现货币的保值增值，不断寻求新的投资渠道。居民的存款所占比重有所下降，并且居民储蓄存款有明显下降趋势，而居民的活期存款却呈现出一定的上升趋势。河北城商行仍需推出创新服务以缩小其中的差距。唯独城商行发行债务证券长期债券在总债券占比相对较大，但河北省城商行的债券在总负责占比一般在2%以下，因此长期债券在总负债占比中更是微乎其微。但像北京银行这样的大银行，它的债券及其他投资在2016年比2015年增长了61.43%，由此可以看出北京银行的负债结构正在积极转型，降低了短期负债的占比。虽然京津冀城商行负债结构仍然以短期负债为主，为了解决银行资产与负债期限不匹配的矛盾，京津冀城商行正注重对资金来源的期限进行合理的调整，改善当前的负债结构。

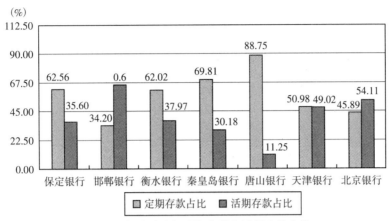

**图 2-2 部分城商行定期存款和活期存款占比**

资料来源：2014~2016 年京津冀城商行年报。

一是各种负债结构的期限缺乏"长短搭配"、结构合理的最佳协调组合，长期负债、中期负债和短期负债缺乏科学的比例和数据，从而产生负债结构间的矛盾，并影响了不同种类贷款期限的合理确定。二是负债资金与资产占用在期限结构上不配套。负债和资产是银行资金的两个方面，它们客观上存在着期限大致对应的要求。只有掌握这种对应关系，才能保障信贷资金的良性循环。比如定额内流动资金贷款。固定资产和中长期贷款等长期资金占用，必须要有诸如定期存款、相对稳定部分的活期存款等长期负债与之对应；临时性季节性贷款又需要与之相适应的波动部分的活期存款和可运用的联行资金等短期负债，否则就会发生短期性负债支撑长期性资产或长期性负债用于短期性资产的情况。即人们所说的"短来源，长运用"或"长来源，短运用"现象给银行资金计划工作带来极大的盲目性，造成资金使用上的浪费。

存款是银行中核心的业务，是银行主要的资金来源。但它天生的被动性也带给银行流动性风险，因此，我们定义存款比重：存款比重=存款总额/负债总额。由于存款总额也代表了被动负债的数额，所以，这个比率也代表了负债结构中主动负债和被动负债的比例。存款比重上升，意味着银行的被动负债比重上升，银行的灵活性降低，控制风险的能力下降。据《商业银行法》相关规定内容，我国商业银行的存款余额比例不得超过 75%，以此界定商业银行的流动性风险和市场风险水平。

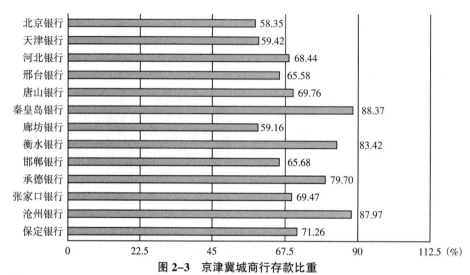

图 2-3 京津冀城商行存款比重

资料来源：2014~2016 年京津冀城商行年报。

　　我国城商行一直以来以吸收被动型存款负债作为银行经营的主要资金来源，从京津冀各个城商行公布的年报数据看，河北城商行的存款负债在总负债中的比重一般达到 70%以上，而北京银行、天津银行的存款负债在总负债中占比相对较低，一般不到 60%的水平。由于天津银行和北京银行成立时间较早，覆盖面广且信誉高，能够吸收更多的存款，相对于河北城商行有着天然的优势，但由于较大存款资金来源使得天津银行和北京银行主动获取资金来源的积极性不高。

　　另外，从城商行吸收存款的客户对象看，京津冀城商行由于自身的优势吸收的居民储蓄存款较多，并且城商行的居民存款与公司存款占比基本持平。而河北城商行由于受到自身规模和经营网点的限制，如邯郸银行只有 91 家分支行，而且大多都局限在邯郸市，所以河北城商行吸收的居民存款相对较少，而企业存款的占比相对较大，一般达到了 70%以上。河北城商行随着自身规模的不断扩大以及经营网点的扩张，不断推出新的优惠条件，加大揽储力度，居民存款在股份制银行和城商行存款的比重有上升的趋势。

　　目前，我国城商行的主动负债主要包括向中央银行借款、向国外金融机构借款、同业存放和拆入、创新型负债以及发行债务证券等，其中创新性负债包括交易性金融负债、衍生金融负债和卖出回购款项等，而发行债务证券包括存款证、次级债券和金融债券，如图 2-3 所示。由图 2-4 可以看出京津冀城商行获取主动负债的方式主要是通过各项借款，而创新性负债和发行债券的比率却相对较小，城商行通过借款和资金拆借获取更充足资金的方式尤为明显。为了优化主被动负债结构，城商行要不断创新出更多的负债产品，加大创新性负债和债务证券的筹资比率。

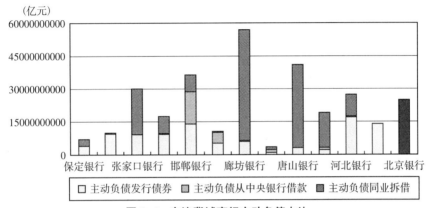

图 2-4　京津冀城商行主动负债占比

资料来源：2014~2016 年京津冀城商行年报。

## （四）京津冀城商行同业负债问题凸显

利率市场化的推进冲击了京津冀城商行传统依靠利差收入的经营模式，经济资本的约束和金融监管政策的不断逼近，迫使商业银行调整业务发展思路，混业经营格局的形成也客观上要求商业银行调整服务职能，实现业务创新。同业业务在京津冀一体化进程中得到飞速发展。同业负债规模大部分是通过同业资产拉动的，因此同业负债近几年也保持了快速增长。然而，股份制银行同业负债的增速远远快于国有大行，主要原因是国有大行存贷比较低，完全可以通过自营存款支持同业资产的增长，而股份制银行存贷比相对较高，往往会采取加大同业负债的方式来扩张同业资产。

从京津冀城商行同业负债的结构看，衡水银行、廊坊银行、唐山银行、邢台银行和北京银行的同业存放占同业负债的比例最高，普遍在 75%~100%；京津冀城商行的同业负债中，河北银行、保定银行、天津银行和北京银行同业存放及卖出回购金融资产的占比整体较为均衡。在一般的城商行中，拆入资金作为流动性管理的需要，占同业负债的比例应该最低，基本在 20% 以下（见表 2-5），但沧州银行、秦皇岛银行和河北银行却占有了很高的比例，同时它们的同业存款项都比较低，由此可见，这几家银行经常需要拆入资金以满足流动性的管理，这极大地加大了银行的经营成本，不利于城商行的发展。衡水银行的同业存放款项占了同业负债的 100%，严重缺乏流动性管理，负债结构过于单一，无法应对负债可能发生的风险。同业负债结构均衡的北京银行在 2016 年不断推进同业业务由利差盈利模式向投资收益模式转型，做大高收益资产规模，夯实同业客户基础，持续推动产品创新，上线"惠淘金"同业金融交易平台，进一步提升精细化管理能力，坚守风险管理底线。报告期内实现同业类中间业务收入 10.46 亿元，同比增长 21%。截至报告期末，高收益同业投资余额 2580 亿元，较年初增长 1440 亿元，增幅 126%。

表 2-5　2016 年京津冀城商行同业负债占比

单位：%

| 城商行 | 同业存放款项 | 拆入资金 | 卖出回购资产 |
| --- | --- | --- | --- |
| 保定银行 | 30.43 | 26.09 | 43.48 |
| 沧州银行 | 0.66 | 40.84 | 58.50 |
| 张家口银行 | 73.78 | 1.40 | 24.83 |
| 承德银行 | 45.09 | 0.00 | 54.91 |
| 邯郸银行 | 34.10 | 2.76 | 63.13 |
| 衡水银行 | 100.00 | 0.00 | 0.00 |
| 廊坊银行 | 83.50 | 6.27 | 10.23 |
| 秦皇岛银行 | 31.25 | 40.63 | 28.13 |
| 唐山银行 | 87.47 | 5.10 | 7.42 |
| 邢台银行 | 87.78 | 0.00 | 12.22 |
| 河北银行 | 25.00 | 32.07 | 42.93 |
| 天津银行 | 60.68 | 9.41 | 29.91 |
| 北京银行 | 80.13 | 8.03 | 11.83 |

资料来源：2014~2016 年京津冀城商行年报。

首先，就各种负债控制程度而言，河北城商行只能控制负债总额的一部分，从人民银行取得的负债仍占有一部分，这部分的控制权并不在河北城商行手中，可见河北城商行对这部分流动性强的非自控性负债在客观上缺乏足够的自控能力。其次，由于存款占大头的负债，尤其是储蓄存款占较大比重的存款负债。其期限的长短、利率的高低、数量的多少，城商行无法直接而严格地加以控制，造成了城商行负债的被动性和波动性。

（1）在各项存款中，储蓄存款每年所占比重都在43%以上，而在储蓄存款构成中，定期储蓄存款（含保值储蓄）余额占储蓄存款总余额的83%以上，活期储蓄存款占储蓄存款总余额的比例也在10%~17%。我们知道，活期存款提取不受时间限制，不易控制。即使定期存款，由于受市场变化、利率调整等因素影响，加之存户存款的心理动机各异，定期不定，可以提前提取。目前，实际业务部门一般认为定期存款提前提取中一般为20%左右，可见这部分存款可能随时被提前支取，在保值储蓄贴补率为零以后，定期存款提前支取率会更高。

（2）在各项存款中，信用社存款每年所占比重全部在1/4以上，甚至达到1/3，不难看出，信用社存款自身的波动性及农业银行对这部分负债的依赖性，无疑牵动着城商行各种存款的不稳定性。

总体而言，近年来同业业务取得了令人瞩目的发展成就，不断刷新着中国同业市场的各项发展指标，为银行之间的资金规模融通起到了不可忽视的作用。同时，我们也清晰地看到，同业业务的过快发展，在某种程度上会带来潜在的隐患，最终将积累成一定规模的风险事件，对金融系统的平稳运行带来一定挑战。

# 三、河北省城商行融资结构变化原因的深入分析

根据上文对京津冀城商行融资结构的比较分析发现，主要存在资产负债率普遍偏高、负债结构单一且不对称、同业负债增长过快等问题，产生这些问题的主要原因包括互联网金融冲击、金融脱媒的影响、利率市场化以及主动负债成本增加等因素。

## （一）互联网金融的冲击

互联网作为新兴产业，对金融市场也产生了巨大的影响。伴随着"互联网+金融"的快速发展，互联网金融理财平台"飞入寻常百姓家"，趋于大众化。典型代表

有余额宝、理财通，还有 P2P 平台如陆金所等。在新的模式下，人们不用去银行就可以完成大部分银行业务，且互联网金融平台存款利率比城商行高不少。在"互联网+金融"模式的引领下，传统城商行也不得不转型。银行存款不再同以往一样充足，人们对理财产品也有了不同的需求。京津冀城商行在这方面的差距很大。北京银行在这方面就做得很好，通过"智慧金融"项目搭建了"京彩致付"支付平台，以满足主流移动支付业务，推出"在线通"智能客服系统，支持线上全渠道服务，有效提升客服效率与满意度；丰富 II 类账户线上获客场景，京彩 e 账户新增代发工资、贷款、缴费等新功能；上线第三代智能手机银行，手机银行客户新增 44%；电子银行渠道重点产品交易替代率超过 94%，实现对基础业务的高度替代。这些成功的经验值得河北城商行学习。

随着技术进步和商业模式创新的不断加快，线上线下融合进程加快，互联网金融、移动支付、城市商业综合体等新商业模式迅速涌现。2016 年，银行业金融机构共处理网上支付业务 462 亿笔，金额 2085 万亿元，同比分别增长 27.0% 和 3.3%；电话支付业务 2.8 亿笔，金额 17 万亿元，笔数同比下降 6.6%，金额同比增长 13.8%；移动支付业务 257 亿笔，金额 158 万亿元，同比分别增长 85.8% 和 45.6%；非银行支付机构累计发生网络支付业务 1639 亿笔，金额 99 万亿元，同比分别增长 99.5% 和 100.7%。2016 年末，我国网上支付用户数达到 4.75 亿人，比 2012 年增加 2.54 亿人，年均增长 21.1%。我国网民使用网上支付的比重达到 64.9%，比 2012 年提高 25.8 个百分点。

互联网金融平台充分利用已有的利率管制契机，将大量的个人碎片化的活期存款通过渠道整合并集合成货币基金的形式与银行进行协价议价，这不仅直接分流了银行的低成本负债，而且在一定程度上提高了银行的成本。以 2013 年诞生的余额宝为例，推出不到半年，客户数就达到 4303 万人，实现融资规模 1853 亿元，而此时，京津冀城商行的存款大幅度"搬家"，存款损失了近千亿元。

## （二）金融脱媒规模日趋扩大

城市商业银行的发展立足于本市，一般情况下总部设在本市，因此受地方保护，本市的一些优质客户都在当地城商行开户。然而，金融脱媒的深化使得本市优质客户选择其他更实惠的方式投资、融资，城商行势必大量减少优质客户。过去，金融市场交易费用较高，普通居民储蓄额较小，无法承担高额成本。但是，随着金融脱媒的日益凸显，城商行的储蓄逐渐被"利息"更高的其他投资品替代。城商行的总体规模不大，资产规模在千亿元以上的寥寥无几，大量优质客户的流失，必然会引起京津冀城商行经营的困难。这撼动了京津冀城商行对企业资金的垄断地位，削减了银行的收益，使银行负债成本逐渐上升。此外，影子银行对传统城商行也产生了强大的冲击。

金融脱媒主要表现在以下几方面：一是由于资本市场的发展，一些实力雄厚的大公司通过股票或债券市场融资，逐渐降低对商业银行的依赖度；二是其他金融机构或金融工具的迅速发展，如短期融资券的发行、大型财务公司的崛起和信托融资的增长等，不仅大量分流商业银行优质客户的存贷款，而且同时还能替代商业银行提供融资、理财、财务顾问等服务，对银行的垄断地位造成了冲击；三是互联网金融兴起导致存贷款分流，互联网金融作为金融业与互联网信息技术的有机结合，在近年来取得了突飞猛进的发展，2015年我国网络借贷行业交易规模突破8000亿元，较上一年增长248.2%。P2P作为网络借贷的核心子行业，对互联网金融最大的贡献就在于开启了网络借贷、网络金融的大门，为后来的互联网消费金融的发展奠定了行业和政策默许的双重基础，更为重要的是，为互联网金融提供了重要的市场教育，在用户层面奠定了网络金融发展的根基。截至2015年底，我国互联网消费金融市场整体交易规模突破1000亿元。在这一系列数据不断增长的背后，隐含的是互联网金融对传统商业银行业务和客户资源的大规模抢占。互联网企业在支付结算、存款理财等局部市场具有明显的差异化竞争优势，未来将会夺取银行金融机构更多的客户资源。互联网金融依靠移动互联网、大数据等技术，能够提高金融的普惠程度，牢牢占据长尾市场的市场份额，使京津冀城商行的客户范围无法进一步拓展。

金融脱媒导致银行业金融机构传统的存贷款增速呈降低趋势，从表2-6中可以看出，存款年增长率整体上在逐步减小。

表 2-6　2014~2016 年京津冀城商行贷存比变化情况

单位：%

| 城商行 | 2014 年 | | 2015 年 | | 2016 年 | |
|---|---|---|---|---|---|---|
| | 贷存比 | 存款增长率 | 贷存比 | 存款增长率 | 贷存比 | 存款增长率 |
| 保定银行 | 28 | 21 | 30 | 33 | 30 | 32 |
| 沧州银行 | 57 | 21 | 52 | 74 | 51 | 34 |

| 城商行 | 2014 年 | | 2015 年 | | 2016 年 | |
|---|---|---|---|---|---|---|
| | 贷存比 | 存款增长率 | 贷存比 | 存款增长率 | 贷存比 | 存款增长率 |
| 邯郸银行 | 40 | 33 | 45 | 36 | 50 | 12 |
| 廊坊银行 | 49 | — | 34 | 116 | 32 | 42 |
| 秦皇岛银行 | 48 | 16 | 51 | 4 | 39 | 34 |
| 唐山银行 | 44 | 51 | 33 | 81 | 25 | 47 |
| 邢台银行 | 52 | 14 | 52 | 12 | 50 | 31 |
| 河北银行 | 53 | 18 | 59 | 18 | 65 | 20 |
| 天津银行 | 59 | 17 | 54 | 18 | 57 | 20 |
| 北京银行 | 71 | 11 | 73 | 11 | 75 | 13 |

资料来源：2014~2016 年京津冀城商行年报。

目前，京津冀城商行利润的 90% 来自存贷利差收入。靠利差来赚取利润的方式在利率监管相对严格和不存在金融脱媒的市场环境中尚可支持商业银行的发展，但金融脱媒导致京津冀城商行的存贷款量呈现出下降的趋势。在这样的情况下，我国商业银行的利差收入将会逐渐减少，对其盈利能力产生影响。因此，这种单一的盈利模式已不能适应当前市场环境的变化，京津冀城商行应在适应金融脱媒与利率市场化的前提下对其盈利模式进行创新。

### （三）利率市场化不断深入

利率市场化有利于城商行自主经营权的充分发挥，提升在存款市场的竞争力。有利于城商行回归服务中小微主业，进一步优化信贷资产结构。但由于在竞争实力、抗风险能力和资金管理等方面，与大型商业银行和股份制银行而言还存在差距，利率市场化对城商行造成了较大冲击。主要表现在利率风险与流动风险加剧，传统盈利模式面临挑战，信用风险防控形势严峻。在这些因素的影响下，京津冀城商行负债结构改革迫在眉睫，改革速度跟不上经济发展速度，必然导致被淘汰，如何改革适应当下经济形势，是各城商行所要考虑的。京津冀城商行成功应对利率市场化的关键，不仅需要提升自身经营能力、提高管理水平、优化业务结构和增强金融产品创新能力，更要充分发挥自身机制灵活、服务中小微的传统优势，继续实施差异化、特色化的发展策略，同时还应坚定不移地走跨区域经营的发展道路，通过规模经济效益的提升以应对利率市场化带来的冲击。

## （四）主动负债的高息性制约了京津冀城商行的发展

目前利差收入仍然是城商行的主要利润来源。京津冀城商行负债结构及其利息水平大致分为四类：一是无息负债，包括自有资金和内部占用资金；二是低息负债，包括企业存款和活期储蓄存款；三是较高息负债，主要指定期储蓄存款和大额可转让定期存单；四是高息负债，主要指发行金融债券、拆入同业资金和大额定期存单等。同业拆借利率达到4%左右，哪怕利率较高的定期存款的利率也仅为1.35%。由于各种负债结构不同、所占比重不同、支出利息不同和成本高低不同等因素制约着银行收益水平，高息负债会让京津冀城商行在融资时，充分考虑主动负债所带来的成本和收益。

### 表 2-7　2014~2016 年京津冀城商行负债结构表

单位：亿元

| 城商行 | 2014 年 | | 2015 年 | | 2016 年 | |
|---|---|---|---|---|---|---|
| | 主动负债 | 被动负债 | 主动负债 | 被动负债 | 主动负债 | 被动负债 |
| 保定银行 | 22.89 | 318.79 | 78.45 | 424.42 | 68 | 561 |
| 沧州银行 | 79.88 | 485.16 | 87.81 | 677.49 | 104 | 907 |
| 张家口银行 | — | — | 294.08 | 836 | 283.25 | 1068 |
| 承德银行 | — | — | 64.52 | 522.4 | 173.2 | 687 |
| 邯郸银行 | 133.56 | 597 | 181.06 | 809 | 360 | 909 |
| 衡水银行 | — | — | 0.04 | 332.65 | 3 | 301.06 |
| 廊坊银行 | 164.83 | 373 | 383.4 | 805 | 569 | 1143 |
| 秦皇岛银行 | 3.05 | 306.61 | 14.05 | 318.8 | 114 | 426 |
| 唐山银行 | 22.85 | 501 | 244 | 906 | 409 | 1329 |
| 邢台银行 | 35.45 | 330 | 10.4 | 368 | 190 | 482 |
| 河北银行 | 137.87 | 1382 | 301.7 | 1632 | 273 | 1952 |
| 天津银行 | 1365.82 | 2834 | 1635.26 | 3347 | 7074 | 3654 |
| 北京银行 | 3928.45 | 9228 | 4363 | 10223 | 6857 | 11509 |

资料来源：2014~2016 年京津冀城商行年报。

从图 2-5 中可以看出，京津冀城商行主动负债的增长趋势相对稳定，衡水银行数据过小、北京银行和天津银行数据太大，未在图中列出，但从表 2-7 中可以看出它们的主动负债以大幅度的趋势在增长。主动负债作为当前京津冀城商行资金业务

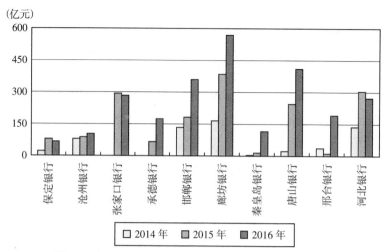

图 2-5　2014~2016 年京津冀城商行主动负债变化趋势

资料来源：2014~2016 年京津冀城商行年报。

新的发展方式，主动负债的高息性并没有制约京津冀城商行主动负债业务的发展。京津冀城商行的负债总量一直在增加，主动负债和被动负债总量也在增加，所以非存款负债和存款负债之间总量的差距并未缩小太多，但在向一个平衡的趋势发展。主动负债的高息性未能阻碍京津冀城商行负债业务的发展，主动负债仍是城商行优化自身负债结构的主要途径，应提高主动负债占比，使得负债结构有一个合理健康的比例。

# 四、河北省城商行融资结构变化趋势与建议

## （一）京津冀城商行融资结构变化的趋势

### 1. 单一的负债结构向多元化发展

2014~2016 年，京津冀城商行的主动负债占比逐年上升，存款虽然仍占据主要部分，但已从原来的 90% 多下降到 70% 多。随着当前金融脱媒的加深和利率市场化的推进，单一的负债结构开始向多元化发展，同业拆借、央行存款等也在负债结构中逐渐占有一定的分量。金融脱媒和利率市场化虽然给京津冀城商行的发展带来了

压力，但同样也是动力，不发展就会被淘汰，促使京津冀城商行顺应当前发展潮流，不断改善负债结构，向多元化负债结构迈进。

2. 存款质量与数量并重

目前，银行已经充分地认识到"存款立行，存款兴行"的片面性，重新提出"存款立行，效益兴行"的口号。银行把注意力从存款的数量上转移到存款的质量上，开始注重存款质量的优化。坐等客户上门已经不能成为银行获得资金来源的主要途径，银行开始主动地寻求广泛的资金来源渠道。像北京银行已经在与私募公司进行合作，推出了私募产品。起步门槛高达200万元，主要面向北京银行的高端客户发售。封闭期满半年后定期开放申购和赎回，其运作方式与公募基金的一对多专户理财十分相似。"汇利3期"是北京银行推出的首个阳光私募产品，全国计划募集的规模不少于1亿元。作为高端客户的存款，很明显北京银行的融资取得了质和量的同步飞跃。京津冀城商行在现有能力的基础上，不断寻求新的融资方式，获得更优质的存款。

3. 京津冀城商行对央行借款依赖减小

京津冀部分城商行央行借款占主动负债比例如表2-8所示。

表2-8 京津冀部分城商行央行借款占主动负债比例

单位：%

| 城商行 | 2016 年 | 2015 年 | 2014 年 |
|---|---|---|---|
| 邯郸银行 | 4.2 | 4 | 5.4 |
| 廊坊银行 | 0.2 | 0.2 | 0.4 |
| 邢台银行 | 3 | 43 | 15 |
| 北京银行 | 3.6 | 2.2 | 10.3 |

资料来源：2014~2016年京津冀城商行年报。

对央行负债逐年下降的原因如下：其一，京津冀城商行的负债总额的增长速度，尤其是存款的增长速度超过了向中央银行借款的速度。其二，向央行借款只能用于调剂资金头寸或补充储备资产的不足和资产的应急调整，而不能用于贷款或投资。这样，向央行的借款并不能为京津冀城商行带来盈利，而且会增加城商行的运行成本。这与作为企业性质的城商行来说，持有大量的对央行借款是与其盈利性相悖的。因此，在京津冀城商行能够依靠自身力量保证资本充足性的前提下，一定会逐年减少对央行的借款。且随着经济社会的不断发展以及京津冀城商行自身体制的不断完善，京津冀城商行对央行的依赖性越来越小成为一种正常的趋势。

## （二）京津冀城商行融资结构的建议

通过对京津冀 13 家城商行近三年负债及资产结构的考察分析可以发现，随着城商行规模提升、国内利率市场化的实行以及中国宏观经济环境的转变，京津冀城商行无论在负债结构还是资产结构方面都发生了较为显著的变化：京津冀城商行由过去较为单纯地从零售市场（包括居民、企业、机关团体）吸收存款作为主要资金来源向零售市场存款与批发式融资并重发展，批发式融资在负债中的占比稳步提升，这一变化趋势在大中型城商行中表现得尤为明显；在资产配置方面，由过去信贷资产一家独大慢慢向逐步增加非信贷资产配置，拓展除信贷业务之外的其他业务领域，突出表现在对金融市场业务的开发上，在资产配置上向包括交易性金融资产、买入返售金融资产、持有至到期投资等金融资产上倾斜，并通过积极、主动、有效的投资策略获取投资收益，实现主营业务收入的多元化，更为其应对利率市场化提供了强有力的支撑。

京津冀城商行作为京津冀地区银行业金融体系增量改革的重要组成部分，在服务中小微企业、支持实体经济发展方面发挥了重要作用，特别是在中小微企业金融产品、服务、组织架构等方面的有益尝试及实践为丰富中小微企业金融服务做出了突出贡献。如北京银行的小微金融特色发展就亮点纷呈：一是深耕两大特色金融。作为唯一金融机构参加文博会并获得"北京影视出版产业最佳服务银行"奖。在 G20 能效论坛上发布"绿融通"绿色金融行动计划。联合国际金融公司创办全球首家绿色金融学院。二是强化模式创新推广。新设多家分行级和支行级信贷工厂，4 家经营网点被人民银行中关村中心支行评为科技金融专营机构 A 档。持续打造中关村小巨人"创客中心"，发布支持中关村"万家创客"行动计划，相继被科技部、北京市科委授予"众创空间"称号。截至报告期末，国标小微贷款余额 2908 亿元，较年初增长 22%；占公司贷款比重 49%；完成"三个不低于"监管指标，"定向降准"达标。

然而，面对外部发展环境及监管政策的变化，京津冀城商行亟须突破、转型，在立足"服务地方经济、服务中小企业、服务广大市民"市场定位的基础上，围绕中小微企业信贷这一核心业务开展综合化金融服务；同时，积极拓展资金来源渠道，在争取零售市场存款的同时，积极、主动融入银行间市场，拓展同业合作渠道，为未来批发式融资积累丰富经验。

根据分析，依次对 13 家京津冀城商行融资结构的未来发展提出建议。

1. 北京银行

北京银行在 2016 年负债规模增长了 14.15%，在保持资产稳步增长的同时，负债总额也在增长，而且资产负债率一直比较稳定，虽然增速仍处于行业平均水平以上，但已经逐步放缓，北京银行应通过积极应对自身各种情况实现可持续发展。北京银行要优化其负债结构，顺应互联网浪潮，融合线上线下业务，构建立体化渠道网络，通过互联网渠道取得更多的融资。同时，北京银行需要继续坚持创新，在保持好传统业务的基础上，继续加大力度进行特色创新金融业务的发展，打造出独具特色的金融创新业务品牌。

2. 天津银行

面对融资需求多元化的挑战，城市商业银行必须要改变依托单一信贷业务支撑发展的传统格局，着力培育和打造可持续发展的多维的拉动引擎。天津银行首先要做"精"传统的信贷业务，其次做"优"金融资产投资业务，最后做"大"直接融资业务。积极推进负债多元化，不断丰富产品，满足客户的多样化需求，扩大和加强同业合作，加大保险资金、股权债券投资资金、同业拆借的营销力度，通过多元化手段提高负债的稳定性和增长性，实现资产和负债的匹配性增长。

3. 河北银行

中央推动京津冀协同发展会带来一些市政建设和相关产业、相关企业的转移，为了支撑业务发展，要尽快解决网点不足的问题。因此，河北银行应该抓住这一契机，在风险可控条件下，继续推进跨区域发展，合理设置在京津冀区域的分支机构，竭力争取承接分支机构所在地的市政项目建设，努力开拓转移产业和相关企业的业务，争取使分支机构在区域内做大做强。积极推动跨区域发展，解决网点不足的问题，有利于获得更多地区的融资。河北银行实施引进境外战略投资者的发展战略不仅可以使自有资本得到补充，还可以通过消化和吸收先进的技术来提高自主创新能力和竞争力，从而在激烈的市场竞争中脱颖而出。但河北银行要摆正引进战略投资者的目的，不能盲目地追求做大和做强。

4. 衡水银行

衡水银行，应该在壮大被动负债的基础上不断增强主动负债能力。通过审慎选择有潜力且比较成熟的主动负债业务品种，实现主动负债业务形式的多样化发展。大额存单的发行已经开启了京津冀城商行积极主动负债的新篇章，衡水银行可以顺应形势，利用大额存单业务手段，加强主动负债能力，不断扩大差异化经营的局面。

5. 秦皇岛银行

巩固对公业务的现有成果，丰富个人负债、理财品种，开拓农村市场，扩大经营半径，开发微信银行、手机银行的投资理财功能，扩大基础客户群。秦皇岛银行在以后的发展中，可以在保证安全性的前提下，考虑综合运用优先股、可转债、长期次级债务等资本工具补充资本，提高资本充足率，增强资本管理灵活性，已释放更大的盈利空间。

6. 保定银行

在以后的发展中，应坚持特色服务和差异化发展，坚持稳中求进，转型发展，改革创新，控制风险，不断推进金融产品和服务创新；加大对重点项目、小微企业、"三农"等实体经济的支持力度，提高服务地方经济的能力；同时提高企业文化和精神文明的建设，使保定银行实现可持续发展。

7. 邢台银行

邢台银行作为城市商业银行，应以创新作为改革的着力点，转型升级发展，提升自身服务功能、优化服务结构、因地制宜，提升邢台经济建设的理念，提升金融创新能力，进而提升银行的经营效率水平。立足城市发展，结合邢台本地特色，形成差异化优势，开发县域经济合作特色贷款，设计相关县域经济特色的金融融资产品，开发商业承兑汇票贴现、保理、保函、仓单、提单质押贷款、保兑仓和"短贷通"循环贷款等业务品种，并进行推广应用。

8. 承德银行

承德银行应及时关注盈利能力暂时下降及收入结构的不合理相关问题，在利率市场化及金融脱媒的大背景下，银行的发展应在巩固现有服务模式的基础上积极扩展与创新，加强市场细分，提供差异性服务，打造开放平台，拓展非利息收入渠道，从而提高自身盈利能力，通过创造盈利获得内部筹资，降低运营成本。还需建立稳定的融资渠道，与人民银行开办大小额质押融资业务，具备与中央银行开展常备借贷便利资格，与同业大型机构建立稳健持久的关系，具备同业拆借资格，储备高信用等级债券。完善应急措施，制定包括风险预警、应急处理以及流动性补充方案的应急措施，确保出现流动性风险时，能够及时有效处置。

9. 唐山银行

唐山紧邻北京和天津，在京津冀一体化的战略规划中，应抓住机遇，积极发展由京津冀一体化所带来的交通、教育、医疗、旅游等方面的金融需求，主动调节资产结构，逐渐退出产能过剩行业。钢铁是唐山市的重点产业，近几年政府主要治理生态环境问题，所以唐山银行应该顺应实际发展，走可持续发展道路，做绿色金融。

10. 沧州银行

沧州银行的个人储蓄存款和定期存款占比较高，存款稳定性良好。加上银行规模依然较小，对市场资金的依赖程度较低，流动性管理压力不大。良好的盈利水平和资本补充机制使得沧州银行的资本实力得到提升，但伴随着业务的快速增长，资本消耗大，资本补充压力依然存在。因此，为建立一个长效的资本补充机制，沧州银行应采取现金股利和股金股利相结合的方式进行股东分红，通过内源融资和外源融资的方式补充资本，并控制好发展速度，使资产增加和资本补充相匹配，为以后银行的稳定发展打下坚实的基础。

11. 张家口银行

张家口银行要积极转变当前较为粗放的发展方式，适当控制规模的扩张速度，提高发展质量。加强成本控制能力，通过手机银行或网上银行等新兴的移动金融服务平台，细分业务和客户，合理配置各种资源，提高资源使用效率。继续认真贯彻国家在支持小微企业发展方面的各项政策，不断进行产品和服务模式的创新，形成高效、特色的小微企业服务模式。不断创新产品和服务模式，了解资金周转情况以及融资需求，为客户量身定制融资方案，满足顾客的需求。

12. 邯郸银行

邯郸银行规模小、机制灵活，在创新产品服务方面具有比较优势。一方面，邯郸银行要努力完善融资产品、业务满足市场需求；另一方面，邯郸银行要在完善产品、业务的基础上发挥比较优势，开发特色产品、服务，提升竞争力。邯郸银行的资本融资方式过于单一，应该努力改变过去单纯依靠现金和利润募集资本的情况，通过择优选择战略投资者补充资本，发行二级债券或优先股，提高盈利能力，增加留存收益，扩大内源性资本。

综上所述，经过2014~2016年的发展，京津冀城商行的负债结构有了明显的改善，在向主动负债与被动负债相均衡的方向发展，从数据上看，河北城商行和发展较好的北京银行仍有一定的差距，所以河北城商行应抓住京津冀一体化的机遇，进一步完善城商行的负债结构，向先进的城商行迈进。

# 第三章　河北省城商行金融科技发展年度报告

近年来，随着云计算、大数据、区块链、移动互联网、人工智能等一系列信息技术的出现和发展，开启了金融科技——FinTech 时代。它不仅在新兴科技行业备受关注，也给银行业带来了全新的机遇和挑战，尤其在银行数据治理、系统架构、风险管控、基础设施建设、产品开发、系统维护等方面均提出更高的要求。因此，银行业应紧抓这次机遇，加大对新兴技术的探索研究，积极推进新兴技术成果应用，提升银行综合技术实力和科技创新能力，带来更优质的客户体验。

在此基础上，商业银行应积极深化互联网金融融合，通过收购、投资、战略合作等方式布局大数据、云计算、人工智能等新型金融科技，建立卓越的核心竞争力。金融科技在银行业的发展趋势主要体现在以下三个方面：一是经营渠道愈加广泛。银行逐步构建以实体服务店为基础、电子商务为主力，移动平台、自助终端、微信银行等为辅助、多渠道融合的服务体系。除此之外，设立的直销银行也大大开拓了金融产品的推广销售渠道，丰富了客户群体。二是金融服务不断完善。大数据技术与区块链技术的研发给传统的银行发展带来了颠覆性的变革，业务在线交易，操作流程标准化，处理速度快，实现了 7×24 小时跨市场、跨地区服务。三是运营模式逐渐创新。在支付清算方面，移动支付已然成为主流方式。在融资借贷方面，银行搭建融资平台，对接投融资需求，重构借贷业务新模式。在投资管理业务方面，银行借助智能投顾技术改变传统的服务方式，提升运营效率，将服务客户扩展至大众层面。

新兴信息技术与金融的深度融合已成不可逆转之势，银行业也应紧跟潮流，将技术创新真正融入到经营理念中，并在此基础上开展产品创新、服务创新、模式创新等。本章拟在此背景下，探索京津冀地区 13 家城市商业银行金融科技业务的发展现状。

# 一、金融科技行业概述

## （一）金融科技的本质与技术

按照金融稳定理事会（FSB）的定义，金融科技（FinTech）泛指技术进步推动的金融创新，偏重技术属性，强调对大数据、云计算、区块链等的利用，能创造新的业务模式、应用、流程或产品，从而对金融市场、金融机构或金融服务的提供方式造成重大影响，无疑会帮助提升金融行业运转效率。

在新一轮科技革命和产业变革的背景下，金融科技成为金融与科技深度融合创新的产物，它是由科技进步驱动的金融创新。从本质上看，金融科技依然还是金融范畴，没有脱离金融的功能属性和风险属性。金融科技的市场参与主体既包括传统金融机构，也包括新兴的互联网企业和金融科技初创公司等市场新进入者。无论哪种新兴技术应用于金融领域，其发展和监管必须遵循金融规律。面对眼花缭乱的各种"金融科技"业态，广大金融业者不能被名称和概念牵着鼻子走，更不能利用概念上的模糊和不统一，在金融属性和科技属性之间游移转换（见表3-1）。任何违背金融规律、规避金融监管的伪创新，都是非常危险的。[1]

表3-1　金融科技技术一览表

| 互联网及移动互联网 | 金融科技的初级阶段<br>使金融服务可以低成本便利地抵达用户，为更多创新性服务提供基础，使其得以实现 |
| --- | --- |
| 大数据 | 基于全部数据大量、高速、多样、低价值密度、真实性特点的一种解决理念<br>主要步骤包括数据架构和信息整合、通过人工建模进行初步分析和决策、多维度多层次的大数据分析<br>处理分析大量终端用户数据，提供良好的数据基础，进而促进了个人征信、授信、风控以及保险定价等金融领域的发展 |
| 云计算 | 提供便捷、按需获取和可配置计算资源的共享网络服务模式，为大数据提供超强的运算和存储能力 |

---

[1] http://finance.sina.com.cn/roll/2017-07-19/doc-ifyiakur9553672.shtml.

续表

| 人工智能 | 研究、开发用于模拟、延伸和扩展人的智能的理论、方法、技术及应用系统的一门新的技术科学<br>由"基础层+技术层+应用层"构成<br>智能数据分析与决策，涵盖投资、借贷、保险和征信行业，同时支持各类金融产品的创新，包括新型的保险及投资产品 |
| --- | --- |
| 区块链 | 分布式共享数据库，利用块链式数据结构来验证与存储数据、利用分布式节点共识算法来生成和更新数据、利用密码学的方式保证数据传输和访问的安全、利用智能合约来编程和操作数据<br>解决了中间成本问题，可替代原本由中介或中心机构处理的交易流程；以编程、智能合约模式有效规范市场秩序，用于各类合约 |

资料来源：中信建投证券研究发展部。

## （二）金融科技的发展历程

从金融科技的发展历程看，其初衷是通过技术创新降低获客成本，提供营销获客、身份认证、风险定价及资金流转等环节的技术支持，快速介入金融市场。从新兴科技和创新商业模式演进两个方面，国际上金融科技的发展历程可以分为三个时期，如表3-2所示。

表3-2 金融科技发展脉络[①]

| 金融科技萌芽期<br>（1980~1989年） | 1980年，美国华尔街已开始使用FinTech这一名词<br>1980年末，直销银行出现 |
| --- | --- |
| 金融科技起步期<br>（1990~2010年） | 1990年，移动支付业务出现<br>1992年，美国第一家互联网经纪商Etrade成立<br>1995年，第一家互联网银行SFNB成立<br>2003年，互联网众筹出现，FinTech一词引起各国的普遍关注<br>2005年，第一家P2P贷款平台Zopa上线 |
| 金融科技快速成长期<br>（2011年至今） | 2015年10月，纳斯达克交易所发布了全球首个区块链的平台Linq<br>2016年9月，巴克莱银行完成首个基于区块链技术的贸易<br>2016年，全球金融科技投融资共504笔，累计融资金融从2015年的191亿美元增至1135亿元 |

从国际上看，全球金融科技的产业中心主要分布在英国、美国、新加坡、澳大利亚和中国等国家。相对而言，金融科技海外先行，中国后来者居上。20世纪80年代中期，金融创新理论被引入国内；1993年，我国科技部、央行等部门确定16

---

① 《2017年金融科技报告——行业发展与法律前沿》。

个地区为首批促进科技和金融结合试点地区；2001 年颁布《中华人民共和国科学技术进步法》，成立中国科技金融促进会。在这样的背景下，以科技能力推动金融业的发展迎来良好的机遇，一大批互联网公司以技术创新为本，在互联网思维的指导下，加大金融创新力度，利用科技手段极大地提高了金融服务的整体效率。第三方支付、大数据、金融云、区块链等，都是这一阶段显著的成果。如今，我国在这些领域的发展已经达到了国际领先的地位，阿里巴巴、百度、腾讯等互联网巨头尤为突出，它们旗下的第三方支付应用拓展至海外市场，包括东南亚、日韩、欧洲、美洲等。信贷、资产管理、资产证券化等方面也纷纷展开布局。基于互联网金融的实战经验，企业的技术不断提升，理论不断丰富，经过几年的积累，最终诞生了金融科技。金融科技高度概括了新金融未来的发展方向，为第三方支付、区块链、金融云等已实现的，以及更广泛的可应用于提升金融效率的科学技术研究提供了发展平台。[1]

同时，更多的传统金融机构也被"卷进"浪潮，加大投入对金融科技的研发。2016 年央行、证监会、银监会等部门介入互金行业管理，金融科技逐步发展为以大数据与人工智能为代表，运用通过大数据、云计算、人工智能、区块链等技术来改变传统的金融信息采集来源、风险定价模型、投资决策过程、信用中介角色，更多聚焦于中后台业务，包括记账、清算、客户画像、资产定价、风险管理以及数字货币的发行，大幅度提升传统金融的效率。

## （三）金融科技在银行业务中的应用

在新兴互联网技术的冲击下，传统金融机构加快转型步伐，从平台、产品、内部管理和经营策略等方面进行了重要调整，行业已迎来了新一轮的金融科技革命。在过去，传统银行或许还能将互联网作为业务和渠道的补充，填补其服务长尾客户的空白。但如今，数字渠道将逐渐成为客户的首选，竞争者将利用互联网不断推进资金端和资产端业务的创新，推动金融交易的全面互联网化。我国商业银行普遍高度重视互联网金融业务，传统银行正逐步变革其运营模式，实现业务流程线上化，金融服务场景化和运营模式简便化。[2]

---

[1] http://www.sohu.com/a/134217146_501068.
[2] http://www.sinotf.com/GB/News/1002/2017-09-14/3OMDAwMDI3MDI3OA.html.

银行在金融科技大趋势下的转型尝试主要可以分为负债类、资产类、通道建设类和投资类四个领域。负债类业务方面，主要涉及直销银行与电子银行的理财产品与保险产品的推广与销售；资产类业务主要包括征信、授信与风控；通道建设领域包括支付结算与移动支付等；投资类业务主要涉及众筹与项目投资。以下从四个方面分析金融科技在银行业中的应用。

1. 负债类业务：存取灵活，智能化发展

金融科技在负债类业务中主要表现为设立直销银行与电子银行，为存贷款业务及金融产品的推广与销售扩宽业务渠道，衍生出较多特色业务，下面以智能存款业务和资金归集业务为例进行说明。

智能存款业务是近年发展起来的一种新型存款模式，是一种比传统定期存款更便利的存款服务，既有活期的支取灵活，又能享有定期的收益。其与普通存款的不同关键在于储户若要提前支取存款，其利息不会再按活期计息，而是选择实际存期内最大化的定期存款利率，这样可有效降低存款人提前支取带来的利息损失。智能存款约定期限常见的是 1 年和 5 年，也有 2 年、3 年以及 7 天的模式。如果提前支取，则按照持有期对应的最高利率结算收益，否则到期自动续存或者转入活期账户。和普通的定期存款一样，智能存款一般允许部分提前支取，未支取部分还是按照约定的定期存款利率计息。例如，5 年期智能存款，当在 2 年零 10 个月时需要提前支取应急时，则全部按 2 年定期存款利率计息。智能存款也可通过直销银行发售，本质也是存款，可当成无风险资产。

资金归集业务最初是指将集团公司中所有下属公司指定账户上的资金归集到总公司指定账户的服务，也称资金清扫。这其实是超级网银的功能之一，意在让散碎银子化零为整，可以把在不同银行账户的资金都"收纳"起来，跨行整合到一个账户上。2013 年 1 月初，招商银行股份制商业银行推出一项新业务——招行跨行资金归集提供保底归集功能，设置一个保底金额，如 1000 元，招行将每天查询该账户余额，只要大于 1000 元，将把超出部分自动转账至另外一个账户上，不再需要每月转账，并且转账费用全免。要申请使用该资金归集功能，在开通招行的专业版网银的前提下需另外开通其他银行的专业版网银账户。据悉，多家银行均开通资金归集功能，与招行可进行资金归集业务的银行包括工行、农行、中行、建行和交行，以及中信银行、民生银行、浦发银行、广发银行、平安银行、兴业银行、光大银行、上海银行和北京银行，上述银行进行资金归集须统一使用网上支付跨行清算系统。①

通过线上渠道进行金融产品的推广与销售，包括线上存款、理财产品以及其他负债类业务。一方面，利用了公共网络资源，不需设置物理的分支机构或营业网点，大大降低银行经营成本，有效提高银行盈利能力；另一方面，线上银行业务打破了传统银行业务的地域、时间限制，具有 3A 特点，即能在任何时候（Anytime）、任何地方（Anywhere）、以任何方式（Anyhow）为客户提供金融服务，这既有利于吸引和保留优质客户，又能主动扩大客户群，开辟新的利润来源。线上电子渠道是科技在金融领域的重要应用，它深化了智慧金融的含义，能够不断创新服务，向客户提供多种类、个性化服务。

2. 资产类业务：数据驱动，合作共赢

金融科技利用大数据等智能分析主要应用在三个方面：个人征信、消费金融与供应链金融，目前应用较多的是个人征信、授信与风控。

个人征信方面主要是围绕借贷环节进行的，如信贷、信用卡业务等。互联网信息技术解决了银行信息不对称和风控难题，用更为有效的方法找到了互联网银行风控的完美途径。互联网银行依靠其底层的海量数据，通过挖掘分析提供充分的参考信息，并依托线上模式，逐渐形成一套行之有效的破局策略。通过挖掘客户信息、产品交易、信贷行为、征信、合作方和第三方平台等多个不同领域的风险数据，对客户进行综合的评价和推断，形成细致的客户分群和诚信评级，立体评定客户的最高可授信金额。

消费金融方面主要通过大数据采集交易、社交数据来构建用户画像，并形成完整的数据库。供应链金融主要是通过对核心企业、经销商、供应商经营数据的分析，简化供应链融资流程。随着数据更深层次的挖掘，不同平台间的信用数据必然会打破孤立的形势，最终形成联网共享状态。因此，银行业间应互相合作，可引进第三方征信数据、政府数据库、网络公开信息等提升运营效率。②

目前，银行还不能做线上直接发放贷款，其线上资产类业务主要是简化放贷流程，客户可以先在线上填表递交申请，系统自动核对信息，节省时间，提高效率，配合线下工作人员完成银行放贷工作。同时，由于其特定的运作方式和网络环境，

---

① http: //m.66law.cn/topic2012/zjgjl/131509.sh.
②《2017 年中国金融科技专题分析》。

线上放贷也具有一定的风险。由于银行与客户不直接见面、客户分散、业务区域跨度大、市场变化快等原因，银行难以准确判断客户的信誉状况、抵押品价值变化，所以目前完全的线上直接发放贷款仍不存在，需要申请贷款客户与银行进行进一步交流。

3. 通道建设：提升技术方案，优化支付体验

金融科技对支付通道的建设主要体现在三个方面：支付平台、跨境支付和支付安全。

与银行卡支付等传统方式相比，基于互联网与移动场景的新型支付模式和技术已经比较清晰，包括"手机+刷卡器"打造的简易 POS 机、支付二维码、生活功能齐全的手机银行等。移动支付体验，快速聚合的支付渠道以及多样化便捷的验证方式（包括 NFC 新型支付、扫码支付和声波支付等）大大提高了支付效率，有效弥补了银行支付的固有服务功能；跨境支付，为国际化企业提供跨境支付和收款等服务，通过境外接入国内支付渠道，提供适应本土的收支体验，利用区块链点对点支付，省略结算流程；支付安全，为支付过程提供安全控件，或是提供风险分析与控制服务，主要利用指纹识别、人脸识别、U 盾、短信验证等方式完成支付。

中国互联网络信息中心发布的第 39 次《中国互联网络发展状况统计报告》显示，截至 2016 年 12 月，我国使用网上支付的用户规模达 4.75 亿元，较 2015 年 12 月增加了 5831 万人，年增长率为 14.0%，我国网民使用网上支付的比例从 60.5% 提升至64.9%。其中，手机支付用户规模增长迅速，达 4.69 亿户，年增长率为 31.2%，网民手机网上支付的使用比例由 57.7% 提升至 67.5%。

表 3-3 2016 年移动支付变化情况[①]

| | 数量（亿笔） | 同比变化（%） | 金额（万亿元） | 同比变化（%） |
|---|---|---|---|---|
| 网上支付业务 | 461.78 | 26.96 | 2084.95 | 3.31 |
| 电话支付业务 | 2.79 | -6.61 | 17.06 | 13.84 |
| 移动支付业务 | 257.1 | 85.82 | 157.55 | 45.59 |
| 银行卡跨行交易 | 271.07 | 16.75 | 72.89 | 35.16 |

资料来源：《2016 年支付体系运行总体情况》。

① 《2016 年支付体系运行总体情况》。

据统计，2016 年，银行业金融机构共处理电子支付业务 1395.61 亿笔，金额 2494.45 万亿元。由表 3-3 可知，网上支付业务、移动支付业务与银行卡跨行交易的数量与金额均大幅度增长；电话支付业务虽数量有所下降，但总体金额还是呈增长趋势。银行业金融机构内支付系统共处理业务 258.30 亿笔，金额 1215.47 万亿元，同比分别增长 31.07% 和 1.80%。日均处理业务 7057.47 万笔，金额 3.32 万亿元。光大银行与 2015 年联合银联率先推出云闪付产品，2016 年首发推出 ApplePay、Samsung Pay 等云闪付产品。据中国支付清算协会发布的《2016 年支付报告》数据显示，截至 2016 年底，NFC 新型云闪付产品实现发卡 668.2 万张，成功交易 2918.8 万笔，交易金额 4.3 亿元；已有包括工商银行、农业银行、中国银行、建设银行、招商银行等共计 93 家银行正式开通"云闪付"业务，累计发卡 22 万张。城市商业银行应紧跟试点潮流，不断进行移动支付新尝试，可研发银联二维码支付功能，尝试银联二维码支付产品等。

4. 投资管理业务：从电子化向智慧型变迁

智能投顾是金融科技的重要发展方向，其发展成熟之后能为用户一键定制资产管理方案，利用技术节省线下成本，降低投融资双方信息不对称与交易成本，同时自身通过收取较低廉的平台费用而盈利。其中，构建投资组合模型的能力，是产品的核心竞争力所在，模型给出的投资标的能否与客户风险偏好进行良好的匹配是衡量智能投顾产品的重要条件。在我国，与智能投顾较为接近的表述是在证监会 2012 年出台的《关于加强对利用"荐股软件"从事证券投资咨询业务监管的暂行规定》中，将"荐股软件"定位于具备证券投资咨询服务功能的软件产品、软件工具或终端设备，证券投资咨询服务功能包括提供涉及具体证券投资品种的投资分析意见或者预测具体证券投资品种的价格走势，提供具体证券投资品种选择建议，提供具体证券投资品种的买卖时机建议，提供其他证券投资分析、预测或者建议。[1] 不过由于我国理财产品普遍存在刚性兑付这一特征，用户习惯只依据利率高低挑选理财，忽略其他因素，对智能投顾需求相对不足。

智能投顾主要应用于财富管理。除智能投顾外，风险控制领域的金融科技应用也很广泛。在银行基础业务领域，由于线上理财产品购买方便，且收益率较线下理财产品高，越来越多的客户选择自主登录线上银行进行投资。银行运用金融科技对

---

[1] http://www.sohu.com/a/158381216_455313.

客户实现在基金、保险、贵金属等金融产品购买方面的线上风险评估，由于每家银行不同理财产品风险不同，收益不同，其所面向的客户市场定位也不同。例如，对于有理财需求的银行客户，是通过答题测试，给出客户所能接受的最大风险评级。一些平衡型及其以上风险评级的理财产品，低风险评级客户是不能购买的。因此，对于线上购买理财产品的客户进行售前的线上风险评估，是风险控制的重要方面。

# 二、河北省城商行金融科技发展现状

近年来，京津冀三地 13 家城市商业银行纷纷加快改革步伐，逐步涉足金融科技创新领域，这对于城商行既是挑战，又是机遇。城商行跨省设分支机构需要银监会批准，而金融与科技的结合突破了传统银行经营区域的限制，改变了整个银行业的竞争生态，为城商行的发展带来了机遇。

## （一）横向对比分析

### 1. 积极设立线上银行服务模式

城商行是区域性银行，物理营业网点不足，因此线上银行业务成为商业银行渠道建设的重要战略举措。作为传统银行业务互联网化的电子银行业务板块包括手机银行、网上银行、电子支付、微信银行和微博服务号等业务。而随着金融科技的发展，为了寻求新的盈利增长点，传统的商业银行不断加快自己改革的步伐，加紧加快与互联网的结合，推出自己的直销银行平台。直销银行平台作为一个虚拟的网络平台，不仅能够给银行带来更多的客户，同时还可以降低银行运营成本，为银行注入新的活力，为顾客带来更为透明和优质的服务。表 3-4 显示了京津冀城商行线上银行部门设立情况。

表 3-4　京津冀城商行线上银行部门设立情况

| 城商行 | 网上银行 | 手机银行 | 直销银行 | 互联网金融部 | 电子银行部 |
|---|---|---|---|---|---|
| 北京银行 | √ | √ | √ | | |
| 天津银行 | √ | √ | 筹备 | | |
| 河北银行 | √ | √ | √ | √ | √ |

续表

| 城商行 | 网上银行 | 手机银行 | 直销银行 | 互联网金融部 | 电子银行部 |
|---|---|---|---|---|---|
| 承德银行 | √ | √ | | | √ |
| 邯郸银行 | √ | √ | | √ | √ |
| 衡水银行 | √ | √ | | √ | |
| 沧州银行 | √ | √ | | | |
| 邢台银行 | √ | √ | | | √ |
| 秦皇岛银行 | √ | √ | | | √ |
| 张家口银行 | √ | √ | | | √ |
| 保定银行 | √ | √ | | | √ |
| 廊坊银行 | √ | √ | √ | √ | |
| 唐山银行 | √ | √ | | | |

资料来源：根据各城市商业银行官网数据整理得出。

由表 3-4 可以看出，目前京津冀 13 家城商行全部开展了网上银行和手机银行服务，而只有北京银行、河北银行和廊坊银行 3 家银行正式开通了直销银行业务，天津银行的直销银行尚在筹备中；此外，在后台支持方面，有 4 家银行（河北银行、邯郸银行、衡水银行、廊坊银行）专门设立了互联网金融部（包括衡水银行设立的网络金融部），7 家银行设立了电子银行部，可以看出，城商行应对金融科技的态度是积极的，但整体发展不平衡。我国商业银行从 2013 年开始涉及直销银行领域，经过 3 年的发展，国内的传统银行，尤其是城商行，推出了大量的直销银行平台，但河北省作为京畿重地，直销银行的发展却相对落后，目前只有河北银行和廊坊银行两家城市商业银行推出了直销银行。

除直销银行外，各城商行还大力发展电子银行。通过手机银行、微信银行及电话银行，多方位地为客户提供获取金融服务的途径，如北京银行"京彩"在线银行是业内首家营销型网上银行，客户可以在网上银行上获取所需金融产品的信息，涵盖理财、基金、保险、开户、大额存单、缴费等，了解产品信息后客户还可直接登录网上银行购买，自主进行产品了解和操作，使客户获得便捷、安全的一站式金融服务。除北京银行外，京津冀各城商行均推出了功能类似的网上电子银行，不仅可以了解感兴趣的金融产品，还可以获取在线智能客服咨询，实时获取最新信息，方便客户进行选择。

2. 大力研发信贷产品与风险控制体系

利用大数据分析，银行可最大程度地对资金需求者进行可靠的信用评估，并作出是否进行放贷的决策，从而降低信用风险等。在这一点上，由于城商行较大型国有银行与地方企业关系更为紧密，在此类业务中应更加主动。

北京银行采取"内外兼修"经营模式。对外，从与小米、芝麻信用到网商银行、微众银行，北京银行通过产品、渠道、技术各方面的跨界合作，借力"互联网+"实现资源共享、合作共赢；对内，北京银行以智能化技术的应用保障业务高速增长，2016年实现了个人贷款放款额30%以上的增长；通过评分卡模型，推动单一人工风险控制向多维智能风险管理转化，审批运营效率同比提升45%；个人经营贷款实现了线上办理提款、还款事项，进一步解决了小微企业融资难、融资烦问题。[1] 廊坊银行也积极创新，以总行为数据中心，搭建起了一个以客户为中心、以流程管理为主线、以风险控制为目标、运用制度加技术制约和技控与人控有机结合的集中式数据网络系统，实现了全口径授信业务的额度统一管理及限额管理，能够对差异化的资产风险分类及减值计提进行规范测算和风险预警，并及时进行贷后检查等管理，构建了一套多维度动态灵活配置的授权管理体系，实现了信贷业务无纸化办公，规避操作风险。

利用大数据进行网上信贷与风险控制，不仅能够有效满足全行各类信贷需求，还将为客户提供个性化、专业化、规范化的信贷服务，进一步畅通信贷渠道，实现信贷业务审批全流程网上作业、全口径授信业务的额度统一管理及限额管理，使客户授信额度在不同环节直接通过系统发挥控制作用，在提高信贷决策效率、提升服务客户水平方面切实发挥信息化系统的智能作用。[2] 建立金融大数据系统，提升金融多媒体数据处理与理解能力。创新智能金融产品和服务，发展金融新业态。鼓励金融行业应用智能客服、智能监控等技术和装备。建立金融风险智能预警与防控系统。[3]

3. 打造便民支付系统，推广移动支付平台

目前，京津冀13家城商行均已建立了自己的电子商务平台，并且将智能移动终端作为业务创新和拓展的重要渠道，形成了以网银支付为基础，移动支付为主力，

---

① http://www.chinatimes.cc/article/65940.html.

② http://caifuhao.eastmoney.com/news/201704181126.

③ 国务院关于印发《新一代人工智能发展规划》的通知。

电话支付、自助终端、微信银行等多种电子渠道为辅助的电子银行业务结构，不仅与支付宝、微信、京东金融等拥有巨大客户资源的互联网企业合作推出快捷支付等服务，方便客户多渠道办理业务，还开办了养老、医保、水电暖等代收业务，为客户提供丰富多样的便捷服务。

在便民支付结算方面，河北银行为了避免集中缴纳医保费时排队过长现象，在其自助机器上创新使用 MISPOS 功能，实现了跨行自助医保缴费。"便民医保 POS"解决了网点排队问题，节约了柜面资源的占用，减少了客户办理业务的等待时间，使便民业务办理更加顺畅，在经济效益和社会效应方面都发挥了较好的作用。"存折自助预约取现"也突破了自助设备不能刷存折的硬件限制，在不增加投入的情况下，彻底解决问题，提升客户体验，效果良好；此外，衡水银行金鼎 IC 卡的"闪付"技术也极大地便利了支付结算；天津银行的银企直联是天津银行提供的一种银行系统与企业财务系统通过专网或互联网连接，实现银行和企业财务、资金管理系统的平滑对接的业务模式，使企业通过自身财务系统操作界面就可直接完成对银行账户和资金的管理和调用。

在移动支付方面，北京银行"京彩 e 家"智能"轻"网点布局持续深化，基本覆盖全国分行区域，有效激活网点营销和获客潜能，搭建"京彩智付"支付平台，北京银行首批推出苹果支付、三星支付、小米支付等移动支付产品，实现对主流移动支付方式的全面支持。推出"在线通"智能客服系统，支持线上全渠道服务，有效提升客服效率与满意度；丰富 II 类账户线上获客场景，京彩 e 账户新增代发工资、贷款、缴费等新功能；上线第三代智能手机银行，手机银行客户新增 44%；电子银行渠道重点产品交易替代率超 94%，实现对基础业务的高度替代。[①]

另外，京津冀多家城商行的电子支付与银联在线和微信、支付宝合作，为客户提供便捷在线支付服务，通过网上银行可查询支付详情，在线开通、关闭及维护电子支付功能。电子支付系统支持接入 B2B 和 B2C 商户，并提供功能齐全的后台管理功能。

4. 积极靠拢投融资业务智能化交易

我国智能投资顾问的发展还处于研发布局阶段，银行业目前在智能投顾方面尚未有所发展，京津冀城商行投融资业务主要是在线上银行对基金、保险、贵金属业务的线上风险评估以及为客户提供量化投资策略，重点在于利用数据和模型，为投

---

[①] 《北京银行 2016 年年度报告》。

资者提供简单适用的量化策略平台，供普通投资者选择参考。基于人工智能与大数据技术的量化投资模型可以为投资者提供智能化投资决策，确保投资行为的理性与效率。京津冀 13 家城商行的智能投顾功能及程序基本类似，暂无明显差别。以河北银行为例，其风险测评主要包括两方面：个人基本情况（年龄、教育背景、收入与工作情况）、理财产品喜好类型；一些模拟情景测试题，设定不同情境让用户进行决策选择，以此智能判断用户风险偏好度，并根据评估结果进行资产配置。

京津冀银行业尤其是城商行在该方面发展较慢，原因归纳如下：首先，从宏观层次看，我国目前只允许智能投顾提供基于算法的资产配置建议，而不允许其实现自动化交易；相比之下，一些成熟市场的资产管理与投资顾问采用一体化监管，平台可为投资者代理完成交易，这是我国智能投顾发展较慢的主要原因。其次，从京津冀城商行自身发展看，大多数城商行成立时间较短，对于前沿科技核心技术掌握不足，并且该发展阶段技术水平落后以及风险不确定性较大等因素也影响了城商行在这方面的发展。

通过对京津冀 13 家城商行金融科技发展现状所做的横向对比分析，我们可以得出以下几点结论：一是城商行总体发展金融科技的积极性较高。借鉴吸收已有的互联网金融理念，推出了移动支付、网络化的小微贷款和消费信贷、细分市场金融服务、线上供应链金融、对接货币基金的开放式理财产品等金融产品和金融服务创新，丰富了手机银行、微信银行、移动营销终端、智能柜员机、智慧网点等线上线下一体化渠道体系，搭建了直销银行及综合电子商务平台等服务平台。二是京津冀城商行大多采用跟随发展，创新性较差。这主要由于城商行不同的经营背景与发展程度，各个银行金融科技发展水平存在不平衡现象。根据《互联网周刊》2016 年 12 月发布的《2016 中国城市商业银行排行榜》，除北京银行排名第一，天津银行排名第九，河北银行排名第十八外，其他银行排名均不在前列，这也反映了城商行发展金融科技水平与自身能力有一定关联。因此，京津冀城商行应积极探索与自身发展水平相适应的金融科技发展道路，突破内外界因素限制，推进自身的转型发展。

## （二）纵向对比分析

2014 年，我国银行业结束了持续十年的黄金时代，迎来利差收窄、竞争加剧、风险积聚的拐点。面对时代与行业的变革，京津冀城商行积极跟随大型国有银行改革步伐，进行业务转型。

1. 科技网络运用程度逐年增加

面对金融科技公司的经营威胁，本身就处于劣势的城商行更应加大科技网络的运用。虽然限于自身资金与人力等方面的实力，城商行进行自主创新建设相对困难，但近年来城商行仍结合自身实际，尽其所能地将科技融入日常经营发展。

以北京银行为例，2014 年结合自身实际为转型发展提出了"一体两翼"转型战略。所谓"一体两翼"，即以提供综合化金融服务与最佳用户体验的"大零售"平台为主体、以线下网点和线上渠道为两翼，为客户提供更加丰富的产品与便捷的服务。同时，运用云计算、大数据、物联网等一系列新兴科技，从产品、服务、流程、营销等各方面改造传统银行，提升客户体验的同时降低运营成本，向"轻"银行的方向转变。"京彩 e 家"是北京银行通过对传统网点的业务操作、营销服务与客户关系管理模式，实行全流程电子化提升而设计打造的智能型网点。经过近三年的发展，目前在全国已实现布局近 60 家。"京彩 e 家"分为六个标准化功能区，依照"流程银行"理念，打造出一套让客户"发现网点—走进网点—了解产品"的一站式营销服务模式，实现了全流程、全功能、无缝衔接的电子化自助服务，既可以在传统网点内部改建（在行式），也可以依托离行式自助银行模式进行设计（离行式），形式多样，部署灵活。另外，"京彩 e 账户"探索了"线上拓客+线下场景"O2O 模式；"京彩云闪付"在第一时间实现对主流手机终端支付的全面支持，首批加入苹果支付、三星支付。目前，北京银行已搭建起网上银行、手机银行、微信银行等十大线上服务体系。2016 年，伴随着"京彩生活"手机银行 3.0 的上线，手机银行客户数大幅增长了 44%；北京银行重点个人业务的线上渠道替代率已达到 90%以上，实现了对基础业务的高度替代。[①]

2. 线上产品种类逐步丰富

综观京津冀 13 家城商行的电子银行产品类型，可以看出经过近三年的发展，各家城商行虽然上线产品类型不完全相同，但总体看均逐步丰富，特别是理财产品的种类与数量，更新程度更为明显。发展较快的北京银行、天津银行与河北银行的电子银行产品种类覆盖存贷款、理财、基金、保险与贵金属，发展相对成熟（见表 3-5、表 3-6、表 3-7）；其他银行由于自身发展实力等因素限制，虽产品种类丰富度不及上述三家银行，但近三年来仍积极开展电子银行业务，不断进行理财产品开发与推广。

---

① http://www.chinatimes.cc/article/65940.html.

表 3-5　北京银行电子银行业务开展情况

| 品牌名称："京彩 e 账户" | | 理念：为客户打造便捷、安全、优享的 7×24 小时电子金融服务 |
|---|---|---|
| 业务类型 | | |
| 理财 | 保本保收益 | 预期年化收益率 3.8%~4.1%，期限 35~365 天 |
| | 非保本浮动收益 | 预期年化收益率 5.0%~5.2%，期限 85~364 天 |
| | 灵活申购赎回 | 预期年化收益率 3.9%~5.1% |
| 基金 | "京喜宝" | 0 费率、24 小时申购/赎回、1 分钱起购 |
| 保险 | "爱出行" | 飞机 100 万元、轨道 50 万元、汽车 30 万元、一般意外 10 万元 |
| 转账汇账 | 行内转账 | 0 手续费、实时到账 |
| | 跨行普通汇款 | 0~25 元手续费，单笔回款额度无上限，到账时间以收款行为准 |
| | 跨行快速汇款 | 0 手续费，单笔最高 5 万元，实时到账 |
| | 信用卡还款 | 0 手续费，实时到账 |

表 3-6　天津银行电子银行业务开展情况

| 品牌名称/理念：掌上精彩 e 动生活 | |
|---|---|
| 业务类型 | |
| 基金 | 中高风险/高风险：混合型、股票型、QDII<br>中低风险/中等风险：债券型、混合型<br>低风险：债券型、货币市场型 |
| 保险 | 两全保险、疾病保险、年金保险、投资型财险、健康保险、终身寿险 |
| 贵金属 | "天添金"黄金现货品种：Au99.99、Au100g、Au99.95<br>黄金延期交易品种：$Au(T+D)$、$mAu(T+D)$、$Au(T+N1)$、$Au(T+N2)$<br>白银延期交易品种：$Ag(T+D)$ |

表 3-7　河北银行电子银行业务开展情况

| 品牌名称：朋友金融，知心致行 | 理念：助力京津冀，共创新未来 |
|---|---|
| 业务类型 | |
| 理财 | 个人理财 | 预期收益率 3.9%~4.9% |
| | 企业理财 | 预期收益率 3.5%~3.9% |
| 基金 | 中高风险/高风险：股票型、混合型、指数型、<br>中低风险：债券型<br>中风险：保本型、QDII<br>低风险：货币型 |
| 保险 | 保障型产品：寿险、年金险、意外险、健康险<br>投资型产品：年金险、人身险、健康险、财产险 |
| 贵金属 | 中国黄金、颐和黄金、金一黄金 |

其他 10 家城商行，线上银行发展起步较晚，虽然都设立了线上银行，但业务开展较少，其中邯郸银行、邢台银行与保定银行目前电子银行发展业务只包括资金的存贷款，其他 7 家银行还开展部分理财产品的销售，具体产品介绍如表 3-8 所示。

表 3-8　7 家城商行线上销售理财产品情况

| 城商行 | 沧州银行 | 廊坊银行 | 承德银行 | 唐山银行 | 衡水银行 | 张家口银行 | 秦皇岛银行 |
|---|---|---|---|---|---|---|---|
| 理财产品名称 | 万利宝 | 智富、坊银 | 热河财富 | 易享<br>超越<br>乐享周末<br>智赢<br>稳赢 | 金如意 | 好运瑞盈 | 富满家 |

通过纵向分析我们可以看出，京津冀城商行近年来积极开展电子银行业务，总体发展比较积极，但在业务更新方面发展不平衡，存在部分城商行发展较慢的现象。近几年，顺应经济新常态以及金融科技改革浪潮，国内商业银行纷纷推出了自己的互联网金融产品和互联网金融平台，创新服务方式，改善用户体验。而城商行由于经营地域有限，网点数量少等原因，发展受到限制，更应把握好这次金融改革的好时机，积极发展金融科技，首要挑战是准确把握形势变化，并根据自身特点选择合适的发展道路，按照特色化经营、差异化竞争的总体思路，根据自身发展阶段，明确战略方向。

# 三、特色案例分析

## （一）直销银行

国内的直销银行平台的发展自 2013 年开始。2013 年 9 月 18 日，北京银行宣布与荷兰 ING 集团合作，通过整合北京银行线下和线上的资源，推出了北京银行直销银行，实现了线上和线下的服务互通。同年 9 月，民生银行与阿里巴巴展开全面战略合作，合作重点也是直销银行业务。2014 年 2 月 28 日，民生银行直销银行正式上线，抢先一步推出了中国第一家直销银行。自此之后我国的直销银行平台如雨后春笋一般涌现，据亚联大数据统计，我国目前共有 100 家直销银行，其中 1 家属于中国工商银行，1家属于韩亚银行，1家属于上海华瑞银行，10家属于股份制银行，剩下全部属于城市商业银行、农村商业银行等。其中直销银行中占比最多的是城市商业银行，数量有61家，占比达到61%（见图3-1）。目前还有大量的直销银行正在研发或者内侧中，无法统计。[1]

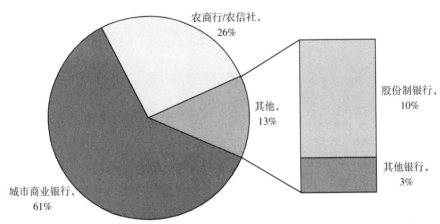

**图3-1 设立直销银行的银行分类**[2]

综上所述，说明我国的直销银行平台数量较多，竞争激烈。但直销银行的目标客户特征以及业务模式，决定了其提供的金融产品不可能满足客户的个性化需求，也就是说，其为客户设计的金融产品基本是标准化的，"简单易懂、门槛低、方便快捷"是其产品的主要特点，产品种类较少，且每类产品中，客户可选择的数量也不多（见表3-9）。目前，我国的直销银行主要业务以卖金融产品为主，包括存款类、银行理财、货币基金等，此外，还有账户管理、转账汇款支付等基础功能。

**表3-9 直销银行、电子银行与互联网银行的区别**

|  | 直销银行 | 电子银行 | 互联网银行 |
| --- | --- | --- | --- |
| 经营渠道 | 提供线上和线下融合、互通，采用手机、电话、电脑和电子邮件等远程方式提供金融服务和金融产品 | 电话银行、手机银行、自助银行、网上银行以及其他远程金融服务 | 借助现代数字通信、互联网、移动通信及物联网技术 |
| 独立性 | 不设置实体银行网点，不需发放实体借记卡 | 辅助实体网点 | 不依靠实体网点，所有业务都通过互联网办理 |

① 张雅鹏. 河北银行直销银行发展研究 [D]. 河北经贸大学博士学位论文，2016.
② 亚联大数据，直销银行发展现状.

| | 直销银行 | 电子银行 | 互联网银行 |
|---|---|---|---|
| 服务对象 | 无持卡要求 | 本行客户 | 服务全球 |
| 法律地位 | 大多属于传统银行的互联网金融部或直销银行部 | 依附于传统银行的电子银行部 | 由银监会批准的民营银行，是独立的法人机构 |
| 经营范围 | 存款、贷款、理财产品与保险产品的销售（部分直销银行不包括贷款业务） | 依托实体银行网点以及内容服务，是传统银行业务的一种服务渠道 | 存款、贷款、支付、结算、汇转、电子票证、电子信用、账户管理、货币互换、P2P金融、投资理财、金融信息等 |
| 分布范围 | 目前共有100家直销银行，其中1家属于中国工商银行，1家属于韩亚银行，1家属于上海华瑞银行，10家属于股份制银行，61家属于城市商业银行，26家属于农村商业银行 | 大多数商业银行都设立 | 目前我国只有阿里巴巴持股的浙江网商银行和腾讯持股的深圳前海微众银行 |

京津冀地区当前有三家银行设立了直销银行，分别为北京银行直销银行、河北银行彩虹 Bank 和廊坊银行直销银行。

1. 北京银行直销银行

北京银行直销银行设立于2013年9月18日，是第一家开通直销银行的城商行，也是首家开通直销银行的国内商业银行，北京银行直销银行的目标客户是大众零售客户和小微企业客户，通过"互联网平台+直销门店"相结合的服务渠道以及"在线操作+远程人工支持"的服务方式，为目标客户提供不间断的质优价廉的金融服务。平台定位的客户是大众零售客户和小微企业主。北京银行直销银行提供的理财产品较少，因为该平台的客户需要大量的流动资金，对理财需求并不强。同时，该平台提供贷款服务，客户通过在中国人民银行征信中心个人信用信息服务平台注册，并检测个人的信用数据，就可以凭借自己的信用数据去北京银行直销银行贷款。北京银行直销银行会根据信用数据判断是否提供贷款。在服务渠道上，北京银行直销银行采取的是"互联网平台+直销门店"的方式，这在直销银行平台中非常少见。之所以采取这样的策略，是因为该行的贷款业务需要面签。在服务方式上，北京银行直销银行采取的是线上操作的模式，这极大地减少了该平台的运营成本（见表3-10）。①

---

① 张雅鹏.河北银行直销银行发展研究 [D].河北经贸大学博士学位论文，2016.

表 3-10 北京银行直销银行现有业务情况结构

| 名称 | 业务名称 | 产品名称 | 期限/利率 | 说明 |
|---|---|---|---|---|
| 北京银行直销银行 | 存款（更惠存） | 惠存宝 | 3 个月/1.4%<br>6 个月/1.65%<br>1 年/1.95%<br>2 年/2.5%<br>3 年/3.15%<br>5 年/3.4% | 起存额 50 元 |
| | 贷款（更会贷） | 会贷宝 | 12 个月、24 个月、36 个月/10.98% | 还款方式为按月等额本息，申请条件需持有北京银行实体卡 |
| | 理财基金（更慧赚） | 慧添宝 | 182 天（新客专享）/4.25%<br>182 天/4.2%<br>90 天/4.1% | 5 万元起 |
| | 支付（更汇付） | | （尚未开放） | |

2. 河北银行彩虹 Bank

彩虹 Bank 是河北银行于 2015 年 5 月 6 日设立的，是河北省首家直销银行。在互联网渠道上，以电子账户为突破，在远程开户和身份认证方面继续探索，加强线上个人业务、小微业务、电商业务，将业务布局覆盖互联网财富管理、网贷业务、O2O 业务以及金融云服务，借助互联网金融的后发优势实现自身发展。

河北银行的彩虹 Bank 平台由该行的互联网金融部主管，该部门与各个分行的管理人员没有上下隶属关系，也不设立网点和柜台，客户的交易统统在线上完成，因此在结构上只有后台呼叫中心和远程服务指导。平台采用轻资产、低库存、去实体化的经营方式，没有过多纷繁复杂的业务，计算机系统会自动一对多地进行个性化服务。直销银行也主要是针对个人客户，并不是针对机构，而且有全自动化、智能化的反馈机制，为客户的日常需求提供非常大的便利，客户不仅可以在白天，也可以在夜晚办理业务，相对于线下服务而言，既提高了效率，又为银行节省了大量的成本，见表 3-11。

表 3-11 彩虹 Bnak 现有业务情况

| 名称 | 业务名称 | 产品名称 | 期限/利率 | 说明 |
|---|---|---|---|---|
| 河北银行彩虹 Bank | 理财基金 | 富盈 5 号 | 起售金额 1000 元<br>七日年化收益率 4.2529% | |
| | | 彩虹融<br>20170031-20170038 | 80 天/预期年化收益率 5.4%<br>360 天/预期年化收益率 5.68% | |

| 名称 | 业务名称 | 产品名称 | 期限/利率 | 说明 |
|------|---------|---------|----------|------|
| 河北银行<br>彩虹 Bank | 理财基金 | 南方现金通 E | 起售金额 0.01 元<br>七日年化收益率 4.3570% | |
| | 存款 | 步步增利 | 50 元起存，最高收益率 3.3% | |

3. 廊坊银行直销银行

廊坊银行直销银行主要面向客户投资理财与贷款两类业务，是廊坊银行面向客户的线上投融资平台，注册后即可进行理财产品的购买以及申请贷款。根据中金网报道，廊坊银行直销银行的平台上展示了多款高收益理财产品，收益率最高可达8.02%，最低也有 5.68%，对比银行理财产品收益率一般低于 5% 的情况，实际上廊坊银行直销银行的理财产品是偏向于 P2P 理财产品性质的。从监管的角度讲，银行只能代销持金融牌照的金融机构的理财产品如保险、基金产品等，但 P2P 属非持有牌照的金融机构，并不满足条件，没有明确的法律支持。

通过分析整体来看，直销银行与实体网点、手机银行、网上银行同期限的产品相比，其产品的收益要更高。直销银行客户群下沉，其产品的起投金额远低于手机银行和网上银行等渠道，降低投资门槛而且允许随用随取、随时赎回，满足大众客户对产品灵活性的需求。直销银行产品的购买和服务的提供不受时间和地域的限制，让客户随心享受金融服务。比较分析发现，北京银行直销银行在业务种类方面较彩虹 Bank、廊坊银行直销银行更为全面，涉及存款、贷款、理财和支付四个方面，其中支付板块正在建设中；而河北银行彩虹 Bank 只包含理财与存款两方面内容，廊坊银行直销银行只涉及理财与贷款，直销银行的全面性有待完善。此外，三家直销银行还存在一些问题，如产品特色不明显，同质化严重。直销银行的产品集中于货币基金，理财产品及存款业务，同质化问题明显。[①]

## （二）大数据系统

大数据时代的到来对现有的生产关系和商业规则带来了颠覆性的变革，数据无疑将成为下一个社会发展阶段的石油和金矿。在此背景下，北京银行将全力整合科技密集型优势，从数据中攫取价值、赢取未来，让信息科技成为重要增长极。

---

① 刘盼. 河北银行互联网金融业务调研报告 [D]. 河北金融学院博士学位论文，2016.

2010 年，北京银行启动数据集中处理平台（ODS）项目建设，在业内率先引入 MPP 架构分布式数据库，经过不懈的努力，将北京银行 ODS 平台打造成一套全新基于 X86 架构的混合态高性能数据平台，平台各项关键性能指标远超同业平均水平。目前，ODS 平台已经为数十个全行级管理信息系统和全部分行的信息系统提供日常数据，为总分支行提供超百个数据分析应用，一举解决了数据孤岛、口径不一等问题，为决策分析提供快速、准确的数据，有力地促进了管理效率和数据应用水平的提升。

2011 年，北京银行启动了建设数据仓库平台，引入数据挖掘技术，探索数据价值，拓展数据应用领域。2014 年，北京银行实施市场风险数据集市项目，通过引入准实时数据处理技术，在业内率先实现了风险的日间管控。数据仓库平台的建设和数据分析技术的应用，为北京银行的科学决策、战略升级和经营转型提供强有力的支撑，是北京银行应对互联网金融挑战的"利器"，更是其实现可持续发展的重要手段。

为提高数据应用水平，北京银行全面推进管理信息系统提升。2013 年，实施小微企业业务管理系统项目，建立了集业务管理系统、PAD 移动营销终端、业务数据集市"三位一体"的全新的小微业务应用模式；2014 年，投产了零售积分系统项目，实现零售客户规模化、精细化的营销管理与服务维护，通过形成客户综合积分，从而为促进银行卡活跃度和活跃结算资金沉淀提供了有效支持，形成长期、连贯、统一的品牌宣传效应。

北京银行的智能化分布式数据集中处理平台，使北京银行实现了全行数据统一抽取、集中存储、按需分发、统一调度、灵活定制五大目标。通过对整体架构的全面升级，建立自动化数据交换平台、"1+N"多级历史数据在线存储平台和智能化分析预警平台，有效解决了原平台跑批时间长、系统资源利用不充分、数据质量监测难的问题，并为其零售、对公、计财等业务及管理部门制定精细化营销战略及决策支持提供强有力的数据支撑。[①]

## （三）中国银联"柜面通"业务

中国银联"柜面通"业务是指参与该业务的银行发行的银联卡，利用银联网络

---

① http://finance.jrj.com.cn/2015/11/250450201.

大数据，使用参与该业务的其他银行提供的柜面终端，实现跨行查询、存款、取款等交易，为持卡人提供跨行柜面业务的服务。持卡人可在加入中国银联柜面通业务的机构网点，通过柜面终端享受跨行存取款、转账等金融服务，且与 ATM、POS 等传统业务相比，受理金额范围扩大至 10 万元级别以上，有效满足了持卡人大额交易的需求，改善了用卡环境。

目前在河北省开通同城"柜面通"业务的银行共 8 家，分别为承德银行、张家口银行、唐山银行、保定银行、沧州银行、衡水银行、邢台银行及邯郸银行。此外，天津银行与北京银行也开通了"柜面通"业务。这是城商行之间利用信息数据，共享资源的成果。随着联网通用的迅速发展，受理范围向河北省内其他银行进一步扩大，并有望覆盖全国。

"柜面通"业务的特点有以下几点：第一，业务范围广，"柜面通"业务建立在覆盖全国的银联跨行信息交换网络上。第二，到账快，"柜面通"联机交易，存取款交易资金均实时到账，交易便捷、安全。第三，手续简单：需要办理银联"柜面通"业务的客户无须申请开通即可办理。第四，成本低，"柜面通"业务的存、取、转账金额突破了 ATM 交易的金额限度，满足客户大额现金交易的需求。避免大额现金在途风险，降低交易成本。目前，"柜面通"业务存款交易单笔限额 20 万元（含），每日累计金额、笔数不限。取款交易单笔限额 10 万元（含），每日累计金额、笔数不限（具体交易限额、手续费标准以发卡银行规定为准）。[①]

# 四、河北省城商行金融科技发展建议

当前，金融科技愈演愈烈，京津冀趋于一体化式发展，雄安新区建设被高度重视，这为重点服务本土的京津冀城商行提供了良好的发展机遇。与工、农、中、建、交等大型银行相比，城商行更为灵活，可以更好地避免"尾大不掉"问题的出现；与农商行及村镇银行等规模较小的银行相比，城商行又有着足够的资金、技术及客户基础，在开辟新业务、研发新产品时可以得到充足的资金支持；与纯粹的互联网

---

① http://www.czccb.cn/news/2011128/n0432825.html.

金融企业相比，银行业有着相对完善的运营、风控等体系及稳定的既有客户群体。随着互联网、大数据、移动支付等新技术的发展，人们的生产、生活、消费方式均已发生了深刻变化，经济运作方式改变了，对银行业服务的需求也相应改变了，银行服务手段、方式、效率必须进行相应调整。因此，京津冀城商行要看清形势，顺应大势，遵循专营化、平台化、生态化的原则积极运用金融科技，在坚持"立足当地、服务当地"这一基本定位上加快转型发展。以下根据京津冀城商行当前金融科技发展现状，从产品、服务、平台建设、合规与风控及科技运用等方面提出发展建议。

## （一）开发特色产品，加大营销力度

金融科技时代的客户行为发生了一系列改变，由于金融科技产品更新速度快，可选择的产品种类增多，客户的选择范围变大，使得银行各类产品容易被同类产品替代，尤其是城商行在不具有完备科学技术支持的情况下，其产品更有被边缘化的风险。此外，客户黏度更多取决于产品的知名度。京津冀城市商业银行虽位于经济发展较好地区，但受监管以及自身传统理念的制约，再加上大型银行的高市场覆盖率影响，其在营销方式与力度上远远不足，影响到了其品牌知名度，并对产品的后续创新发展形成制约。这些问题都表明，京津冀城商行金融科技业务要快速发展，应有丰富的应用场景，构建起由商家和消费者构成的生态圈。在布局完善的互联网金融平台上，基于客户交易行为和消费偏好，开发针对性产品，精准创新和营销，利用自身优势，满足客户需求。在这方面，京津冀 13 家城商行虽然产品丰富多样，但很少拥有具有自身特色的产品，大多是效仿大型银行，在很大程度上削弱了作为当地城商行的优势，因此城市商业银行应该针对不同长尾客群的需求，推出对口的产品和服务，使其个性化被规模化满足，同时加大营销力度，增强获客能力。

## （二）重视移动平台端的投入与建设

当前，银行服务电子化、移动化、自动化趋势明显，银行业务的处理和内部办公的移动化使得移动端成为银行与客户互动的重要渠道。如今，移动端市场用户的交易规模大幅增加，大数据环境下，网民已经自 PC 端逐渐迁移到移动端，移动化的时代已经到来。增加移动端金融服务功能如外汇实盘买卖、线上贷款申请等已迫在眉睫。在这方面，京津冀城商行虽然都具有庞大的客户群体，但主要是线下客户，缺乏完备的线上应用场景和平台。平台的缺乏是发展互联网金融的短板，城商行要继续整合科技资源，大力完善网上银行、直销银行、电子银行、手机银行等平台上的产品服务，力求线上与线下的产品统一，提升服务效率，降低服务成本，扩大服务空间，拓展服务的广度和深度。

### （三）加快直销银行建设

直销银行打破了传统银行的时间、地域、网址的限制，向用户收取的服务费更加低廉，用户办理理财业务更加便捷。综观全国，城商行设立的直销银行数量占到全国总数的 70%，远超其他各类商业银行。特别是中小股份制和城商行，传统线下网点的先天不足，更使得直销银行成为必须要抓住的、千载难逢的、实现弯道超车的好机会。很重要的原因在于，直销银行可以帮助城商行实现跨区经营。而当前，京津冀 13 家城商行中，只有北京银行、河北银行和廊坊银行已经正式推出直销银行，但由于监管对经营业务范围的限制及自身业务能力的不足，业务结构较为单一，创新能力有限。河北银行与廊坊银行直销银行现在的产品主要以智能储蓄存款类产品步步增利、货币基金类产品和资产管理类产品为主。布局相对完善的互联网金融平台应该涵盖智能储蓄类产品、不同风险等级的基金类产品、资产管理类产品、贷款类产品、连接电商的场景化支付、票据理财及 O2O 平台等。相比之下，河北银行与廊坊银行互联网金融布局有待进一步完善。而其他城商行也应积极投入直销银行的开发中，利用直销银行板块，通过"互联网+企业+金融"的实践，依托电子账户体系将金融服务融合到大型电商平台、互联网金融平台及大型企业集团等目标市场客户的系统中，完善自身线上银行平台建设。[①]

### （四）加强行业内部合作

对于京津冀城商行而言，地处经济发展较好地区既是机会又是挑战，由于在资本、人才、信息科技、产品创新等方面和大型银行相比存在差距，因此各城商行之间，尤其是河北省 11 家城商行之间更需要建立信息政策互通、IT 技术共享的机制，增强竞争力。这个机制既能给各城商行提供准确及时的业务资信，保证业务合作的持续落地和跟进，同时还能提供一个共同决议、共谋发展的交流平台。与此同时，城商行之间应积极探索在金融基础知识和规则培训、ATM 等专业设施的共享、信用

---

① 张吉光. 新常态下城商行的发展趋势与特点 [J]. 北方金融，2016（3）：14–17.

卡增值服务后台的建立等方面加深合作。引入金融科技运作理念，通过搭建"安全、开放、共享"的交互式互联网平台，逐步实现平台间同业合作的网络化，形成行业合力，实现联盟行间的信息、产品、资金、风控等资源共享，同时能够进行经验借鉴和互通有无，更好地满足客户金融需求，在金融科技浪潮中更好地拓展银行的潜在市场，共同探索和摸索京津冀城商行的发展路径。

### （五）细分客户群，进行差异化服务

产品和服务的研发与设计应以客户的交易行为和消费偏好为起点，借此拓展金融产品和业务，挖掘客户潜在的消费和投资需求。这种以客户需求为中心的运作模式，开发的产品和服务才会更符合客户需求，创新成效才会更高。京津冀城商行的大多数银行业务运作模式基于资金流，掌握客户的资金流量等结构性数据，但不了解客户的交易行为、消费偏好等非结构性数据，信息的割裂也制约了直销银行的产品设计和业务的开展。

因此，京津冀城商行应积极探索专业的社区银行、零售银行、小微支行、"三农"支行和专业的科技支行，利用求新求变的理念，围绕战略积极实践，对营业网点重新布局，增加智能化自助交易设备的数量，打造智能轻网点。在传统业务中引入智能元素，使业务流程更加人性化，使支付手段更加便捷，使服务渠道更加顺畅，为客户提供人性化的服务，提高客户体验度。善于根据区域、客户的特点和需求，"量身定制"创新金融产品和服务，为经济发展提供全方位、多层次、个性化的金融服务。

### （六）提高线上风险管理能力

城市商业银行网上银行提供的服务跨越地域和时间的限制，客户群体资金实力薄弱，客户更加下沉，并且产品设计的低投资门槛和随用随取或随时赎回的灵活性，增加了交易的频率，使得开展业务的风险增大。虚拟电子账户的使用，也增大了潜在风险。另外，互联网金融贷款类产品，不同于传统信贷基于抵押物或担保，而且线上申请、审核、发放贷款，融资效率较高，然而现行的信用体系不完善，使得业务风险加大。[①] 当前，包括京津冀城商行在内的我国中小银行，在风险控制模式的选

---

① 刘盼. 河北银行互联网金融业务调研报告 [D]. 河北金融学院博士学位论文，2016.

择上较多针对的是静态的风险预判，一方面是因为其掌握信息数据的数量和质量不足，另一方面是其科技水平较弱。因此，各城商行应在不断丰富产品的同时，加强风险的管理，可以学习大数据、云计算等领先的信息技术，掌握大型银行风险规避体系，全方位挖掘客户信息，基于对过往交易数据的分析及其他指标，对客户信用进行评估，创新性地建立不同的信用评价体系。

### （七）提供技术保障，维持技术可持续更新

开放式创新是数字化革命的核心，金融科技创新带来的各种新型技术应用发展是这种创新方式的最好例证，而对区域性银行而言，开放式创新意味着积极同银行外部的技术解决方案、知识和其他资源开展交流。金融科技是一场新兴技术革命，金融科技创新的核心是大数据技术与区块链技术的应用，而新技术的研发与投产往往周期长、风险大、见效慢，需要大量资金与人力的投入，不适合当前城商行的现状。因此，京津冀各城商行在这一过程中应及时关注业内动态，积极引进技术、系统、数据等资源，主动"跟随发展"而非"领先发展"，进而探寻和获取新的发展灵感、调整企业文化、识别并掌握新的技能，发现新的业务增长点。

另外，京津冀城商行地理位置优越，有利的国家政策扶持，应利用自身地方发展优势，能够以更加开放的心态将外部变化迅速融入到产品之中，不应边缘化金融科技创业企业，而且应该主动地加入金融科技生态，各取所长，互通有无。任何新技术新模式的商业应用，都需要一个摸索和试错的过程，风险投资机构最善于应对此类技术创业项目，银行业只有与专业投资机构配合，才能有效控制探索创新可能带来的额外成本，更加稳健地参与到创新生态中来。

# 第四章 河北省城商行信用卡业务发展年度报告

## 一、银行信用卡业务政策环境分析

近年来，随着我国改革红利的进一步释放，社会信用体系的建立以及移动互联网技术的发展，信用卡产业加快升级转型和业务创新步伐，迎来了重要的战略机遇期。2016年，全国信用卡累计在用卡总量已达4.65亿张，信用卡跨行交易总额17.4万亿元，期末信贷总额9.14万亿元。但是，由于我国的信用卡产业起步较晚，同时受居民消费习惯的影响，信用卡发挥的支付功能大于其透支功能。目前，我国信用卡人均持卡量仅为0.31张，远低于发达国家水平。随着城镇化进程的逐步推进，居民消费模式的转变和消费信贷需求的迅速扩大，信用卡潜在客户将不断增加，以信用卡为代表的消费信贷业务将迎来新的发展高峰。

截至2015年，京津冀地区城商行中，北京银行信用卡累计发行量达230万张，新增信用卡交易金额383亿元；天津银行信用卡透支额达3.75亿元；河北银行信用卡透支额达36.03亿元。近年来，信用卡发行整体出现发卡量增速持续放缓及卡均交易额增长下降现象，发卡行市场份额差距拉大，呈现分化格局，国内信用卡市场竞争激烈，京津冀地区城商行更是处于不利的竞争地位。如北京银行的资产规模超过2万亿元，公司价值排名处于京津冀城商行之首，但其信用卡业务却刚刚起步。

2016年4月15日，央行提出对现行信用卡政策进行改革，主要内容是推动透支利率市场化、放松对业务规则的行政干预、优化预借现金服务、加强消费者权益保护和行业自律。其最大着眼点在于破解瓶颈，实现信用卡行业更快发展，为拉动消费作出贡献。银行将向市场化靠拢，参与市场竞争，丰富业务种类，促进各行业对金融服务的定制化和多样化需求。政策的放开意味着我国信用卡产业将更有效率，银行可以通过差异化定价获得更多的客户，这将对京津冀城商行信用卡业务现状的改善起到积极推动作用。

## （一）新政策解读

央行为完善信用卡业务市场化机制，满足社会公众日益丰富的信用卡支付需求，提升信用卡服务质量，促进信用卡市场健康、可持续发展，于 2016 年 4 月 15 日发布了《关于信用卡业务有关事项的通知》（以下简称《通知》），对广大信用卡用户来说，此项信用卡新政策无疑是重大利好。该《通知》内容自 2017 年 1 月 1 日起正式实施。具体来说，新政策内容主要涉及透支利率标准与溢缴款利率、免息还款期、最低还款额、预借现金业务、违约金和服务费用及加强消费者权益保护和行业自律等方面的变化。

### 1. 透支利率标准与溢缴款利率

《通知》规定，取消统一透支利率标准，对信用卡透支利率实行上限和下限管理，透支利率上限为日利率万分之五，透支利率下限为日利率万分之五的 0.7 倍。此举有利于避免个别发卡机构盲目降价打价格战，而且，如果发卡机构将信用卡的透支利率设定在央行规定的下限，就相当于给现行利率打了七折。对于中小银行来说，选择低档利率可以增强其市场竞争力。

此外，《通知》放开了对信用卡透支的计结息方式、信用卡溢缴款是否计付利息及其利率标准等相关政策的限制。在此之前，为鼓励客户透支消费，各家银行都不建议客户在信用卡中预存钱，也就是人们常说的溢缴款，即便有溢缴款，银行也不支付利息。按照新规，如果是银行认可的优质客户，信用卡中存在溢缴款不仅将大幅缩减透支利率，也有可能收到相应利息。

### 2. 免息还款期与最低还款额

设定免息还款期和最低还款额是信用卡的重要特征和核心服务。原政策规定，信用卡免息还款期最长为 60 天、首月最低还款额不得低于当月透支余额的 10%，这使得发卡机构针对不同层次的客户缺乏提供差异性服务的弹性和空间，不利于发卡机构进行业务自主创新和服务改进。

《通知》表示，持卡人透支消费享受免息还款期和最低还款额待遇的条件和标准，由发卡机构自主确定。随着这一新规定的落实，发卡机构被赋予了更多自主决策空间，可以根据自身经营策略和持卡人风险等级灵活组合免息还款期和最低还款额，比如，部分银行可能会推出超长免息期的信用卡产品，以为持卡人提供多样化选择，从而形成错位竞争、优势互补的信用卡市场格局。

3. 信用卡预借现金业务

信用卡预借现金业务包括现金提取、现金转账以及现金充值。其中，现金提取指持卡人通过柜面和自动柜员机（ATM）等自助机具，以现钞形式获得信用卡预借现金额度内资金。现金转账是指持卡人将信用卡预借现金额度内资金划转到本人银行结算账户。现金充值是指持卡人将信用卡预借现金额度内资金划转到本人在非银行支付机构开立的支付账户。

《通知》规定，ATM 机办理信用卡现金提取业务的限额由之前的每卡每日累计2000 元提高至 10000 元；持卡人通过柜面办理现金提取业务、通过各类渠道办理现金转账业务的每卡每日限额，由发卡机构与持卡人通过协议约定。发卡机构可以自主确定是否提供现金充值服务，并与持卡人协议约定每卡每日限额。现金转账、现金充值的收款账户应分别为本人银行结算账户、本人支付账户，禁止不同信用卡之间的转账。

4. 违约金与服务费用

《通知》规定，取消信用卡滞纳金，对于持卡人违约逾期未还款的行为，发卡机构应与持卡人通过协议约定是否收取违约金，以及相关收取方式和标准。本来滞纳金是没有上限的，而违约金的好处就在于其具有上限，且一次性收取，不会按月复利，减少了用户的逾期费用负担。发卡机构向持卡人提供超过授信额度用卡服务的，也不得收取超限费。新规定实施后，不仅银行与银行之间、同一银行的不同客群之间，甚至每一位不同的客户，都会有不同的违约金政策，这对银行客户的风险预判能力提出了更高要求。

此外，《通知》还规定，发卡机构向持卡人收取的违约金、年费、取现手续费和货币兑换费等服务费用按收费标准一次性单独收取，不得计收利息。这在很大程度上避免了违约金、年费、利息、超限费等收费以及全额计息且"利滚利"造成的严重后果。如信用卡透支额度为 10000 元，产生了年费 100 元，取现手续费 30 元，只有作为信用额度的 10000 元可以计息，年费、取现手续费则按标准收取，不能与信用额度资金一起计息。

### 5. 信息披露业务

《通知》规定，发卡机构应通过机构网站等渠道向持卡人充分披露信用卡申请条件、产品功能、收费项目与标准、安全用卡知识和信用卡标准协议与章程等内容，并进行及时更新。发卡机构应在信用卡协议中以显著方式提示信用卡利率标准和计结息方式、免息还款期和最低还款额的条件和标准，以及向持卡人收取违约金的详细情形和收取标准等与持卡人有重大利害关系的事项，确保持卡人充分知悉并确认接受。其中，对于信用卡利率标准，应注明日利率和年利率；发卡机构调整信用卡利率标准的，应至少提前45个自然日按照约定方式通知持卡人。持卡人有权在新利率标准生效之日前选择销户，并按照已签订的协议偿还相关款项。

### 6. 非本人授权交易的处理

《通知》还指出，持卡人提出伪卡交易和账户盗用等非本人授权交易时，发卡机构应及时引导持卡人留存证据，按照相关规则进行差错争议处理，并定期向持卡人反馈处理进度。同时，《通知》中央行首次明文规定，鼓励发卡机构通过商业保险合作和计提风险补偿基金等方式，依法对持卡人损失予以合理补偿，切实保障持卡人合法权益。

央行此次出台新规定，较原政策来看，能够在一定程度上满足公众日益丰富的信用卡支付需求，提升信用卡产业的服务质量，吸引更多的信用卡使用者，有利于信用卡产业逐步走向市场化，促进经济健康、可持续发展。表4-1列举了信用卡新旧政策的主要区别。

表4-1  2016年信用卡新旧政策对比解读

|  | 原政策 | 新政策 |
|---|---|---|
| 透支利率 | 统一透支利率标准，日利率万分之五 | 透支利率实行区间管理，上限为日利率万分之五，下限为日利率万分之五的0.7倍 |
| 溢缴款利率 | 银行不支付利息 | 由发卡机构自主确定，对于优质客户可支付利息 |
| 免息还款期 | 免息还款期最长为60天 | 取消限制，由发卡机构自主确定 |
| 最低还款额 | 首月最低还款额不得低于当月透支余额的10% | 取消限制，由发卡机构自主确定 |
| 预借现金业务 | ATM机办理信用卡现金提取业务限额为每卡每日2000元人民币 | 限额提高至10000元人民币，持卡人可将信用卡预借现金额度内资金划转到本人在非银行支付机构开立的支付账户 |
| 违约金和服务费用 | 未在最后还款日前清偿最低还款额时，对最低还款额未还部分，应支付5%的滞纳金，按月计复利，没有上限 | 取消了信用卡滞纳金，改为由银行收取违约金，有上限且一次性收取，服务费用按收费标准一次性单独收取，不得计收利息 |

## （二）新政策影响①

《通知》对于之前信用卡业务中本该随着市场变化而变化的一些规则进行了修订、补充和完善，这对未来信用卡市场的发展起到了至关重要的作用。关于信用卡业务监管政策的重要举措，有利于激发信用卡市场活力，促进市场充分竞争，推动信用卡服务创新升级，对鼓励消费、扩大内需和促进供给侧结构性改革具有积极作用。

### 1. 推动信用卡利率市场化

新规定的利率上下限区间管理有利于信用卡市场的有序健康发展，推动信用卡利率市场化。原有的信用卡利率定价缺乏灵活性和差异性，难以满足持卡人对循环信用服务的个性化及多样化需求。新规定的实施将推动发卡机构信用卡资产业务的精细化发展，有效发挥市场对资源配置的决定性作用，有利于信用卡产业从"跑马圈地"向"精耕细作"转型升级。信用卡透支利率与存贷款利率之间建立联动关系，充分发挥信用卡对鼓励消费、扩大内需的作用。

### 2. 推动信用卡业务差异化发展

新规定中取消对免息还款期以及最低还款额的限制，同时，放开对信用卡透支计结息方式和溢缴款是否计息的限制，这将使发卡机构迎来越来越多的"自主确定"、"自主决策空间"、"灵活组合"、"协议约定"，以满足持卡人个性化的消费需求，开启信用卡产品和服务差异化的新时代。

### 3. 推动银行卡定价市场化

从银行营收的角度看，新规定会使银行收入下降，不过政策的放开意味着信用卡业务将趋于市场化，银行可以通过差异化定价获得更多的客户。随着消费金融（如蚂蚁借呗、京东白条）的崛起，新规的出台将使得银行更加自主，可以制定更符合自己的经营战略。各大银行还可以根据持卡人的风险等级，与持卡人协定免息还款期和最低还款额，更加灵活地组合收费标准，为持卡人提供更优越的服务体验，

---

① https://www.douban.com/note/594805068/? type=like.
http://www.southmoney.com/redianxinwen/201612/974366_2.html.
http://www.cdrb.com.cn/html/2016-04/20/content_2297699.htm.
http://www.southmoney.com/yinhang/spdb/xinyongka/201604/551417.html.
http://bank.hexun.com/2016-04-16/183349636.html.
https://zhuanlan.zhihu.com/p/20699730.

持卡人体验提升的同时，也将为发卡行争取到更多的客户。

4. 推动信用卡市场竞争有序进行

央行新规的目的是通过增加发卡机构的自主性引入竞争机制，规范和推进信用卡业务，使信用卡不再仅是赊账工具，同时还是有效的个人信贷工具，并在更大范围内被普通居民使用。银行间的竞争更趋激烈，信用卡市场会更加有活力，未来将会有新的服务模式、业务形态出现。目前，整个发卡机构的风控能力参差不齐，但新规上下限区间管理有利于避免发卡机构"暗战"，维稳信用卡市场的有序健康发展。信用卡服务体系也会逐步完善，持卡人将有更多的选择权，享受到更有针对性的服务，买方市场特征会更加明显。

5. 推动保障性政策的建立

我国有关部门在积极推进银行信用卡业务的同时，还应该出台一些保障性措施。首先是加强对发卡机构信用卡业务的监管，控制发卡机构的信用风险；其次是加强对消费者或持卡人的保护。在机构自主操作空间大大增加的情况下，监管机构应对银行的告知义务做出更明确的规定，如要求发卡机构增加在利息和违约金计算上的透明度，在利率变动时及时通知持卡人等。

# 二、河北省城商行信用卡业务发展现状

## （一）城商行发展信用卡业务的必要性和可行性

### 1. 城商行发展信用卡业务的必要性

在城商行未来的业务转型中，信用卡业务具有重要的战略价值。传统上，城商行多以公司业务为主，零售业务是其弱项。随着利率市场化逐步成为现实，地方政府的政策扶持力度逐步减弱，城商行面临的市场竞争将越发激烈，传统的公司业务并不会提升其竞争力，而零售业务这一"命门"却成为城商行寻求突破的关键点。因此，城商行业务转型势在必行，转型的方向必定是扩大零售业务的比重、改善不合理的收入结构。信用卡业务因其具有小额贷款和支付工具的双重性、较强的客户黏度和较高的信息化程度等特性，在零售业务中占有独特的不容忽视的地位。

2.城商行发展信用卡业务的可行性

首先，近年来，国内各大信用卡发卡机构不约而同地放慢了追求发卡规模的步伐，开始深耕细作。精细化、个性化的经营模式逐渐成为主流，信用卡产业正进入一个新的转型变革时期。毫无疑问，这将推动城商行信用卡业务的发展。其次，国内信用卡市场远未达到饱和程度。一方面，中心城市信用卡市场看似饱和，但持卡人忠诚度不高，用卡倾向很容易被转变；另一方面，二、三线城市经济的快速增长将造就越来越大的潜在信用卡人群，现有的大型发卡机构在这类新兴市场中优势则没那么明显。因此，不论在中心城市还是二、三线城市，城商行仍有很大的发展空间。最后，信用卡业务从其诞生至今一直处于发展变化中，不断地优胜劣汰、推陈出新。随着互联网技术的不断发展，信用卡产业中也出现了许多创新服务。例如，浙商银行首次发卡采用了"众筹"方式，可以视为信用卡业务在"互联网+"模式下的一种创新。这些因素都使得城商行信用卡业务的蓬勃发展成为可能。[①]

## （二）京津冀城商行信用卡业务发展概况

目前，京津冀城商行信用卡业务在其发展过程中，仍突出地显示出资本金不足、专业人才匮乏、产品和服务创新能力弱、社会认同度低等一系列问题。部分城商行在资本充足率、资产不良率、流动性比率等经营指标方面也不能完全符合开办信用卡业务的要求。此外，由于业务规模限制等原因，城商行在信用卡业务和技术方面往往得不到有效支持。以上这些因素都是阻碍京津冀城商行信用卡业务繁荣发展的瓶颈。

京津冀城商行的信用卡业务与国有五大银行、股份制商业银行相比，其市场占有率仍然很低。截至2017年5月，京津冀地区城市商业银行中仅有北京银行、天津银行、河北银行三家银行发行了信用卡，承德银行、邢台银行、沧州银行、衡水银行则面向事业单位工作人员发行了主要用于日常公务支出和财务报销业务，并兼顾私人消费的公务卡，属于不可办理附属卡的信用卡。而秦皇岛银行、张家口银行、唐山银行、保定银行、廊坊银行、邯郸银行暂时还未开通信用卡业务。已开展信用卡业务的城商行占京津冀城市商业银行总数的53.8%左右。目前，北京银行信用卡累计发卡量已超过266万张，打造了零售业务的特色服务品牌，并获得2016年"最

---

具社会责任信用卡"称号。天津银行不断丰富信用卡产品及产品功能，截至 2016 年末，已发行信用卡 16 万张。

1. 新增发卡增速总体放缓，京津冀地区发展空间大 ①

据中商产业研究院发布的《2017~2022 年中国信用卡市场前景调查及投融资战略研究报告》指出，2016 年中国信用卡累计在用卡总量达到 4.65 亿张，预计 2017 年将超过 5.71 亿张。经统计发现，2016 年新增发卡量超亿张，仅 2016 年上半年，各大银行新增发卡总量达 4976 万张。然而，有调查数据显示，自 2014 年起，银行信用卡发卡量整体增速普遍放缓，银行更注重交易额增长。原因在于，银行信用卡业务多集中在大中城市，经过多年市场拓荒和业务推广，一、二线城市信用卡市场正趋向饱和，这使得信用卡持卡量分布很不均匀。截至 2016 年末，全国人均持有信用卡 0.31 张，同比增长 6.27%，然而，北京地区的信用卡人均拥有量远高于全国平均水平，达到 1.35 张。因此，一、二线城市未来信用卡市场发展空间较小，信用卡市场的争夺将逐步转向三、四线城市，同时，各银行也将告别粗放的信用卡发展模式，转向精细化经营，以推动信用卡产业的可持续发展。随着信用卡发展模式的转变，京津冀城商行信用卡市场将迎来新的机遇期。

2. 发卡行市场份额差距大，呈现分化格局

目前，信用卡市场的三大阵营已经形成，第一阵营中的工行、建行、中行、农行、交行、招行已经成为中国信用卡市场的主力军，其发卡总量已占据全国信用卡总发行量的 70% 以上；以中信、光大和民生银行等股份制商业银行为主的第二阵营与第一阵营的差距正在拉大，因此处于第二阵营的发卡行应该转向"以质量求效益"之路；第三阵营主要包括城市商业银行和一些信用卡业务起步较晚的全国性银行，对于这些银行来说，信用卡市场的发展空间已经非常狭小，这迫使它们摆脱粗放发展的经营理念，否则很难在信用卡市场获得长远发展。北京银行信用卡业务在京津冀 13 家城商行中已经处于领先地位。截至 2014 年末，北京银行新增信用卡客户 31 万户，新增交易金额达 269 亿元，应收账款余额达 55 亿元，实现利润 2 亿元，实现中间业务收入 2.65 亿元；2015 年末，北京银行信用卡累计发行量达 230 万张，新增信用卡交易金额 383 亿元。截至 2016 年末，天津银行和河北银行的信用卡透支额度

---

① http：//toutiao.manqian.cn/wz_aOlRtKgR7yV.html.
http：//www.chinanews.com/fortune/2016/05–11/7865877.shtml.
http：//www.51credit.com/creditcard/hangye/guonei/10752665.shtml.

之和已超过 34 亿元，其中，天津银行信用卡透支额达 4.17 亿元，较上年增长了 11.2%，河北银行信用卡透支额达 30.33 亿元，较上年下降 15.8%。然而，在全国范围来看，上市银行信用卡市场占比中，北京银行仅占 0.38%。这说明，京津冀城商行信用卡业务如果想谋求长远发展，必须转变经营理念，以多样化、人性化的产品和服务来获得竞争优势。

3. 竞争激烈，发展受限，谋求转型

京津冀城商行在发展过程中存在多方面的资源瓶颈。一是地域限制导致市场覆盖面较窄，特别是信用卡业务发展初期的主要市场集中在国内各中心城市，京津冀城商行处于竞争的不利地位。二是专业人才严重匮乏，大部分人才资源集中在北、上、广、深和部分省会城市，其余城市特别是二线以下城市的专业人才十分稀缺。三是信息资源获取困难，尤其是河北省内的城商行，其对信用卡产业和卡组织的相关政策、国内外同业状况、产品开发和营销技术等方面的信息了解有限。因此，京津冀城商行信用卡业务并不能简单复制外资银行或中小股份制银行"高端营销、交叉补贴"的传统盈利模式。此外，受规模、地域的局限，也不能照搬大型股份制银行"同质化竞争"的粗放增长模式。因此，京津冀城商行开始探寻信用卡精细化发展模式，以实现集约化特色经营。

4. 注重信用卡多元化发展

目前，京津冀地区城商行为加大信用卡市场占有率，根据自身特点及优势，注重信用卡的多元化发展，如北京银行信用卡中心根据市场细分原则，不断推出各类新颖的信用卡产品及系列活动。之前北京银行推出的"京彩智付"支付服务品牌，包含了目前北京银行信用卡支持的第三方快捷支付服务，适用于线上线下多元化的支付场景，满足了客户个性化的消费需求，提供了极致的支付体验。与此同时，"京彩智付"长期联合商业合作伙伴以共同致力于为持卡客户谋福利，不定期开展形式多样的优惠活动回馈北京银行信用卡客户，正体现着向卡功能多元化方向迈进。

5. 信用卡风险加剧，未来发展需警惕

信用卡产业通过转型经营将迎来新的发展机遇期，但也会面临更大的风险。据报道，从 2013 年起，全国信用卡逾期半年未偿还信贷余额逐年攀升，截至 2015 年 9 月，已达到 384.33 亿元。造成这一现象的主要原因在于，首先，当前我国经济增速放缓，用户信用卡还款能力相对降低。其次，信用卡用户趋于年轻化，过度超前消费现象加剧。有数据显示，截至 2015 年末，处于 25~34 岁这一年龄段的信用卡用户已超用户总量的 50%，这部分持卡人大多追求名牌，追求个性化，且具有攀比心理。最后，信用卡诈骗日益猖獗，网络盗刷案例频发。信用卡诈骗案件的数量目前已居金融犯罪之首，信用卡套现手段更是层出不穷。针对这些风险，要加快个人信用制度建设，健全风险补偿机制，并加强信用卡各环节的审核与保险，对此，京津冀城商行任重而道远。

### （三）京津冀城商行信用卡业务比较分析

城市商业银行历经二十余年的发展，成长为中国金融体系中最具活力的商业银行，是中国普惠金融的生力军。开展信用卡业务也成为城商行在普惠金融和促进消费升级方面的一次重要实践。目前，由于京津冀城商行中的承德银行、邢台银行、衡水银行及沧州银行正处于信用卡业务初创阶段，公开披露的相关数据及资料较少，因此仅以北京银行、天津银行、河北银行为例做历史纵向比较分析。

1. 纵向比较：各城商行 2014~2016 年信用卡业务发展情况历史比较
（1）北京银行。

表 4-2　北京银行 2014~2016 年信用卡业务主要数据纵向比较

|  | 2014 年 | 2015 年 | 2016 年 |
|---|---|---|---|
| 信用卡累计发行量（万张） | 195 | 230 | — |
| 新增信用卡客户（万户） | 31 | — | 34.47 |
| 新增交易金额（亿元） | 269 | 383 | — |
| 应收账款余额（亿元） | 55 | — | — |
| 利润（亿元） | 2 | — | — |
| 中间业务收入（亿元） | 2.65 | 4.18 | 5.10 |
| 不良率（%） | 1.67 | — | 4.66 |
| 银行卡业务手续费及佣金收入（亿元） | — | 7.14 | 7.23 |

资料来源：2014~2016 年北京银行、天津银行、河北银行年报。

如表 4-2 所示，截至 2014 年报告期末，北京银行新增信用卡客户 31 万户，同比增长 34%；新增 VIP 客户 4045 户，同比增长 185%；新增交易金额达到 269 亿元，其中消费交易金额与取现交易金额同比增长率分别达 44%和 29%；应收账款余额达 55 亿元，同比增长 66%；实现利润 2 亿元，同比增长 138%；实现中间业务收入 2.65 亿元，同比增长 67%；不良率 1.67%，同比降低 0.56 个百分点。报告期内，荣获中国银联颁发的"受理环境规范贡献奖"、《世界》杂志颁发的"年度最具品牌影响力信用卡领袖"奖等多项大奖。2015 年，北京银行正式成立信用卡专营机构及西安客服分中心，首次跨区域建立分支机构并实现系统异地备份，形成"双中心"运营模式。成为"芝麻信用"首家合作银行，开创"银行+互联网征信"合作先河。发行萌宠卡、羊年生肖卡、世界之极卡、寰宇卡等信用卡产品，上线信用卡"掌上京彩"APP 及微商城、智能交互账单。开通信用卡网申发卡，实现网上快速申请、实时审批。截至报告期末，信用卡累计发行量超过 230 万张，同比增长 17.9%。报告期内，新增交易金额 383 亿元，同比增长 42.4%，此外，实现中间业务收入 4.18 亿元，同比增长 57.7%。《2016 中国银行业全样本报告》中显示，2015 年北京银行信用卡发卡量增速相对平稳，交易金额和中间业务收入保持较为快速的增长势头。但是与该行 2014 年发布的年报相比，在信用卡业务上的数据披露明显减少。2016 年，北京银行被《投资者报》评论为年度最具社会责任信用卡。当年新增信用卡客户 34.47 万户，较 2014 年增加了约 3.5 万户。同时，北京银行还开展"大爱慈善，扶贫助学"活动，捐助革命老区贫困小学，"大爱"信用卡累计发卡超过 100 万张。信用卡中间业务收入达 5.10 亿元，同比增长 22%，银行卡业务手续费及佣金收入 7.23 亿元，较上年增加 0.09 亿元。但是，北京银行 2016 年的信用卡不良率已达到 4.66%，相比 2014 年提高了近 3 个百分点。

（2）天津银行。

**表 4-3 天津银行 2014~2016 年信用卡业务主要数据纵向比较**

|  | 2014 年 | 2015 年 | 2016 年 |
|---|---|---|---|
| 个人贷款信用卡透支额（亿元） | 2.68 | 3.75 | 4.17 |
| 未使用的信用卡额度（亿元） | 20.11 | 24.73 | 16.25 |
| 不良贷款中信用卡透支额（亿元） | — | 0.23 | 0.24 |
| 银行卡服务费收入（亿元） | 0.26 | 0.30 | 0.33 |

如表 4-3 所示，天津银行信用卡透支额呈逐年增加趋势，从 2014 年的 2.68 亿元增至 2016 年的 4.17 亿元，增长率占个人贷款总额的比重也由 1.2% 上升至 1.5%。未使用的信用卡额度由 2014 年的 20.11 亿元下降至 2016 年的 16.25 亿元，约减少 19.2%，期间，2015 年略有增加，为 24.73 亿元。不良贷款中的个人信用卡透支额方面，2016 年较 2015 年略有增加，从 0.23 亿元上涨至 0.24 亿元。信用卡不良贷款

率较为稳定，[①]维持在 6% 左右，其中 2015 年为 6.15%，2016 年为 5.68%。银行卡服务费收入处于逐年增加趋势，由 2014 年的 0.26 亿元上升至 2016 年的 0.33 亿元，增幅为 26.9%。

（3）河北银行。

表 4-4　河北银行 2014~2016 年信用卡业务主要数据纵向比较

| | 2014 年 | 2015 年 | 2016 年 |
|---|---|---|---|
| 贷记卡透支额（亿元） | 38.6 | 36.03 | 30.33 |
| 贷记卡剩余透支额（亿元） | 72.47 | 69.9 | 81.73 |
| 信用卡存款额（亿元） | 0.16 | 0.33 | 0.35 |
| 银行卡手续费及佣金收入（亿元） | 2.13 | 2.07 | 1.25 |

如表 4-4 所示，2014~2016 年，河北银行贷记卡透支额呈逐年下降趋势，由 38.6 亿元降至 30.33 亿元，降幅达 27.3%。贷记卡剩余透支额则呈上升趋势，由 2014 年的 72.47 亿元增至 2016 年的 81.73 亿元，约增长 12.78%。信用卡存款额也呈逐年增长趋势，2015 年较 2014 年有大幅度增长，由 0.16 亿元上升至 0.33 亿元，2016 年增速放缓，为 0.35 亿元。银行卡手续费及佣金收入能间接反映信用卡经营情况，该指标自 2014 年至 2016 年呈下降趋势，由 2.13 亿元下降至 1.25 亿元，两年内降幅达到 70.4%。

2. 横向比较：城商行间信用卡业务对比分析

（1）业务指标的横向比较。根据北京银行、天津银行和河北银行的信用卡业务指标披露情况，选取三家银行的几组共同指标进行横向对比。

首先，关于天津银行和河北银行的信用卡透支额以及剩余透支额情况的比较。2014~2016 年，天津银行的信用卡透支额呈上升趋势，2016 年达到 4.17 亿元，透支额占总额度的比重也从 2014 年的 11.8% 上升至 2016 年的 20.42%，相应地，信用卡剩余透支额度呈下降趋势；河北银行的信用卡透支额度呈下降趋势，从 2014 年的 38.6 亿元降至 2016 年的 30.33 亿元，透支额占总额度的比重也由 35% 下降至 27%，剩余透支额度则呈上升趋势。此外，天津银行和河北银行的信用卡透支额以及剩余透支额数额差距较大，原因可能在于这两家银行在信用卡发卡数量和不良率等方面

---

[①] 信用卡不良贷款率=信用卡不良贷款/信用卡贷款总额。

存在较大差异。

其次，对北京银行和河北银行各自的银行卡手续费及佣金收入这一指标进行比较。2014~2016 年，河北银行的银行卡手续费及佣金收入在逐年下降，从 2014 年的 2.13 亿元降至 2016 年的 1.25 亿元，两年间降幅约为 41.3%。北京银行的银行卡手续费及佣金收入水平较高且增长稳定，2015 年为 7.14 亿元，2016 年为 7.23 亿元。大体上可以看出，北京银行的信用卡业务较河北银行更为成熟。原因在于，北京银行作为信用卡业务发展相对完善的城商行，其信用卡发卡量位居京津冀城商行榜首，人均持卡量远超全国平均水平。另外，北京银行地处北京，卡均交易额大于河北地区卡均交易额。但是，由于银行卡除了信用卡还有借记卡，因此这一指标并不能准确反映北京银行和河北银行的差距，还需要参考各信用卡发卡量等相关数据。

（2）信用卡分类比较。北京银行的信用卡大多属于银联标准信用卡，除此之外，部分卡属于万事达卡、Visa 卡，如寰宇白金卡和 Visa 金卡，这类信用卡对北京银行信用卡业务的发展具有重大意义。寰宇白金卡是北京银行针对外币消费者推出的信用卡产品，除具备信用卡金融功能外，兼具全球各币种消费人民币还款功能，同时还可享受免除货币兑换费、双倍积分、高额保险等增值服务，以满足外币消费者的需求；Visa 金卡是北京银行针对有境外购物、海淘、留学需求的持卡人而设计的信用卡产品，其额外功能包括免年费、免收境外交易服务费、高额航空意外险、旅行不便险及盗刷险保障、免收挂失手续费等多重权益。

北京银行自 2015 年 6 月 25 日成立信用卡业务专营机构至今，始终秉承"信为首，都为您"的服务理念，不断开拓市场，引领创新。由于该行信用卡业务相对成熟，因此持卡人享有诸多优惠活动及各色增值服务。同时，该行信用卡也吸引了众多联盟商户参与其中，如线上的百度外卖、京东商城、格瓦拉电影、携程网等，以及线下的希尔顿酒店、COSTA 咖啡、星美国际影城、罗森便利店等各类型商家。北京银行信用卡品种齐全，市场定位精准，根据收入等级、职业、性别、消费渠道以及消费偏好等条件设计出了适合各类人群的信用卡服务。如为高收入人群设计的至尊专享系列信用卡、为商旅一族设计的商旅京彩系列信用卡、为女性设计的凝彩卡等，都会分别针对不同人群的不同需求提供相应的优质服务，此外，还有一系列特色信用卡。

天津银行信用卡属于银联标准信用卡。其市场细分合理，根据消费偏好和消费渠道等条件，为女性以及年轻一代设计了秀卡、范卡，并能享受特定的积分服务。

同时，天津银行还联合众多联盟商户推出一系列线上线下优惠活动。这些商户包括线上的淘宝/天猫、淘票票、易果网等，以及线下的太平洋咖啡、肯德基、家乐福、沃尔玛、物美、屈臣氏、7-11等大型连锁超市，这极大地便利了持卡人的日常生活。此外，天津银行还推出了专门的分期信用卡，如乐易贷信用卡。该信用卡具有一卡双额度功能，包括循环信用额度和大额分期额度。其中，信用额度具有标准信用卡使用功能；大额分期额度具有一次性较大金额分期付款功能，适用于持卡客户购买汽车、车位、教育、装修等大额消费用途。各色优惠活动和增值服务也为天津银行吸引了诸多信用卡用户。

河北银行信用卡属于银联标准信用卡。河北银行信用卡市场定位合理，根据收入等级、职业以及偏好等不同条件分别推出了金卡、白金卡、公务卡和旅游卡等产品。除此之外，该行为有超短期现金需求的自然人开发的存贷合一信用卡是其特色产品。该产品具有存款计息、全额取现、行内转账、按日计息等功能。同时，单独的账户管理和额度授信、存款计息增值服务、便捷多样的使用渠道都给持卡人带来了优质的体验。目前，河北银行的信用卡联盟商家较少，且大部分为线下商家。因此，该行在这一方面仍有待继续发展。

承德银行热河公务卡是承德银行为市各级预算单位量身打造的银联品牌信用卡，其主要发行对象为各级政府部门、各级政府部门所属预算单位以及学校、医院等公用事业单位在职工作人员，其不仅具有借记卡和贷记卡的一切功能，而且还具有兼顾公私消费、协商额度、享受最长还款期、还款方式灵活、办理简单快捷等特点，是事业单位在职工作人员的首选。

邢台银行公务卡是邢台银行针对财政预算单位的日常公务开支及财务报销，并兼顾个人消费而发行的银联标准信用卡，是具有信用消费、循环信贷、分期付款、转账结算和存取现金等功能的信用支付工具。持卡人凭公务卡可以通过中国银联网络进行跨行、跨地区、跨境的交易结算，也可以在中国银联及本行指定的特约商户购物消费，并可在贴有中国银联标识的ATM机以及本行指定的营业网点办理现金等业务。

衡水银行金鼎公务卡是衡水银行针对财政预算单位的在职在编工作人员用于日常公务支出和财务报销，并兼顾个人消费而发行的银联标准信用卡，具有一般银行卡所具有的授信消费等共同属性，同时又具有财政财务管理的独特属性。能够将财政财务管理的有关要求与银行卡的独特优势相结合，是一种新型的财政财务管理工具和手段。公务卡持卡人可享受安全刷卡消费、预借现金业务、多渠道还款、弹性调额、灵活分期、积分送礼等优质服务。衡水银行在其信用卡营销过程中也在发展联盟商户，但由于其银行规模及业务量的限制，衡水银行常联合国有大型银行与联盟商户展开合作，如与工商银行、建设银行、中国银行合作，携手衡水市百货大楼为消费者提供优惠服务。

沧州银行狮城公务卡是沧州银行针对财政预算单位的日常公务开支及财务报销，并兼顾个人消费而发行的银联标准信用卡。适用对象为具有完全民事行为能力、有合法、稳定收入来源及支付能力，且资信状况良好的财政预算单位的在职、在编人员。沧州银行公务卡具有使用费用低、授信额度高、交易渠道广、信用卡功能全面等特点。

通过归纳可知，京津冀城商行信用卡大多为银联标准信用卡。其中，北京银行、天津银行、河北银行的信用卡特色主要体现在丰富多样的信用卡品种、众多优惠活动、贴心的增值服务等方面。而承德银行、邢台银行、衡水银行、沧州银行的信用卡种类单一，均为各自银行的公务卡，因此，这几家银行的信用卡特色主要体现在其兼顾公私消费、快捷便利多渠道的服务和较低的使用成本等方面。信用卡联盟商户的参与为信用卡业务的开展创造了诸多条件，带来了诸多便利。北京银行、天津银行在信用卡业务经营过程中，与众多联盟商户合作，开展的活动覆盖衣食住行方方面面，能充分满足人们的消费需求，为生活提供便利。河北省内城商行目前也在积极推进与联盟商户的合作，但相比北京银行、天津银行，其联盟商户数量较少，且多为线下商户，推出优惠活动的时间也较为分散。北京银行的信用卡市场细分精准，市场定位覆盖各类人群，有鲜明的信用卡特色服务。天津银行、河北银行的信用卡虽然也进行了市场细分，但涉及的细分人群不及北京银行广泛。承德银行、邢台银行、衡水银行和沧州银行的公务卡则专门面向事业单位、财政预算单位的在职在编人员发放。表4-5、表4-6为京津冀城商行信用卡分类比较。

按信用卡业务成熟度来划分，可以将京津冀城商行分为两大类。其中，北京银行、天津银行和河北银行为第一类，其他四家银行为第二类。原因在于，北京银行、天津银行和河北银行作为信用卡业务相对成熟的城商行，提供的信用卡种类多样、品种齐全，包括白金卡、普通信用卡、联名卡和公务卡，且服务相对完善。而承德银行、邢台银行、衡水银行和沧州银行的信用卡业务刚刚起步，目前仅已开通公务卡业务。

表4-5 京津冀城商行信用卡分类比较（1）

| 城商行 | 品牌 | 理念 | 特色 | 联盟商户 | 市场定位 |
|---|---|---|---|---|---|
| 北京银行 | 银联标准信用卡；万事达卡；Visa卡 | 信为首，都为您 | 开卡优惠、消费优惠等活动、众多热门优惠商户参与、各色增值服务、信用卡卡积分计划 | 线上：百度外卖、京东商城、拉勾电影、携程网等；线下：希尔顿酒店、COSTA咖啡、星美国际影城、罗森便利店等 | 各类人群、根据收入等级、职业、性别、消费渠道以及消费偏好等划分 |
| 天津银行 | 银联标准信用卡 | | 开卡优惠、消费优惠等活动、众多热门优惠商户参与、各色增值服务、信用卡微信银行、分期信用卡 | 线上：淘宝天猫、淘票票、易果网等；线下：太平洋咖啡、肯德基、黑泷太郎、家乐福、沃尔玛、物美、屈臣氏、7-11等大型连锁超市 | 各类人群、根据收入等级、职业、性别、消费渠道以及消费偏好等划分 |
| 河北银行 | 银联标准信用卡 | | 开卡优惠、消费优惠等活动、各色增值服务、存贷合一信卡 | 线下：便宜坊烤鸭店 | 各类人群、根据收入等级、职业、消费渠道以及消费偏好等划分 |
| 承德银行 | 银联标准信用卡 | | 兼顾公私消费、协商额度、还款方式灵活、长还款期、办理简单快捷 | | 事业单位在职工作人员 |
| 邢台银行 | 银联标准信用卡 | | 兼顾公私消费、循环信贷、分期付款、转账结算、存取现金服务 | | 具有完全民事行为能力、有合法、稳定的收入来源及支付能力，且资信状况良好的财政预算单位的在职、在编人员 |
| 衡水银行 | 银联标准信用卡 | | 兼顾公私消费、预借现金业务、渠道还款、弹性调额、灵活分期、积分送礼、安全便捷 | 线下：国美电器、衡水百货大楼 | 财政预算单位的在编工作人员 |
| 沧州银行 | 银联标准信用卡 | | 兼顾公私消费、费用低、额度高、渠道广、功能全、免息期长 | | 具有完全民事行为能力、有合法、稳定收入来源及支付能力，且资信状况良好的政预算单位的在职、在编人员 |

在信用卡业务发展相对成熟的三家银行中，北京银行产品种类最为丰富，客户服务多样化，增值服务人性化，因此吸引了众多消费者，并在一定程度上增加了客户黏性。但是，相对于天津银行、河北银行，北京银行的高端信用卡年费较高，还款免息期稍短，且其各类手续费均高于河北银行。天津银行、河北银行的信用卡产品种类齐全，年费、手续费收取合理，其中，天津银行特色增值服务多样，但两家银行的信用卡细分种类稍逊于北京银行。承德银行、邢台银行、衡水银行和沧州银行提供的公务卡业务，其功能旨在方便财政预算单位的日常公务开支及财务报销，同时兼顾个人消费。公务卡相对于其他类别的信用卡有较多的优惠政策，如终身免年费、手续费免费、信用额度高、违约金的收取比例低、增值服务多，等等。公务卡服务，一方面有利于第二类银行吸引固定数量的信用卡持卡人，另一方面有利于其继续推进其他种类的信用卡服务。

## （四）京津冀城商行信用卡业务经营策略分析

### 1. 信用卡业务利润来源与收益分析

信用卡业务是商业银行零售业务中利润率最高、风险最分散的一项业务。国外商业银行的经验证明，信用卡的毛利率在 13% 左右，其盈利能力远高于其他传统银行业务。

（1）成本分析。信用卡业务的主要成本包括以下几个部分：第一，资金成本。这是信用卡业务中占比最大的单项成本，是指发卡行为融得银行信用卡资产组合中未清偿的资金余额而必须支付的利息。第二，坏账成本。是指由于持卡者无法偿还贷款债务而形成的银行报表中的呆账坏账。第三，运营和市场营销成本。包括系统摊销成本、工资成本和广告促销成本。第四，欺诈成本。包括申请欺诈、交易欺诈等带来的损失。[①]

（2）收入分析。信用卡给银行带来的收益主要包括利息收入、年费收入、商户回佣收入等。其中，利息收入是信用卡收入的主要部分，即透支使用信用额度所支付的利息。信用卡还款时可以全额还款或选择最低还款，如果选择最低还款，则针对未还款部分银行将收取高额利息。2005 年以后，随着竞争的加剧，各行开始纷纷

---

① 信用卡成本=银行存款总额×银行利率+资本市场贷款总额×资本贷款利率+未清偿贷款余额×坏账概率+卡均成本（卡费+营销运营费）×发卡数+欺诈成本。除去定值后，该函数为：信用卡成本=（未清偿贷款余额，发卡数）。

表4-6　京津冀城商行信用卡分类比较（2）

| | 北京银行 | 天津银行 | 河北银行 | 承德银行 | 邢台银行 | 衡水银行 | 沧州银行 |
|---|---|---|---|---|---|---|---|
| 信用卡种类 | 白金卡、普通信用卡、联名卡、公务卡 | 白金卡、普通信用卡、联名卡、公务卡 | 白金卡、普通信用卡、联名卡、公务卡 | 公务卡 | 公务卡 | 公务卡 | 公务卡 |
| 年费 | 白金卡：人民币600元以上，普通信用卡：人民币100元以上，公务卡：免费 | 普通信用卡：人民币80元 | 白金卡：人民币800元，普通信用卡：人民币80元以上，公务卡：免费 | | | | |
| 循环信用利率 | 日利率0.05%，年利率18.25% | 日利率0.05%，年利率18.25% | 日息万分之五，按月计收复利 | 日息万分之五，按月计收复利 | 日息万分之五，按月计收复利 | 日息万分之五，按月计收复利 | 日息万分之五，按月计收复利 |
| 违约金 | 白金卡、普通信用卡：按最低还款额未还部分5%收取，最低人民币10元，公务卡：按最低还款额未还部分的3%收取，最低人民币10元 | 按最低还款额未还部分的5%收取，最低人民币10元 | 按最低还款额未还部分的5%收取，最低收费为10元 | | 未在最后还款日前清偿最低还款额时，对最低还款额未还部分，应支付5%的违约金 | | |
| 免息期 | 免息还款期最短20天，最长50天 | 免息还款期最短25天，最长56天 | 免息还款期最短20天，最长56天 | 最长56天的免息还款期 | 最长56天还款期 | 免息还款期最短25天，最长达56天 | 最长56天免息还款期 |
| 取现手续费 | 透支：透支金额的1%，最低收取人民币10元/笔，溢缴：免费 | | 预借现金：按取现金额的1%收取，最低为5元，溢缴：免费 | | | | |
| 换卡手续费 | 白金卡：免费，普通信用卡：人民币20元，公务卡：免费 | | 白金卡：免费，普通信用卡：免费，公务卡：免费 | | | | |

续表

| | 北京银行 | 天津银行 | 河北银行 | 承德银行 | 邢台银行 | 衡水银行 | 沧州银行 |
|---|---|---|---|---|---|---|---|
| 挂失手续费 | 白金卡：免费 普通信用卡：人民币50元 公务卡：免费 | | 白金卡：免费 普通信用卡：人民币10元 公务卡：免费 | | | | |
| 账单分期手续费率 | 3期：1.8% 6期：3.6% 9期：5.4% 12期：7.2% 18期：11.7% 24期：15.6% | 3期：1.95% 6期：3.9% 9期：5.85% 12期：7.8% 18期：11.7% 24期：15.6% 36期：23.4% | 1期：1%/期，3期（含）以上：0.65%/期 | | | | |
| 增值服务 | 机场贵宾体验、增值保险、海外紧急救援、道路紧急救援、高尔夫球场礼遇、联名优惠 | 机场贵宾体验、道路紧急救援、航空意外险、星级酒店优惠、机场服务、境外退税服务 | | | | | |

推出年费优惠业务，这使得年费收入占总收入的比例逐渐下降。刷卡回佣收入是指信用卡的合作商家和联名发卡机构会拿出交易额的一定比例分给银行，这也是信用卡收入的重要部分。中国信用卡特约商户向发卡银行支付的手续费大约占交易额的 0.7%~1.0%，这部分回佣通常是由发卡行、银联和收单行分享，比例曾长期处于 7：1：2 左右的水平。目前由于银行同业之间竞争激烈，使得商户的议价能力明显提高，导致回佣率下降。其他收入包括各种惩罚性收入、现金提取收入、分期还款手续费和其他增值服务等。[①] 由上述分析可得，增加信用卡业务利润的有效途径应为，扩大有效发卡量及客户消费规模，并在一定程度上提高透支额度。

2. 影响经营策略的因素分析

信用卡业务经营策略的选择在信用卡产业的发展过程中占据重要地位。高效合理的经营策略有利于银行优化资源配置、满足社会需求，同时有助于银行确立其竞争优势，增强市场竞争力。根据京津冀城商行发展情况，影响其经营策略的因素分为宏观因素和微观因素。其中，宏观因素包括京津冀城商行网络规模、当地经济状况以及相关政策的影响，微观因素包括信用卡发卡量、消费额以及透支余额的影响。

（1）宏观因素分析。

第一，京津冀城商行网络规模。城市商业银行在网络规模上与全国性商业银行有很大的差距，竞争力在发展规模上不占优势。以中国邮政储蓄银行为例，全国共有 36000 个网点，这一数量是京津冀城商行乃至其他发达地区城商行远远无法达到的。截至 2016 年末，北京银行分支机构主要分布在全国 12 个省市，共计 478 家；天津银行分支机构主要分布在全国 6 个省市，共计 337 家；河北银行分支机构主要分布在河北省内及山东省，共计 224 家；而处于信用卡业务初创阶段的承德银行、邢台银行、沧州银行及衡水银行的营业网点主要分布在各自的省市，分支机构个数均在 100 家以下。因此，网络规模成为京津冀城商行选择营销策略的重要影响因素。目前，城商行依托银联网络，在一定程度上突破了地域瓶颈，但鉴于京津冀地区网点分布的独特性，这些银行应按照实际情况制定信用卡营销策略，而不是盲目地追求发卡数量。尽管银行的 ATM 机均可实现跨行通用，从而使京津冀城商行发行的信用卡在地域上可以拓展到更多地区，但出于对使用成本以及便利性的考虑，消费者

---

[①] 信用卡收入=未清偿贷款余额×信用卡还款利率+客户消费总额×商户回佣率+征收年费的客户总数×年费+其他收入。除去定值后，该函数为：信用卡收入=（未清偿贷款余额、客户消费总额、征收年费客户总数）。

还是愿意选择全国性商业银行发行的信用卡，这对于京津冀城商行，尤其是异地网点较少的河北省内城商行，会在一定程度上阻碍其信用卡业务持续发展。此外，也正是受到地域限制，省内城商行开发信用卡业务的成本难以分摊，只能独自承担，因此信用卡规模化经营受限，而其他大中银行却能以扩大规模的方式收回投资。同时，由于省内专业人才相对匮乏，创新能力不足，京津冀城商行的信用卡业务发展能力和产品创新积极性都较为薄弱。

第二，当地经济状况。当地经济状况对于京津冀城商行信用卡营销策略的制定尤为重要。虽然京津冀协同一体化发展加速推进，但其区域综合经济资源的利用水平明显低于长三角与珠三角地区。京津冀区域内，北京和天津地区的经济、政治、文化资源较为丰富，因此获得了发展的绝对优势，经济整体发展水平及人民生活质量均高于河北地区，这会对信用卡的设计、定价及使用成本产生影响。发展较快的城市在实施价格策略时，应侧重于现金回馈计划、消费积分计划及终身免年费等优惠，而经济相对落后地区应侧重于开卡免年费、礼品馈赠等方面。因此，京津冀城商行应根据自身所在地区的经济状况及居民消费水平来定制自身的营销策略。京津冀地区已发行信用卡的城商行之间已经拉开差距，其中北京银行发卡量最大，这使得其他城商行望其项背。

第三，政策影响。2016年4月，央行发布了《关于信用卡业务有关事项的通知》，从2017年1月1日起正式实施。该"信用卡新政"是中国信用卡产业发展30多年来进行的首次重大改革，其中多项政策的调整，既是为发卡机构松绑，同时也为银行进行个性化经营起到了至关重要的指导性作用。既然京津冀城商行与大中型发卡银行在进行面对面竞争中缺乏优势，就更应该充分利用"新政"，制定出有利于自身发展的市场策略，才有可能在激烈的市场竞争中占得相应的份额。

（2）微观因素分析。

第一，发卡数量。发卡数量是影响银行信用卡经营的一个微观因素，直接影响到发卡机构的年费收入水平及平均固定成本，对透支余额、商户回佣也有间接影响。不可否认，京津冀城商行中，除北京银行、天津银行及河北银行的业务相对成熟外，河北地区其他城商行的信用卡业务还处于起步阶段。因此，在信用卡业务开办初期，必须以拓展信用卡的发行量作为首要目标。只有增大持卡量，扩大信用卡的使用范围，才能为社会和发卡行自身带来效益。虽然银行完全可以通过单方面加大营销费用的投入、大量发行新卡等促进销售的行为来增加发卡量，但如果消费者本身的收入水平没有显著变化，仅凭外在用卡环境改善，最终形成的有效卡增长规模也必然极为有限。

第二，消费交易额。消费交易额也是影响经营策略的重要因素之一，这一因素通过影响商户回佣收入作用于信用卡业务收入。信用卡的服务质量和信用环境的质量对刺激信用卡消费交易额的作用日渐凸显。招商银行作为信用卡业务发展较快的股份制商业银行，其在全国有上万家合作优惠商户，截至 2016 年 11 月，信用卡年累计消费额突破 2 万亿元。然而，京津冀城商行在这方面仍然处于劣势，所以发卡行应提高服务水平，加强用卡环境建设，增加合作商户，这对于其信用卡业务的经营发展有十分重要的作用。

第三，透支余额。透支余额直接影响到透支利息收入的高低。在我国，持卡人使用信用卡，主要将其作为一种支付工具，而非透支工具。目前，我国只有 2% 的客户经常使用循环信用，85% 以上的客户则每月全额还款，而在发达国家，这一数字通常为 40%~50%。这既与我国的传统消费习惯和经济发展阶段有关，又与银行开展竞争所采取的策略有很大关系。河北银行信用卡透支余额截至 2016 年末达到 81.73 亿元，相较于 2015 年的 69.9 亿元，增长了 16.92%，收益能力也随之提高。

### 3. 常见的信用卡营销方式

银行信用卡发展初级阶段的销售模式在本质上是一致的，都是尽可能地普及信用卡，追求信用卡数量。正是出于规模效应推动，我国城商行应用各种营销手段尽可能地扩大发卡规模。各家银行的信用卡营销方式基本相似，靠办卡赠送礼品吸引客户，很多客户办卡的目的是获得礼品，因此造成了死卡、睡眠卡数量增多，带来了睡眠卡收费、办卡容易销卡难等一系列问题，对持卡人造成不便，同时也增加了银行的营销成本，从而使部分银行出现利润亏损。目前，银行为了保持与客户的长久合作关系，推出刷卡消费优惠、刷卡积分兑换礼品等活动，使得各种营销方式交叉进行、相互补充、层层递进，满足各类客户视觉上、心理上、体验上和价值上的多种需求，不断扩大市场份额。对于银行自身而言，提高信用卡收入的核心不是激励客户消费，而是激励客户在消费时使用自己银行的信用卡。不同的信用卡产品与服务往往决定了不同的信用卡营销策略，常见的信用卡营销方式大致可分为四类：客户分类营销、增值服务营销、异业结盟策略及大数据支持策略。

（1）客户分类营销。

产品差异化营销：产品差异化营销指对于已经细分的市场，银行根据子市场的特点，分别制定产品策略、价格策略、渠道策略以及促销策略并予以实施。这一营销策略要求银行在信用卡产品设计和营销上要以目标客户群体的需求为依据，根据顾客的年龄、性别、收入、文化程度以及消费偏好等条件，设计出不同信用卡产品，吸引客户群体。并通过对信用卡产品的功能和服务资源进行整合，深入分析客户需求，准确把握目标客户的消费特征，进行市场细分、准确定位，加大对族群卡的开发力度，满足不同客户的差异化需求。其目的一是在不断完善原有功能的基础上，增加信用卡的附加功能，不断提高和充实卡产品价值，创新信用卡的其他重要功能，如"失卡万全保障功能"、"境外消费人民币还款"、"免息分期购物"、"积分永久有效"等功能。二是加快新产品的开发，形成面向不同层次客户的产品系列。例如，北京银行对于经常出差的商旅人士量身打造旅行信用卡，该卡享受双重积分、贵宾礼遇等针对性服务。天津银行对于追求时尚的年轻人推出时尚卡，对女性消费者提供女性卡等，这些信用卡均享有优惠商户折扣，特定节日优惠等服务。三是拓宽服务领域，以卡产品为媒介，运用新技术，不断推出新的服务手段，开发电子商务和网络银行等新的市场领域。

（2）增值服务营销。

价格营销策略：通过降低信用卡产品的使用成本来吸引消费者。各银行纷纷通过降低或免除信用卡年费或手续费等方式争取客户资源，又推出低透支利息和优惠积分等活动，期望增加持卡人的持卡消费量和消费额，获得长期稳定的利息收入。

优化服务营销策略：进一步扩展客户服务体系，为客户创造优质的品牌体验，提升客户忠诚度和效益贡献度。主要针对中高端客户群体，通过完善信用卡基本服务，提供高附加值服务来吸引和稳定客户。如信用卡附带购物折扣、免费购物及旅游保障、飞行里程积分、全球紧急支援服务、道路救援等增值服务。这不仅使持卡人体会到方便快捷的消费感受，还能使持卡人获得信用卡带来的诸多优惠和安全保障。在未来竞争中，要保持信用卡的优势地位，还需进一步提高金融服务的综合水平，注重持卡人权益的持续开发，并在传统服务渠道的基础上进一步扩展客户服务体系。

（3）异业结盟策略。

特约商户关系营销：关系营销是企业与顾客、企业与企业间的双向信息交流，是关系双方以互利互惠为目标进行的营销活动，并利用控制反馈的手段不断完善产品和服务的管理系统。在信用卡营销领域，由于其所具有的多方参与的特殊性，关系营销中不仅有传统的银行和客户的关系，还增加了特约客户这一营销方。银行推出签账回赠、签账换取飞行里程数等营销方法，以吸引消费者在购物时使用该行信用卡。北京银行合作的特惠商户分为餐饮美食、时尚购物、休闲娱乐、生活服务四大类。消费者到银行特惠商户进行消费，可享受 9.5 折至 5 折的优惠服务，部分符合要求的消费还可享受免单优惠。衡水银行曾推出如下优惠活动：国美电器商家清场后，仅允许持有衡水银行金鼎卡的客户进入购物，而且刷金鼎卡购物可享受国美电器促销价再打 9.2 折至 9.5 折的优惠价格，并承诺所购商品价格如果高出同类商品，国美电器退双倍差价。河北省内城商行在特约商户关系营销方面与北京银行、天津银行有较大差距，合作商户少，且多为线下联盟。因此，河北省内城商行在联盟商户营销方面仍有很大发展空间。

联名信用卡营销：商业银行为了开拓市场，纷纷对外寻求合作伙伴，研究与其他消费服务行业的需求契合，将客户生活中的各类服务需求进行整合。发行信用卡的银行会与各类商家或机构合作，发行联名信用卡，如北京银行的王府井百货联名卡和天津银行的安邦车主联名卡。河北银行通过与石药集团合作，发行联名信用卡，一方面为银行吸引了更多的客户、给持卡人提供了便捷的服务，另一方面也加强了石药集团的影响力；与河北经贸大学进行合作，发行河北经贸大学认同卡，在推广银行信用卡业务的同时，也方便了河北经贸大学师生的生活消费。联名信用卡的优势在于，利用多样化方法增加其使用频率和市场渗透性，进一步提升了信用卡产品的内在价值，改善了用卡环境。同时，充分利用联合营销来实现产品差异化，降低了单一品牌的营销风险，对于京津冀地区其他城商行的信用卡业务发展有重大借鉴意义。

（4）大数据支持策略。

数据库营销：银行通过搜寻拥有庞大信息数据库的公司并与之展开合作，发放联名卡来发展信用卡业务。比如招行与国航合作的积分联名卡，通过收集和积累会员信息，经过分析筛选后针对性地使用电子邮件、短信、电话、信件等多种渠道对客户进行深度挖掘与关系维护，并兼顾现有顾客和潜在客户，随时更新动态数据库管理系统。数据库营销的核心是数据挖掘，银行数据库会维护相关信息。

虚拟信用卡：未来信用卡将是精准营销的竞争，伴随着近几年互联网技术的飞速进步和互联网经济的蓬勃发展，大数据平台的建立、云计算应用、探针技术的引进，使得虚拟信用卡成为各商业银行竞相角逐抢占的市场。线上渠道开发、交互平台搭建、客户数据画像、行业互联合作等组合出击，逐渐打破原有的同质化竞争模式，取而代之的是"精耕细作"的差异化竞争，因此准确识别优质客户，不断培养客户成为优质客户变得至关重要。同时，银行应有针对性地采取相应的措施保留客户，从而使每个客户尽可能地成为"低风险高收入"的优质客户，精细化经营已成为信用卡行业发展的新路。因此，信用卡营销从平面的、单向的推广营销正转向多元立体的、双向的互动营销，虚拟信用卡是未来业务拓展的又一发力点。蚂蚁花呗、京东白条等互联网金融产品频频发力抢占信用卡客户群，与传统信用卡相比，虚拟信用卡在支付便利性、融资成本等方面有自己的优势。而且在国外，花旗银行、美国银行早已推出了虚拟信用卡，随着中国银联推出 HCE 云支付功能，虚拟卡业务得以实现。目前，工商银行、中国银行、建设银行、浦发银行都推出了虚拟信用卡业务，未来虚拟信用卡也会成为京津冀城商行的一个重要发展趋势。

4. 城商行信用卡风险管理

信用卡业务在国内经过 30 年的发展，已成为当前各大商业银行开展竞争的焦点之一，并且外资银行大量涌入，抢占国内金融市场，使得金融市场竞争激烈。各家银行纷纷采取各类优惠措施，满足目标群体的要求，加大透支额度，在各类营销政策中，不免会为发卡机构带来各类风险，给持卡人和银行带来损失，突出表现在信用卡申办环节、授权环节、使用环节、交易环节存在风险。因此，在信用卡发展过程中，不能盲目发展，无限制扩大发卡量，要在信用卡运行的各个环节层层把关，采取相关措施，有效防范各类风险。

（1）营销过程中的风险管理。

第一，发卡对象选择不当。商业银行为追求发卡数量，会增加个人业务量，往往对高风险人群发放信用卡，造成款项无法收回现象。第二，客户在办理信用卡时，很少认真阅读《信用卡领用合约》相关事项，直接签字，很容易导致客户在使用过程中产生用卡纠纷，造成合约风险。第三，营销中存在的渠道风险，即非法中介通过银行销售渠道进行非法销卡，进行诈骗。第四，存在销售人员内外勾结现象，随意提高卡信用额度，加大信用卡使用风险。第五，客户资料容易被经办人员泄露给第三方机构意图牟利。

因此，在销售环节，针对上述情况，城商行可从下述方面着手，加大该环节的风险防控力度：第一，提高对不同客户群体经济能力、消费水平的科学分析手段和能力，以风险和效益相匹配的原则选择发卡群体。第二，销售人员在信用卡销售过程中，应必须提示客户阅读《信用卡领用合约》的重要性，提示相关重要条款，以此规避合约风险。第三，对于渠道风险，城商行应谨慎选择外包公司，签订协议，实施风险与奖励挂钩的绩效政策。第四，应定期考核销售人员的出卡率、交易量，对其业绩进行评估。此外，对于销售人员，应定期核查其领取和交回的申请表比例，严禁泄露客户资料，以确保客户资料的安全性。

（2）信用卡套现风险管理。

"信用卡套现"是指持卡人未通过正常合法渠道提取现金，而是利用其他手段将卡中信用额度内的资金以现金的方式套取，同时又不支付银行提现费用的行为。因为信用卡用户有最高 56 天的"免息消费"期，持卡人一旦套现，在这段"免息期"内既能使用银行贷款又不用支付利息。所以说，信用卡套现使得持卡人在获得现金的同时规避了银行高额的取现费用，相当于获得一笔无息贷款。目前存在的"信用卡套现"的主要方式有如下几种：一是持卡人的个人行为，通过他人消费刷自己的卡获得现金；二是持卡人与商家或某些"贷款公司"等中介机构合作，利用商家的 POS 机进行虚假交易，商家或中介公司将卡内款项转至个人账户后，将现金支付给持卡人，而持卡人支付给商家的手续费低于银行提现手续费。此外，除了借助 POS 机，还可通过支付宝、财付通等网上支付工具进行套现，其套现过程如下：首先，利用信用卡支付货款进行网上交易，只是一方空买，一方空卖，实际并不发货，是虚拟买卖。其次，待卖方收到货款再通过支付宝或财付通等转账给买方，此时买方可将货款提现到自己的储蓄卡账户进行取现，完成套现，中间只需支付较低的手续费。可见，信用卡套现增加了我国金融秩序中的不稳定因素。我国对于金融机构有严格的准入制度，人民银行、银监局对金融机构的资金流转都有一系列严格的监控。违规人员通过虚拟 POS 机刷卡消费等虚假交易，违反了国家关于金融业务特许经营的法律规定，严重影响金融业稳定。为了减少信用卡套现带来的巨大风险，第一，要加快个人信用制度建设和个人征信系统的建设。第二，要健全风险补偿机制。在对担保人的职业、社会地位、收入情况进行认真调查分析的基础上，灵活制定担保条件。第三，要加强对担保人个人及单位资格的审查，避免一人多保的无效担保现象的发生。第四，在风险补偿机制建设上，可尝试与保险公司合作，共同研发相关保险产品，对持卡人的信用风险进行保险。

**经典案例：北京最大 POS 机刷卡套现案**

据北京市海淀区检察院介绍，被告人胡成等 15 人在北京市门头沟区、大兴区注册成立 20 家公司，然后向某 4 家银行申领了 37 个 POS 机，通过网站发布广告帖、回头客介绍等方式招揽客户，以获取非法利益为目的，违反国家规定，以虚构交易的方式，使用 POS 机为信用卡持卡人刷卡套现，累计刷卡套现近 3.5 万笔，刷卡金额近 4.5 亿元，非法获利 800 余万元。根据被告人的供述，他们一般先在工商部门注册公司，这些公司多以"某某商贸公司"命名，然后向银行申请安装销售点终端机（POS 机）。被告人一般会通过报纸、网络对外发布提供套现服务的广告，"客户"（信用卡持卡人）看到信息或通过熟人介绍上门后，他们就以虚拟交易的方式为信用卡持卡人提供套现服务。持卡人在 POS 机虚拟交易刷卡消费后，账户信息会传送到银联，银联处理后把信息发送给发卡行，发卡行则从持卡人账户上扣除相应金额，并且把款项打入被告人的开户行账户，最后被告人再把现金支付给持卡人，完成套现。在套现过程中，被告人一般会向持卡人收取套现金额 1%~2% 的手续费。

银行 POS 机非法套现行为，严重影响金融秩序的稳定。对于个人来说，利用 POS 机非法套现风险极大。表面上，持卡人通过套现获得现金，减少了利息支出；但实质上，持卡人终究要还款，若不能及时还款，就必须负担比透支利息还要高额的逾期还款利息，而且会留下不良信用记录，如果构成犯罪，还将承担相应的法律责任。

# 三、河北省城商行信用卡业务经营案例

经过多年的发展，信用卡市场规模壮大，制度不断完善，创新能力显著增强。各银行积极担当社会责任，大力发展普惠金融，以信用卡产品为切入点，围绕普通大众"衣食住行"等与生活息息相关的日常需求，推出多款信用卡创新产品，从原来的粗放型发展进入精耕存量客户的新阶段，如细分客户群、优化品牌服务等传统的线下经营；也包括积极与互联网合作，通过互联网金融给信用卡业务带来积极影响和发展，为解决民生消费领域的痛点与难点提供了极大助力。

## （一）细分客户群，价值导向管理

各家银行在进行数据分析的基础上，正加大对优质客群的倾斜力度，通过特定类型的信用卡产品吸引目标客户群。河北地区城商行也逐步将细分客户群管理的经营方式应用于信用卡业务经营。河北银行为给广大信用卡客户提供更优质的金融服务，面向优质客户和高端客户推出了"标准白金 IC 信用卡"，以满足该类人群的日常支付需求和个性化需求。针对有超短期现金需求的自然人开发"存贷合一信用卡"，享受存款计息增值服务，使用渠道便捷多样；河北银行的特色信用卡产品"香港旅游 IC 信用卡"，除了具有一般信用卡基本功能外，还为香港旅游提供专项增值服务及多倍积分奖励。此外，还有河北银行携手石药集团开发的细分产品——石药联名卡，该卡是具有循环信用特征的个人信用卡，不仅具备众多基本功能与服务，还将提供丰富多彩的多项增值服务。承德银行、邢台银行、衡水银行及沧州银行等河北省内城商行针对财政预算单位，为持卡人差旅及公务支出提供更多优惠，提高财政预算单位资金使用效率，量身设计并推出公务卡。客群结构的不断优化带来了整体收益能力的不断提升，进一步增强了品牌竞争力。

## （二）优惠服务品牌化

近年来，各银行信用卡业务通过创新发展，不断提升其服务品质，逐渐形成品牌化经营。京津冀城商行大力开发特惠商户活动，使得客户规模快速增长。市场上逐渐形成了以北京银行"一周七天乐"、"京彩智付"，天津银行"请你看电影"、"美食优惠"等信用卡特惠活动的品牌，刺激用卡消费效果显著，达到了吸引客户、宣传产品及服务的效果。北京银行 2015 年 6 月 25 日成立信用卡业务专营机构至今，始终秉承"信为首，都为您"的服务理念，以创新促发展、以特色创品牌，目前信用卡累计发卡量已超过 266 万张，打造了零售业务的特色服务品牌。由于地域限制，目前河北省内城商行的信用卡业务并未形成品牌化经营，因此，打造河北省地区的优质信用卡品牌成为了京津冀城商行未来发展的又一方向。

## （三）发卡渠道网络化

随着移动互联网的兴起，在高度电子化、网络化的 E 时代，传统的申请表、人工上门办卡方式已经无法满足很多新生代客户对于办卡效率的要求。为实现规模化、自动化的作业流程，提升办卡效率，信用卡发卡模式逐渐从人工发卡向互联网、移动终端发卡模式转移。网络发卡，作为一种高效的卡片办理方式，是客户通过在线的方式递交信用卡办理申请，由银行审核资料后在线实时审批并向客户反馈审批结果。网络发卡渠道的成功上线拓展了城商行信用卡客户资源，降低了营销环节和授信审批环节的人力成本。但同时在欺诈识别、信用风险识别、审核效率等关键授信业务流程中面临严峻挑战，对银行的风险控制能力和科技系统提出了更高的要求。截至 2016 年，北京银行、天津银行和河北银行均实现了信用卡网络申请服务。

## （四）信用卡客户服务移动化

信用卡客户服务系统转向移动终端的速度加快，中国银联着力打造移动支付。2016 年 2 月，Apple Pay 随着中国银联的云闪付平台落地中国，中国成为了全球第五个、亚洲第一个开通 Apple Pay 业务的国家，随后 Sumsung Pay、Huawei Pay 陆续登场；12 月，中国银联推出二维码支付标准，率领众多商业银行加入了扫码支付的行列，此举将直接面对支付宝、微信支付的竞争，对移动支付起到了推动作用。同时，微信银行作为移动金融的重要渠道，已成为各家银行竞相布局的领域。天津银行、河北银行均已开通微信银行服务。天津银行微信银行的发展已走在业界前列。其服务功能丰富，注重人性化服务，力求通过每一处细节为客户带来全新体验，致力于打造"金融+生活"双核服务模式，切实满足互联网金融时代的用户需求。

## （五）开启"互联网征信"信用评估体系

互联网征信体系是通过采集个人或企业在互联网交易或使用互联网服务中留下的行为数据，并利用大数据、云计算等技术进行信息评估的活动。互联网征信体系还包括采集个人或企业使用互联网金融服务所留下的信贷信息等数据以及通过线下渠道采集的公共信息等数据，并进行信用评估的活动。[①] 在这方面，北京银行率先开

---

① 智库百科。

创了传统商业银行应用互联网征信的先河。京津冀地区其他城商行也应紧跟步伐，加快互联网征信体系的发展。

金投银行在北京银行信用卡中心的挂牌成立仪式上，北京银行宣布与独立第三方信用评估及信用管理机构"芝麻信用"正式签约，展开信用信息查询和应用、产品研发、商业活动等多个方面的合作。对北京银行而言，与阿里集团旗下芝麻信用的合作，将在传统信用评估渠道基础之上，通过网购信息等互联网征信信息提升银行客户的信用评估效率，帮助银行更好地甄别客户，降低风险，有利于银行为消费者提供更为快捷、便利的授信和现金分期等金融服务。[1]

# 四、对河北省城商行信用卡市场发展的建议

信用卡业务在京津冀城商行未来的业务转型中具有重要的战略价值。信用卡业务作为可拓展性强、信息化程度高的业务内容，在金融零售业务中占有不容忽视的地位。信用卡业务从其诞生伊始一直处于不断的发展变化中，是服务内容最丰富、最具变化性的金融产品。京津冀城商行通过大力发挥自身优势，提高信用卡产品创新意识，完善信用卡服务体系建设，找准适合的发展经营战略，必将在竞争激烈的信用卡市场占领一席之地。根据京津冀城商行信用卡业务的发展现状提出以下相关建议。

## （一）整合银行销售渠道资源，提供多渠道发放信用卡

信用卡营销渠道及经营模式对信用卡产品整体销售效果有明显的影响。首先，选择合适的销售渠道，如根据客户的等级和偏好对营销渠道进行划分，可节约银行资源，提高工作效率。其次，建立信用卡营销信息支持系统数据库，从而对目标客户清单进行销售渠道分配，对营销结果的反馈进行整理、记录并加以评价和分析，修改相应的模型从而加强营销清单的准确性。再次，对现有营销渠道的资源进行整合。整合信用卡产品开发、销售和客户管理部门，增强信用卡产品设计、研发及客

---

① http://bank.cngold.org/c/2017-07-19/c5171544.html.

户信息分析能力，并对销售渠道进行改进。最后，采用直复营销模式代替传统营销模式。直复营销通过数据库处理技术，借助于各种各样的媒介向目标群体传递产品和服务信息，并以互动的方式刺激目标群体的反馈，进而获得更多目标群体的信息，再通过对已有数据库进行更新整理分析挖掘，保证数据资源的有效性。直复营销的核心是有效的数据资源库，因此，收集有效数据资源成为信用卡业务员所需具备的基本能力。直复营销有助于获取客户资料，开展长期业务，这种有针对性的营销不仅可以减少睡眠卡，也有利于提高客户的忠诚度，降低营销成本，获取长远利益。

## （二）进行市场细分，实现"精致"营销取代"粗放"营销

京津冀地区信用卡消费要建立在强大有效的消费市场基础之上，开发信用卡市场不能急于求成地通过粗放式发卡占领市场，而应在社会保障体系逐渐完善的过程中推进信用卡市场的发展。银行应通过特别关注不同消费群体的个性化需求成功吸引客户的注意力，准确把握目标客户的消费特征，进行市场细分，准确定位，从重视发卡规模的粗放式营销转向重视客户质量，并根据各个锁定的重点目标客户类型以及不同需求进行相应的信用卡产品市场定位。银行应分析消费者的认识状况，包括消费者对现有信用卡的需求和不满，以及对信用卡情况的了解程度等，同时了解竞争者在消费者心中的地位，正确地细分市场并研究其特点，选择最适合自己的客户作为目标群体，开发出人性化、个性化的信用卡产品，并在消费者心中树立起独特的品牌形象。

## （三）转变经营理念，优化业务经营模式

京津冀城商行要打破旧框架的束缚，采取创造市场的策略来引导消费者的需求，用市场开发取代市场占有。面对竞争日益激烈的金融环境，只有最具创造力的银行才能赢得目标客户并抢占市场。将信用卡业务作为一种诱导因素，通过业务的开展，建立良好的银行—客户关系，加强与客户的业务往来，以方便开展深层次的金融服务，如个人理财、现金管理等，实现信用卡业务的"隐性收入"创造。银行应充分利用公共关系资源，加强银行与客户、银行与市场的沟通，用关系建立取代产品推广。长此以往，京津冀城商行将实现信用卡业务经营水平本质上的提高，盈利能力跨越式发展，同时为信用卡规模化发展注入新的助推力量。

## （四）推行公务卡与联名卡

规模效应前提下的传统盈利模式不是城商行信用卡业务的发展方向，那么坚持市场细分原则，依托自身在政务、中小企业和市民三大领域间形成的相对优势，必将成为京津冀城商行信用卡业务发展的现实选择。

第一，公务卡消费是城商行信用卡传统盈利的重要来源。庞大的公务员客户群体是城商行信用卡业务发展的重要资源。公务卡的全面推行，有利于提高京津冀城商行信用卡的有效卡比率，财政支出也将为公务卡的资产安全提供强有力的保障，公务消费还将给城商行公务卡带来可观的手续费收入。在国内银行业对政务资源激烈竞争的市场环境下，推行公务卡对于城商行巩固和稳定财政性存款带来了积极影响。公务卡除公务消费功能外，同时具备普通信用卡的所有功能。持卡公务员出于方便信用卡管理等因素考虑，可能选择放弃其他信用卡，将私人消费集中到公务卡上，这将极大地促进城商行信用卡的有效使用率，扩大城商行信用卡的手续费收入和利息收入。

第二，在日益激烈的信用卡市场竞争中，联名信用卡已经成为商业银行开拓市场空间、扩大客户规模、细分客户群体、提高客户忠诚度与满意度、提高信用卡盈利水平的有效途径。与全国性银行分支机构相比，本土优势使京津冀城商行得到了当地政府的大力支持。北京银行发行的"王府井百货联名卡"除具备北京银行信用卡基本金融功能外，还打造了丰富的百货购物类特惠服务，提供会员礼遇、二卡合一、多倍积分、灵活兑换、专属礼品等丰富功能。这样一张主题突出、优惠实用的信用卡，得到市场广泛认同也在情理之中。因此，对城商行而言，联名卡作为一种营销策略具有全国性商业银行所没有的独特优势。

## （五）健全信用卡联合管理机制

将信用卡行业作为一个整体向前推进，需要在政府、银行机构和社会大众之间相互协调。

首先，京津冀地区政府应带头不断完善信用卡征信系统，对个人生活方方面面的信用记录进行系统收集整理，进行科学的信用评级，加强立法严惩信用卡恶意透支、信用卡犯罪等一系列违法行为。

其次，京津冀城商行应重视用卡安全及银行卡日常管理，提升银行卡业务创新和服务能力，不断增强信用卡核心竞争力，走出低端同质化竞争的局面。

最后，银行需要加大宣传力度，提高社会公众对信用卡消费的认识水平，使消费者认识到，良好的信用记录是正常生活的前提，以降低信用卡业务中存在的风险。

# 第五章  河北省城商行理财业务发展年度报告

## 一、商业银行理财业务的监管政策背景

2005 年 11 月 1 日，我国首次颁布施行《商业银行个人理财业务管理暂行办法》（以下简称《办法》），对个人理财业务的性质和分类进行了界定，并从组织架构、内部控制、业务管理和风险管理等方面提出了基本的约束条件。结合上述《办法》同日颁布施行的还有《商业银行个人理财业务风险管理指引》，阐述了商业银行开展个人理财业务的风险管理要求，详细规定了个人理财顾问服务、综合理财服务、个人理财业务产品三个方面的风险管理内容。此后中国人民银行和银监会作为主管机构，从保护投资者角度出发，先后发布了针对银行理财业务的多项规定，如《商业银行开办代客境外理财业务管理暂行办法》（银发〔2006〕121 号）、《关于商业银行开展个人理财业务风险提示的通知》（银监办发〔2006〕157 号）、《关于进一步规范银信合作有关事项的通知》（银监发〔2009〕111 号）、《商业银行理财产品销售管理办法》（银监会令〔2011〕5 号）、《关于全国银行业理财信息登记系统（一期）运行工作有关事项的通知》（银监办发〔2013〕167 号）、2014 年 12 月 4 日发布的《商业银行理财业务监督管理办法》征求意见稿等。所有这些针对银行理财业务的监管政策都体现出：①总体原则，即符合客户利益和银行审慎尽责；②合格投资人，包括评估客户财务状况，结合其风险偏好、风险认知能力、风险承受能力，合理推荐产品；③规范流程，按照理财计划合同约定管理和使用理财资金，为每一个理财计划制作明细记录；④揭示风险，向客户解释相关投资工具的运作市场及方式，以简单易懂

的形式进行充分风险揭示；⑤信息披露，相关资产的账单和其他有关报表与报告。

十多年间，银行理财业务从无到有，规模迅速发展壮大，理财市场发生了巨大变化。银监会在对现行监管规定进行系统性梳理整合的基础上，根据当前银行理财业务发展出现的新情况和新问题，制定了新的《商业银行理财业务监督管理办法（征求意见稿)》，并于 2016 年 7 月 27 日下发至银行。

总结来看，新规主要内容有以下几点：

（1）将银行理财分为综合类和基础类进行分类管理。该征求意见稿根据理财产品投资范围，将商业银行理财业务分为基础类理财业务和综合类理财业务。这里所称基础类理财业务是指商业银行发行的理财产品可以投资于银行存款、大额存单、国债、地方政府债券、中央银行票据、政府机构债券、金融债券、公司信用类债券、信贷资产支持证券、货币市场基金、债券型基金等资产；综合类理财业务是指在基础类业务范围基础上，商业银行理财产品还可以投资于非标准化债权资产、权益类资产和银监会认可的其他资产。在门槛方面，征求意见稿对从事综合类理财业务的商业银行设置了门槛，比如资本净额不低于 50 亿元、最近 3 年无严重违法违规行为和因内部管理问题导致的重大案件等。文件要求，银行开展基础类理财业务超过 3 年，且满足上述要求之后才可以开展综合类理财业务。

（2）禁止商业银行发行分级理财产品，对理财产品去杠杆。分级理财产品是指商业银行按照本金和收益受偿顺序的不同，将理财产品划分为不同等级的份额，不同等级份额的收益分配不按份额比例计算，而是由合同另行约定、按照优先与劣后份额安排进行收益分配的理财产品。分级产品属于一种场外杠杆，禁止该类产品也是金融市场"去杠杆"政策中的一环。目前银行分级型理财存量规模并不大，而且银监会已经窗口指导多家商业银行暂停新发分级型理财产品，存量产品到期后将不得再滚动发行。

（3）再次强调禁止资金池操作。商业银行开展理财业务，应确保每只理财产品与所投资资产相对应，做到每只理财产品单独管理、单独建账和单独核算，不得开展滚动发售、混合运作、期限错配、分离定价的资金池理财业务。理财产品投资于非标资产、非上市企业股权及受（收）益权的到期日不得晚于理财产品到期日，从会计、运作和期限角度加强对期限错配资金池理财业务的监管，防范可能带来的流动性风险和信用风险。

（4）对银行理财进行一系列的限制性投资。首先，关于投资信贷资产与理财产品的限制。商业银行理财产品不得直接或间接投资于本行信贷资产及其受（收）益权，不得直接或间接投资于本行发行的理财产品。银行面向非机构客户发行的理财产品不得直接或间接投资于不良资产及其受（收）益权，银监会另有规定的除外。其次，关于投资基金和股权的限制。商业银行理财产品不得直接或间接投资于除货币市场基金和债券型基金之外的证券投资基金，不得直接或间接投资于境内上市公司公开或非公开发行或交易的股票及其受（收）益权，不得直接或间接投资于非上市企业股权及其受（收）益权，仅面向私人银行客户、高资产净值客户和机构客户发行的理财产品除外。最后，关于证券投资集中度的限制，主要是双 10% 限制。商业银行理财产品若投资于银行间市场、证券交易所市场或者银监会认可的其他证券的，也要受一定限制，比如理财产品持有一家机构发行的所有证券市值不得超过该理财产品余额的 10%，银行全部理财产品持有一家机构发行的证券市值，不得超过该证券市值的 10%，但是商业银行理财产品投资于国债、中央银行票据、政府机构债券、政策性金融债券、地方政府债券以及完全按照证券交易所有关指数的构成比例进行投资的除外。

（5）规定银行理财计提风险准备金，尤其是预期收益率型计提更加严格。该征求意见稿规定，商业银行应当建立理财产品风险准备金管理制度，按季从净利润中计提理财产品风险准备金，除结构性理财产品外的预期收益率型产品，按其产品管理费收入的 50% 计提，净值型理财产品、结构性理财产品和其他理财产品，按其产品管理费收入的 10% 计提。风险准备金余额达到理财产品余额的 1% 时可以不再提取；风险准备金使用后低于理财产品余额 1% 的，商业银行应当继续提取，直至达到理财产品余额的 1%。

（6）限制银行理财投资端的杠杆。征求意见稿对银行理财控制杠杆作出了要求，商业银行每只理财产品的总资产不得超过该理财产品净资产的 140%。

（7）禁止银行理财投资非标时嵌套证券期货类资管产品。该征求意见稿规定，银行理财投资非标资产，只能对接信托计划，而不能对接资管计划。这意味着此前银行理财最大的通道方证券期货类资管、基金专户以及子公司等无法再进行，如果完全改道为信托计划，则会面临诸多"银信合作"监管规定的限制，体现了监管层消除监管套利、影子银行的意图。

（8）实施严格的第三方托管制度。该征求意见稿规定，银行理财发行人不能托管本行理财，而且明确银行理财托管人的托管职责包括估值核算、投资运作监督、资金流向审查。这将大幅度提高银行理财投资运作的规范性，限制此前部分不规范银行理财的发行，但同时如果严格执行可能对银行理财的流动性管理带来非常大的难度。

整体来看，理财新规以去杠杆、去资产池、去通道，缩短金融链条、加大透明度为整体监管思路，本质上通过对银行理财设置门槛、对投资端加大限制、施行第三方托管以及风险准备金计提等手段增加银行理财的运营和操作成本，最终引导银行发展理财业务的诉求（非标和中间业务收入）有所下降，从而回归资产管理的本质。该征求意见稿旨在推动银行理财业务规范转型，促进银行理财业务健康、可持续发展，同时有效防范风险。不仅体现了监管层2016年对泛资管监管趋严的思路，而且长期内也将导致理财规模增速趋缓以及收益率降低。

2016年10月，人民银行总行下发《人民银行关于将表外理财业务纳入"广义信贷"测算的通知》，将差别准备金动态调整机制升级为宏观审慎评估体系（MPA），要求从2017年第一季度开始，对广义信贷的统计范围，在原有各项贷款、债券投资、股权及其他投资、买入返售资产、存放非存款类金融机构款项五个项目的基础上，增加表外理财资金运用项目。MPA将表外理财纳入考核的监管措施，实质上是构建了全面、统一的表外业务管理和风险控制体系。首先是表外业务征求意见稿中，在原有担保承诺类业务的基础上拓宽了表外业务的定义范围，新增代理投融资类、中介类和其他类业务，此举将银行理财业务及其他形式的类影子银行业务都划进了表外业务监管范畴，并按照"实质重于形式"的原则对实质承担信用风险的投融资类业务计提减值准备和风险资本，其标准在于是否承诺保本保收益，或是实施刚性兑付；随后人民银行总行将表外理财资产扣除现金和存款之后纳入广义信贷范围，其关键在于广义信贷增速和MPA中"宏观审慎资本充足率"指标挂钩，因而一旦银行广义信贷增速过快，可能会导致其宏观审慎资本充足率不达标，使银行受到严厉的处罚。

2016年11月，银监会发布《商业银行表外业务风险管理指引（修订征求意见稿）》（以下简称表外业务征求意见稿），要求商业银行建立表外业务风险限额管理制度，按照实质重于形式的原则计提资本和减值准备。这可以看作是针对银行表外理财业务的联合叠加监管，迫使部分银行缩减其表外理财规模，银行理财同业冲量等规模扩张方式受阻，并在年末引发委外市场动荡。

2016年是银行理财业务的精细化监管与规范之年，法规发布集中度高、内容力度强，整个业务体系都在经历着监管风暴。尤其重点规范了近几年过快且无序增长的表外理财业务，避免部分银行通过转移至表外的理财业务达到优化表内监管指标和利用过度的前端产品形式创新和后端多元化投资进行监管套利的双重目的，消除监管之外的隐性风险。当 2016 年的经济下行、货币市场波动带来我国银行业资产扩张势头的进一步放缓、净利润增速明显下滑时，与之对照的是，城商行作为闪亮一族，仍保持了较快的资产扩张势头，净利润增速明显快于大型银行。但受资源禀赋、经营管理水平等影响，城商行群体内的分化进一步加剧。一些初具规模、初显特色的城商行，通过上市、引入战略投资者、综合化经营等举措，规模实力快速提升，市场竞争力明显增强。也有一些城商行受风险暴露、战略摇摆等制约，仍面临较大的发展压力。

# 二、银行理财市场的整体发展环境

## （一）银行业理财市场总体规模

2016 年银行业理财市场共有 523 家银行业金融机构发行了总计 20.21 万只理财产品，累计募集资金 167.94 万亿元，全年发行产品数和募集资金额分别较 2015 年提高 8.17% 和 6.01%。2016 年受经济低迷和其他高收益资产欠缺的影响，银行业理财市场规模虽维持增长，但增速明显放缓，同期我国金融监管层关于金融去杠杆和防范金融风险的政策层出不穷，也进一步加大了理财规模扩张的难度。

1. 整体发行募集情况

自 2004 年光大银行发行我国第一款人民币理财产品"阳光理财 b 计划"后，银行理财一直在蓬勃发展。截至 2016 年底，银行业理财市场有 523 家银行业金融机构共发行了 20.21 万只理财产品，平均每月新发行产品 1.68 万只。全年累计募集资金 167.94 万亿元（包含开放式理财产品在 2016 年所有开放周期内的累计申购金额），平均每月募集资金 14 万亿元。2016 年全年发行产品数和募集资金分别较 2015 年提高 8.17% 和 6.01%，其中募集资金增速明显低于 2015 年的 38.99%，募集资金增速进一步放缓。

从开放式理财产品看，全年累计募集资金 121.1 万亿元，较 2015 年增加 4.8%；

从封闭式产品看，全年累计募集资金 46.83 万亿元，较 2015 年增加 9.27%。

从产品风险等级看，2016 年，风险等级为"二级（中低）"及以下的理财产品募集资金总量为 137.63 万亿元，占全市场募集资金总量的 81.96%，较 2015 年下降 4.39 个百分点。风险等级为"四级（中高）"和"五级（高）"的理财产品募集资金量为 0.5 万亿元，占比为 0.29%，较 2015 年下降 0.26 个百分点，见图 5-1。

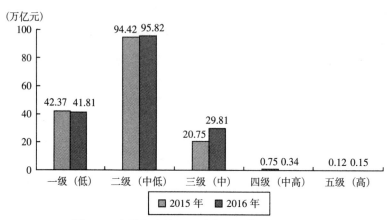

图 5-1　不同风险等级理财产品的募集资金情况

资料来源：普益标准。

## 2. 存续情况

2016 年，全国银行业理财规模快速增长。截至 2016 年底，全国共有 497 家银行业金融机构有存续的理财产品 7.42 万只，存续余额为 29.05 万亿元，与银行业表内总资产 232 万亿元的比值为 12.6%，较年初增加 5.55 万亿元，增幅为 23.63%，见图 5-2。

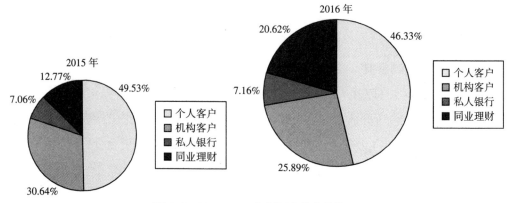

图 5-2　2015~2016 年不同主体存续情况

资料来源：普益标准。

从发行对象看，在个人理财产品存续余额增速放缓的情况下，银行同业规模暴发，机构客户在理财产品市场上的地位与个人客户的差距进一步缩小。截至2016年底，一般个人类产品存续余额为13.46万亿元，占全部理财产品存续余额的46.33%，较2015年下降3.2个百分点；机构专属类产品存续余额为7.52万亿元，占全部理财产品存续余额的25.89%，较年2015年初下降4.75个百分点；私人银行类产品存续余额为2.08万亿元，占全部理财产品存续余额的7.16%，较2015年上升0.1个百分点；银行同业类产品存续余额为5.99万亿元，占全部理财产品存续余额的20.62%，较2015年上升7.85个百分点。

从发行主体看，理财产品存续规模总额位居前三名的分别是全国股份制银行、国有大型银行、城市商业银行，三者平均每月市场占比高达90.15%，但2016年国有银行和股份制银行的市场份额却比2015年分别下滑了3.07%和0.44%。相较于国有银行和股份制银行市场份额的萎缩，城商行和农村金融机构的市场份额则持续攀升。截至2016年底，国有大型银行理财产品存续余额为9.43万亿元，较年初增长8.77%，市场占比32.46%，较年初下降4.45个百分点；全国性股份制银行存续余额为12.25万亿元，较年初增长23.61%，市场占比42.17%，占比与年初基本持平；城市商业银行存续余额为4.4万亿元，较年初增长37.5%，市场占比15.14%，较年初增长1.59%；农村金融机构存续余额为1.64万亿元，理财规模增速高达64.00%，较年初增长79.87%，见图5-3。

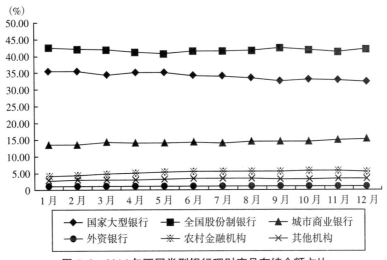

**图5-3　2016年不同类型银行理财产品存续余额占比**

资料来源：普益标准。

具体看，截至 2016 年 12 月 31 日，理财业务余额最大的三家银行分别是工商银行、招商银行和建设银行，其中工商银行理财余额 27029.44 亿元，招商银行 23756.5 亿元，建设银行 21251.09 亿元，余额 10000 亿元以上的银行主要包括农业银行、中国银行、中信银行、浦发银行、民生银行、兴业银行、光大银行等。理财规模较小的银行，主要是一些城商行、农商行等中小型银行，例如杭州银行、贵阳银行、河北银行等。相对于 2015 年末，大部分银行的理财余额实现了增长，浦发银行和华夏银行理财规模增长迅猛，涨幅超过 50%。其中华夏银行的理财余额从 2015 年末的 4672.12 亿元增长到 2016 年末的 7455.21 亿元，涨幅达到 59.57%。浦发银行的理财余额从 2015 年末的 10156.4 亿元增长到 2016 年末的 15412 亿元，涨幅达到 51.75%。建设银行、中国银行、招商银行、中信银行、民生银行、光大银行、北京银行、南京银行的理财余额，都实现了超过 10% 的增长。工商银行、农业银行、平安银行理财余额增长放缓，增速不超过 5%。宁波银行、交通银行、兴业银行的理财余额出现了负增长，其中宁波银行理财余额从 1713 亿元骤减到 546 亿元，降幅达 68.13%；交通银行理财余额由 2015 年末的 14600 亿元骤减到 2016 年末的 7612.39 亿元，降幅达 47.86%；兴业银行理财余额出现小幅下降，降幅 3.85%。这些数据显示，国有大型银行的理财业务进入平稳阶段，股份行继续发展，城商行开始发力。各发行主体的理财发行数量和增速见表 5-1、图 5-4。

表 5-1　各发行主体的理财发行数量和增速

单位：亿元，%

| 发行主体 | 发行数量 | 2014~2015 年的增速 | 2015~2016 年的增速 |
| --- | --- | --- | --- |
| 国有银行 | 15574 | -3.60 | -10.68 |
| 股份制银行 | 25757 | 41.73 | -10.09 |
| 城商行 | 44076 | 55.72 | 15.82 |
| 外资银行 | 781 | 18.45 | 38.23 |
| 其他银行 | 31214 | 128.27 | 61.08 |

资料来源：普益标准。

## （二）城商行理财发展规模

城市商业银行作为区域性银行，在银行业理财市场上成为第二大主体，仅次于全国性银行（包括国有银行和股份制银行）。2016 年发行过产品的内资银行或本年

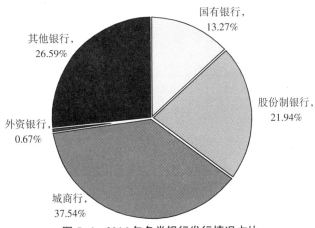

图 5-4 2016 年各类银行发行情况占比

度未发行产品但有产品存续或到期的内资银行中，包括全国性商业银行 18 家（国有大型银行 6 家、全国股份制商业银行 12 家），城市商业银行 118 家，农村金融机构282 家。

从发行主体类型看，2016 年末城市商业银行的理财产品存续数量和存续规模仅次于全国性银行，四个季度城商行的理财产品平均存续数量为 18903 只，平均存续余额为 3.60 万亿元。截至 2016 年底，城市商业银行的产品存续数量为 18497 款，同比增加 2853 款，存续规模为 4.4 万亿元，同比增长 37.5%，占比为 15.14%。其中城商行中排名前三的银行分别是青岛银行、上海银行、北京银行，见表 5-2。

表 5-2 城商行发行数量前三名

|  | 青岛银行 | 上海银行 | 北京银行 |
|---|---|---|---|
| 发行数量（只） | 2008 | 1672 | 1611 |
| 市场占比（%） | 1.71 | 1.42 | 1.37 |

资料来源：普益标准。

从发行对象看，2016 年四个季度城商行平均存续个人理财产品 13901 只，平均存续规模为 2.19 万亿元，在城商银行存续规模总量中占比约为 60.83%；平均存续机构理财产品 4257 款，平均存续规模为 0.70 万亿元，占比约为 19.44%；平均存续同业理财产品 745 款，平均存续规模为 0.71 万亿元，占比约为 19.44%。

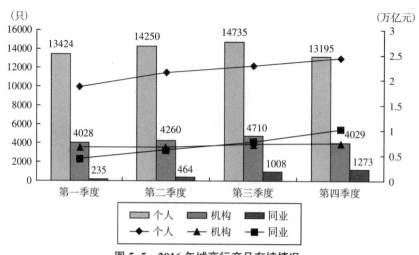

图 5-5　2016 年城商行产品存续情况

资料来源：普益标准。

　　具体来看，城商行第四季度存续个人理财产品较第三季度减少 10.45% 的情况下，个人理财产品季度存续规模保持稳定增长，季度平均增长率为 9.36%。城商行机构理财产品存续规模全年保持稳定增长，季度平均增长率为 3.92%，第四季度存续产品数较第三季度减少 14.46%。个人和机构理财产品在存续规模全年保持增长的同时，存续产品数均在第四季度出现下降，反映了在 2016 年第三季度银监会发布《商业银行理财业务监督管理办法（征求意见稿）》后，银行业理财市场整体监管趋严，势必降低银行理财产品发行数量，引导其调整产品结构。而城商行理财产品同业规模在 2016 年全面爆发，第四季度存续产品数较第一季度增长高达 441.70%，季度存续产品数平均增长率为 80.33%；第四季度存续产品规模较第一季度增长达131.82%，季度平均增长率为 32.44%。

　　从地域分布来看，浙江城商行区域整体理财能力在第一季度排名全国第一的情况下，第二、第三季度持续下滑；而江苏、广东、山东城商行区域整体理财业务持续做大做强，在第二、第三、第四季度超越浙江，排名全国前三。

　　从产品结构来看，在 2015 年第四季度至 2016 年第三季度，城市商业银行发行封闭式预期收益型产品数量为 42138 只，占比 41%，在全国银行业金融机构中排名第一，远高于农村商业银行发行的 22299 只（占比 22%）和大型商业银行发行的13923 只（占比 13%）。这一发行数量的差异体现了城市商业银行的经营特色，与不同类型银行的网点数量差异有很大关系。在封闭式预期收益型产品中，平均收益率最高的是城市商业银行，为 4.2%，其次是农村信用社，为 4.16%，农村商业银行为 3.99%，股份制商业银行 3.93%，大型银行为 3.65%。城市商业银行以高收益率吸引投资者的原因在于争夺有限的资金，加之面临激烈的市场竞争。

在 2015 年第四季度至 2016 年第三季度，城市商业银行发行结构化产品数量为 397 只，收益率为 4.65%，较股份制银行 5973 只产品、外资银行 1693 只产品、大型银行 1206 只产品存在很大差距。由此可见，城市商业银行在该类产品存在短板，控制产品风险的同时需对结构化产品进行改进。

在 2016 年前三季度新发行的开放式预期收益型产品中，城市商业银行发行 69 只，平均收益率为 3.93%；股份制商业银行发行 50 只，平均收益率为 3.69%；农村商业银行发行 28 只，平均收益率为 3.64%；大型银行发行 13 只，平均收益率为 3.67%。由此可见，在面临资金端和竞争的双重压力下，城市商业银行发行的产品不仅数量最多，而且平均收益率最高。

净值型理财产品成为发展新趋势，其运作模式类似于基金产品，它反映了未来银行理财产品的发展趋势，即回归"代客理财"的本质，客户承担风险和收益，银行作为中介收取管理费用。数据显示，2016 年从第二季度到第三季度净值型产品数量增加了接近一倍，城市商业银行在第二、第三季度共发行 17 只，占比 10%，季度平均收益率为 1.48%，股份制商业银行和大型银行共发行 143 只，占比 86%。由此可见，城市商业银行在净值型产品上拥有较大的发展空间。

# 三、河北省城商行理财产品的发行

截至 2016 年底，京津冀 13 家城商行中有 10 家城商行发行了理财产品（保定银行、承德银行和邯郸银行理财产品数据不可得），共计 2938 只，平均每月新发行理财产品 244.8 只。其中，上市银行 2 家（北京银行、天津银行），共发行理财产品 1303 只，占京津冀城商行理财产品总量的 44.35%；非上市银行 8 家，发行理财产品 1635 只，占京津冀城商行理财产品总量的 55.65%。

京津冀城商行理财产品发行数量呈现出明显的差距。天津银行和北京银行作为直辖市区域银行，凭借其独特的区位优势和上市银行的身份，在理财产品的发行数量上占有较大优势。天津银行在2016年共发行784只理财产品，发行占比为26.68%，在京津冀城商行排名第一；北京银行排名第二，共发行519只理财产品，发行占比为17.67%。河北省区域城商行中，廊坊银行、河北银行、张家口银行理财产品发行数量规模相近，发行占比分别为11.88%、11.20%、10.31%，在京津冀城商行中分别位列第三、第四、第五。此外，唐山银行、沧州银行、邢台银行、秦皇岛银行、衡水银行受其资产规模和地域限制，理财产品发行数量占比均不足10%，见表5-3。

表5-3　京津冀城商行理财发行情况

单位：只，%

| 城商行 | 排名 | 发行数量 | 发行市场占比 |
|---|---|---|---|
| 天津银行 | 1 | 784 | 26.68 |
| 北京银行 | 2 | 519 | 17.67 |
| 廊坊银行 | 3 | 349 | 11.88 |
| 河北银行 | 4 | 329 | 11.20 |
| 张家口银行 | 5 | 303 | 10.31 |
| 唐山银行 | 6 | 197 | 6.71 |
| 沧州银行 | 7 | 186 | 6.33 |
| 邢台银行 | 8 | 170 | 5.79 |
| 秦皇岛银行 | 9 | 77 | 2.62 |
| 衡水银行 | 10 | 24 | 0.82 |

资料来源：Wind 数据库。

## （一）不同投资者类型产品的发行

从整体看，2016年京津冀10家城商行发行的2938只理财产品中，面向一般个人类投资者发行的理财产品数量为2872只，比例高达97.75%，而针对高净值个人投资者、机构投资者和私人银行的理财产品仅有66只，三者总和占比仅为2.25%。事实上，这仅有的2.25%也只是由北京银行和河北银行两家银行发行，京津冀城商行理财产品的主要发行对象是一般个人类投资者。

1. 非一般个人类投资者理财产品的发行

北京银行作为上市城商行，2016年在各直辖市区域商业银行中的综合理财能力位居第一，根据普益标准排名结果显示，北京银行的发行能力、收益能力、理财产品丰富性和信息披露规范性等方面都比较强。在针对不同投资者类型的理财产品设计和发行中，北京银行划分了大众理财、贵宾理财、私人银行三级财富管理体系，2016 年全年，北京银行共发行理财产品 519 只，其中一般个人类理财产品 502 只，占其总发行数量的 96.7%，每月发行数量较为平均，VIP 类理财产品 13 只，占其总发行数量的 2.5%，私人银行类理财产品共 4 只，占其总发行数量的 1%。

河北银行作为河北省区域城商行综合理财能力的第一名（根据普益标准的排名），其发行能力、收益能力、理财产品丰富性和信息披露规范性方面都比较出色。2016 年，河北银行发行四类针对不同投资者的理财产品，其中一般个人类理财产品 280 只，占其总发行量的 85.1%；VIP 类理财产品 11 只，占其总发行量的 3.34%；机构专属类理财产品 28 只，占其发行总量的 8.5%；除此之外，发行同时面向 VIP 和一般个人类理财产品 10 只，占其发行总量的 3%，见表 5-4。

表 5-4　北京银行与河北银行不同投资者类型产品的发行情况

单位：只

|  | 个人类投资者 | VIP 高净值投资者 | 机构投资者 | 私人银行 |
|---|---|---|---|---|
| 北京银行 | 502 | 13 | 0 | 4 |
| 河北银行 | 280 | 11 | 28 | 0 |

资料来源：Wind 数据库。

2. 一般个人类投资者理财产品的发行

除了北京银行和河北银行，其他 8 家京津冀城商行发行的理财产品全部面向一般个人类投资者。天津银行发行理财产品 784 只，季度发行量整体呈现平稳上升趋势；唐山银行发行一般个人类理财产品 197 只，第三季度发行数量上涨，其他月份相对平均；廊坊银行发行一般个人类理财产品 349 只，沧州银行发行一般个人类理财产品 186 只，邢台银行发行一般个人类理财产品 170 只，秦皇岛银行发行一般个人类理财产品 77 只，衡水银行发行一般个人类理财产品 24 只，张家口银行发行理财产品 303 只。理财产品发行数量的排序见表 5-5。

表 5-5　京津冀城商行个人类理财产品发行情况

单位：只

| 城商行 | 排名 | 发行数量 |
|---|---|---|
| 天津银行 | 1 | 784 |
| 北京银行 | 2 | 502 |
| 廊坊银行 | 3 | 349 |

续表

| 城商行 | 排名 | 发行数量 |
|---|---|---|
| 张家口银行 | 4 | 303 |
| 河北银行 | 5 | 280 |
| 唐山银行 | 6 | 197 |
| 沧州银行 | 7 | 186 |
| 邢台银行 | 8 | 170 |
| 秦皇岛银行 | 9 | 77 |
| 衡水银行 | 10 | 24 |

资料来源：Wind 数据库。

## （二）不同认购起点和不同币种理财产品的发行

截至 2016 年底，10 家京津冀城商行发行的理财产品主要以低认购起点的 5 万元（含）为主，共发行了 2704 只，占比为 92.04%，其中包括北京银行发行的 7 只起点为 8000 美元的外币理财产品。其他各类中，投资起点在 10 万元（含）的理财产品占比为 3.73%，投资 10 万~50 万元（含）区间的理财产品占比为 3.18%，投资起点在 100 万元（含）的理财产品占比为 0.95%，投资起点 300 万元以上的理财产品占比为 0.10%。同时数据显示，年内投资起点在 5 万元（含）以内的理财产品发行数量在各季度呈现出上涨趋势（以 2015 年第四季度为基点）。在产品市场细分方面，唐山银行、北京银行、河北银行、廊坊银行等较其他城商行表现突出，不同起投金额的理财产品为客户提供了丰富的差异化选择，以满足其不同的理财需求。天津银行、张家口银行、邢台银行、沧州银行、衡水银行全年发行理财产品起投金额均在 5 万元（含）。

## （三）不同期限类型产品的发行

### 1. 3 个月以内（含）

2016 年，京津冀 10 家城商行发行 3 个月以内理财产品共计 1138 只，占总发行量的 38.73%，在不同期限类型理财产品的发行中位居首位。各行发行此期限理财产品数量和占比如表 5-6 所示。

表 5-6 3 个月以内理财产品发行数量和占比

单位：只，%

| 城商行 | 发行数量 | 占该行发行数量份额 |
| --- | --- | --- |
| 天津银行 | 511 | 65.2 |
| 北京银行 | 69 | 13.2 |
| 河北银行 | 120 | 36.5 |
| 衡水银行 | 10 | 41.7 |
| 邢台银行 | 8 | 4.7 |
| 沧州银行 | 57 | 30.6 |
| 唐山银行 | 54 | 27.4 |
| 张家口银行 | 115 | 38 |
| 秦皇岛银行 | 17 | 22.1 |
| 廊坊银行 | 177 | 50.7 |
| 合计 | 1138 | 100 |

资料来源：Wind 数据库。

## 2. 3~6 个月

截至 2016 年末，京津冀 10 家城商行发行 3~6 个月理财产品共计 802 只，占总发行量的 27.3%。各行发行此期限理财产品数量和占比见表 5-7。

表 5-7 3~6 个月以内理财产品发行数量和占比

单位：只，%

| 城商行 | 发行数量 | 占该行发行数量份额 |
| --- | --- | --- |
| 天津银行 | 127 | 16.2 |
| 北京银行 | 177 | 34.1 |
| 河北银行 | 110 | 33.4 |
| 衡水银行 | 8 | 33.3 |
| 邢台银行 | 51 | 30 |
| 沧州银行 | 57 | 24.7 |
| 唐山银行 | 54 | 42.8 |
| 张家口银行 | 105 | 34.7 |
| 秦皇岛银行 | 57 | 74 |
| 廊坊银行 | 56 | 16 |
| 合计 | 802 | 100 |

资料来源：Wind 数据库。

### 3. 6~12 个月

截至 2016 年末，京津冀 10 家城商行发行 6~12 个月理财产品共计 942 只，占总发行量的 32.1%。各行发行此期限理财产品数量和占比见表 5-8。

表 5-8　6~12 个月以内理财产品发行数量和占比

单位：只，%

| 城商行 | 发行数量 | 占该行发行数量份额 |
|---|---|---|
| 天津银行 | 142 | 18.1 |
| 北京银行 | 271 | 52.2 |
| 河北银行 | 61 | 18.5 |
| 衡水银行 | 6 | 25 |
| 邢台银行 | 108 | 63.5 |
| 沧州银行 | 79 | 24.7 |
| 唐山银行 | 78 | 39.6 |
| 张家口银行 | 83 | 27.4 |
| 秦皇岛银行 | 3 | 3.9 |
| 廊坊银行 | 111 | 31.8 |
| 合计 | 942 | 100 |

资料来源：Wind 数据库。

### 4. 1 年以上

京津冀 10 家城商行均未将 1 年以上长期理财市场作为主导市场，在此类产品设计方面有所缺失，月发行量呈现不规则分布。截至 2016 年末，发行此类理财产品共计 56 只，其中，衡水银行、唐山银行、张家口银行、秦皇岛银行均未发售此类理财产品；北京银行发行此类理财产品 2 只，天津银行发行此类理财产品 4 只，沧州银行发行此类理财产品 4 只，邢台银行发行此类理财产品 3 只，廊坊银行发行此类理财产品 5 只，河北银行发行此类产品 38 只。

整体而言，京津冀城商行发行的所有理财产品在期限上呈现出的分布结构为 3 个月以内的产品占比 38.73%，3~6 个月的产品占比 27.3%，6~12 个月的产品占比为 32.1%，1 年以上的产品占比为 1.9%。

## （四）不同收益类型产品的发行

### 1. 保证收益类

截至 2016 年末，京津冀 10 家城商行中只有 5 家银行发行此类理财产品共计 456 只，占总发行量的 15.5%。其中，北京银行发行此类理财产品 284 只，占其全部理财产品的 54.72%；廊坊银行发行此类理财产品 118 只，占其全部理财产品的 33.81%；河北银行发行此类理财产品 29 只，占其全部理财产品的 8.81%；衡水银行发行此类理财产品 24 只，占其全部发行量的 100%；张家口银行仅在 6 月发行此类理财产品 1 只，占其全部发行量的 0.33%。

### 2. 保本浮动收益类

保本浮动收益类理财产品与保证收益类理财产品在法律关系与业务实质方面类似，均可作为银行的结构性存款。截至 2016 年底，京津冀 10 家城商行中有 4 家银行发行此类理财产品 606 只，其中，天津银行发行此类理财产品 333 只，占其全部发行量的 42.47%，是京津冀理财市场上此类理财产品的发行主体；沧州银行发行此类理财产品 186 只，占其全部发行量的 100%；河北银行发行此类理财产品 83 只，占其全部发行量的 25.23%；唐山银行发行此类理财产品 4 只，占其总发行量的 2.03%。

### 3. 非保本浮动收益类

截至 2016 年末，京津冀 13 家城商行中有 8 家银行发行此类理财产品 1658 只，占总发行量的 56.4%。其中，天津银行发行此类理财产品 451 只，占其全部发行量的 57.53%；张家口银行发行此类理财产品 302 只，占其全部发行量的 99.67%；北京银行发行此类理财产品 235 只，占其全部理财产品的 45.28%；河北银行发行此类理财产品 217 只，占其发行总量的 65.96%；廊坊银行发行此类理财产品 231 只，占其全部理财产品的 66.19%；唐山银行发行此类理财产品 193 只，占其全部理财产品的 97.97%；邢台银行发行此类理财产品 170 只，占其全部发行量的 100%；秦皇岛银行发行此类理财产品 77 只，占其全部发行量的 100%。

整体来看，各城商行发行的不同收益类型理财产品侧重不同，北京银行和廊坊银行发行的保证收益型理财产品占比较大，衡水银行本身发行数量就很小且都是保证收益型。河北银行、张家口银行、廊坊银行、邢台银行、唐山银行、天津银行和秦皇岛银行主要发行非保本浮动收益型产品，代表了理财产品发行的主流方向。

表 5-9　各大行不同收益类型产品的发行情况

单位：只，%

| 城商行 | 保证收益 | | 保本浮动收益 | | 非保本浮动收益 | |
|---|---|---|---|---|---|---|
| | 数量 | 占比 | 数量 | 占比 | 数量 | 占比 |
| 北京银行 | 284 | 54.72 | 0 | 0 | 235 | 45.28 |
| 天津银行 | 0 | 0 | 333 | 42.47 | 451 | 57.53 |
| 河北银行 | 29 | 8.81 | 83 | 25.23 | 217 | 65.96 |
| 廊坊银行 | 118 | 33.81 | 0 | 0 | 231 | 66.19 |
| 张家口银行 | 1 | 0.33 | 0 | 0 | 302 | 99.67 |
| 沧州银行 | 0 | 0 | 186 | 100 | 0 | 0 |
| 邢台银行 | 0 | 0 | 0 | 0 | 170 | 100 |
| 唐山银行 | 0 | 0 | 4 | 2.03 | 193 | 97.97 |
| 秦皇岛银行 | 0 | 0 | 0 | 0 | 77 | 100 |
| 衡水银行 | 24 | 100 | 0 | 0 | 0 | 0 |

资料来源：Wind 数据库。

# 四、河北省城商行理财产品的资金投向分布

银行理财产品资金投资一般可分为三大类型：一是银行自主投资，主要投资于债券、货币市场工具等相对标准化且成熟的金融工具；二是通过信托、券商、基金、保险等资产管理计划进行投资，俗称"通道类投资"或者"委外投资"；三是通过理财直接融资工具投资债权类资产。

从 2016 年银行业理财市场整体资产配置情况看，债券、非标准化债权类资产、存款、货币市场工具是理财产品主要配置的四大类资产，截至 2016 年底，银行理财资金投资这四大类资产的余额占比为 81.01%，其中债券资产配置比例为 43.76%，非标准化债权类资产配置比例为 17.49%，存款配置比例为 16.62%，货币市场工具配置比例为 13.14%。

## （一）不同性质银行理财产品的资金投向分布

国有大型银行、股份制银行、城市商业银行、农村商业银行四大类银行理财资

金投向主要是债券和货币市场工具（其中货币市场工具包含现金和银行存款）。截至
2016 年底，全国性银行（大型国有银行与股份制银行）发行的理财产品资金投向更
偏向于货币市场工具，分别占比 99.36% 和 91.55%；区域性银行（城市商业银行和
农村商业银行）发行的理财产品资金投向更偏向于债券，分别占比 96.67% 和
99.38%，见表 5-10。

**表 5-10  不同性质银行理财产品资金投向的数量比较**

单位：只，%

| | | 国有大型银行 | 股份制银行 | 城商行 | 农商行 |
|---|---|---|---|---|---|
| 货币市场工具 | 数量 | 15344 | 32455 | 40656 | 24020 |
| | 占比 | 99.36 | 91.55 | 89.77 | 93.63 |
| 债券 | 数量 | 11949 | 30661 | 43782 | 25495 |
| | 占比 | 77.37 | 86.49 | 96.67 | 99.38 |
| 贷款类资产 | 数量 | 3575 | 10437 | 3447 | 941 |
| | 占比 | 23.15 | 29.44 | 7.61 | 3.67 |
| 交易所债券类资产 | 数量 | 1139 | 1091 | 4793 | 758 |
| | 占比 | 7.38 | 3.08 | 10.58 | 2.95 |
| 票据 | 数量 | 2039 | 6197 | 7265 | 2049 |
| | 占比 | 13.20 | 17.48 | 16.04 | 7.99 |
| 股票 | 数量 | 238 | 3940 | 1245 | 20 |
| | 占比 | 1.54 | 11.11 | 2.75 | 0.08 |
| 股权 | 数量 | 439 | 414 | 987 | 21 |
| | 占比 | 2.84 | 1.17 | 2.18 | 0.08 |
| 收益权 | 数量 | 9 | 369 | 3111 | 490 |
| | 占比 | 0.06 | 1.04 | 6.87 | 1.91 |
| 衍生品 | 数量 | 311 | 5737 | 146 | 0 |
| | 占比 | 2.01 | 16.18 | 0.32 | 0 |
| 合计 | | 15443 | 35451 | 45291 | 25653 |

注：一只理财产品可能投资多种对象资产，故每一类资产对象都将统计该产品数量，占比合计会超过
100%（下同）。
资料来源：普益标准。

与全国性银行相比，城商行理财资金成本相对更高，为有效覆盖资金端成本，
城商行一般通过债券市场加杠杆操作，提高资产端收益。从体现银行投资能力的
角度看，城商行理财资金投资能力相对于全国性银行较弱。具体看，城商行在发

行产品数量将近三倍于大型银行的情况下，理财资金投资于股票、股权、衍生品的比例明显低于大型国有银行，体现出区域性银行投资能力和风险承受能力较低，见图 5-6。

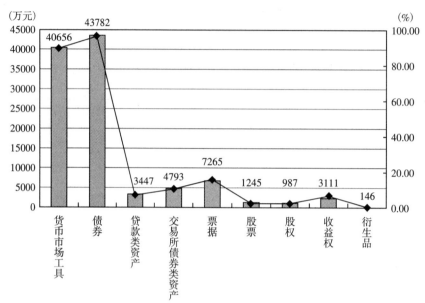

**图 5-6　城商行理财产品不同资金投向分布数据**

资料来源：普益标准。

## （二）京津冀城商行理财产品资金投向分布

京津冀区域各城商行由于所处区域经济发展水平分布不均衡，北京的经济发展水平远高于河北，河北省内各地区经济水平差异也较大，加上各城商行成立时间的不同、发行理财产品起步期不同，因此各城商行发展水平差异较大，有很多不可比性。考虑到这种不可比和部分银行理财产品数据的质量（样本量和内容完整性较低），本部分内容以北京银行、天津银行、河北银行、廊坊银行 4 家城商行作为代表展开分析。为便于统计，此处我们将资金投向分为两类：一类是银行自主投资，即主要投资于债券、货币市场工具等相对标准化且成熟的金融工具；另一类是通道类投资，即通过信托、券商、基金、保险等资产管理计划进行投资。

1. 不同收益类型理财产品的资金投向比较

从京津冀地区北京银行、天津银行、河北银行、廊坊银行 4 家城商行发行的不同收益类型的理财产品总数量看，截至 2016 年底，非保本浮动收益型产品数量最多，高达 1136 款；固定收益型产品数量次之，为 431 款；保本浮动收益型产品数量最少，只有 414 款，见图 5-7。

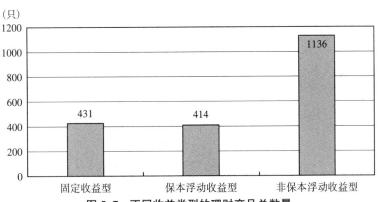

**图 5-7 不同收益类型的理财产品总数量**

资料来源：Wind 数据库。

具体从各家城商行来看，只有河北银行发行的 329 只理财产品包含三大收益类型（固定收益型 29 只，保本浮动收益型 81 只，非保本浮动收益型 219 只），在一定程度上满足客户群体多样化的财富管理需求；北京银行发行的 519 只理财产品（固定收益型 284 只，非保本浮动收益型 235 只）、天津银行发行的 784 只理财产品（保本浮动收益型 333 只，非保本浮动收益型 451 只）和廊坊银行发行的 349 只理财产品（固定收益型 118 只，非保本浮动收益型 231 只）中，类型各有缺失。

从不同收益类型产品资金投向看，三大收益类型主要投资对象是以债券和货币市场工具为主的银行自主投资，投资份额占比均值高达 97.71%（见图 5-8）。具体看，固定收益型和保本浮动收益型投资债券和货币市场工具数量差异不大，而非保本浮动收益型资金端成本更高，为覆盖成本压力，非保本浮动收益型产品会通过信托等通道形式投资风险更高的资产，如贷款类资产、票据、股票、收益权等。

具体到各家城商行，天津银行和廊坊银行理财资金仅利用成熟度较高且标准化的债券、货币市场工具进行风险厌恶型自主投资，对寻求高回报的风险偏好型投资者而言缺乏吸引力。

2. 不同门槛类理财产品的资金投向比较

投资门槛的分界线一般划定为 5 万元，若一款理财产品投资起点≤5 万元则称为"低门槛产品"，反之则称为"高门槛产品"。一般而言，低门槛产品主要面向普通客户，高门槛产品主要面向高端客户。

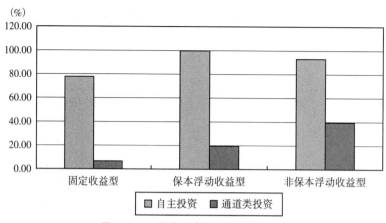

**图 5-8　不同收益类型产品资金投向**

资料来源：Wind 数据库。

从京津冀地区北京银行、天津银行、河北银行、廊坊银行 4 家城商行发行的不同门槛理财产品数量看，截至 2016 年底，共发行高门槛 172 只理财产品，仅占城商行所有理财产品发行数量的 8.68%，而发行低门槛理财产品数量高达 1809 只，占比为 91.32%（见图 5-9），后者数量占比是前者的 10.52 倍。

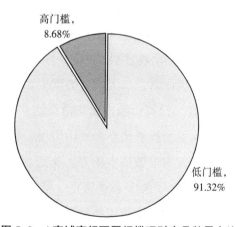

**图 5-9　4 家城商行不同门槛理财产品数量占比**

资料来源：Wind 数据库。

具体从各家城商行看，除天津银行发行的 784 只理财产品未划分投资门槛外，北京银行、河北银行、廊坊银行 3 家城商行均在高低门槛的基础上进行市场细分，将潜在群体按照其不同的财富管理需求设计不同投资金额的产品，其中北京银行将投资门槛设置为 5 万元、10 万元、100 万元 3 个层次，河北银行将投资门槛设置为

5 万元、10 万元、20 万元 3 个层次，廊坊银行将投资门槛设置为 5 万元、30 万元、50 万元、100 万元 4 个层次。

从不同门槛类型理财资金的投向比较看，无论是低门槛还是高门槛产品，其主要投资对象依然是债券和货币市场工具，投资份额平均占比 97.58%。当然，相对于货币市场工具，债券投资比重都相对更高一些。

从低门槛和高门槛产品不同投资对象看，低门槛产品进行银行自主投资，如货币市场工具和债券等低风险资产的占比较大，高门槛产品进行通道类投资，如票据、股票、收益权等高风险资产的占比较大，见图 5-10。

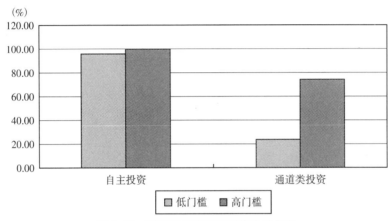

**图 5-10 不同门槛类型理财资金的投向**

资料来源：Wind 数据库。

具体从各家城商行看，北京银行和河北银行投资分布较为广泛，利用理财资金进行自主投资和利用信托等通道类投资的综合性能力优于其他两家银行；天津银行和廊坊银行理财资金仅利用成熟度较高且标准化的债券、货币市场工具进行风险厌恶型自主投资，对寻求高回报的风险偏好型投资者而言缺乏吸引力。

3. 不同期限类理财产品的资金投向比较

理财产品投资期限越长，其风险也相对越大，投资者要求的预期收益率也越高。本书将京津冀城商行理财产品按照投资期限分为四大类型，包括 3 个月以内、3~6 个月、6~12 个月和 1 年以上。

从不同期限理财产品数量看，京津冀城商行发行的大部分理财产品集中于 3 个月以内、3~6 个月、6~12 个月，投资周期 1 年以上的产品数量都相对较少（见图 5-11）。尽管资金端投资期限都较短，但资产端资产投资周期都相对较长，因而资产池模式成为银行理财的主流配置模式。通常资产池内会配置一部分高收益且低流动性的资产，运用发短投长的方式获取期限利差，进而放大产品收益，但这需要采取一定的措施以保障资产池有足够的流动性用于兑付到期产品。资产池的运作方式使得理财产品资金端和资产端不能一一对应，从而不能实现独立的成本收益核算和风险测算。为确保资产或项目的还本付息，部分理财产品的结构中包含备用授信等隐性担保措施。

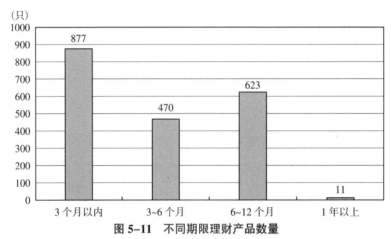

图 5-11 不同期限理财产品数量

资料来源：Wind 数据库。

具体从各家城商行看，北京银行、天津银行、河北银行、廊坊银行 4 家城商行发行的 1 年以内（含）理财产品占各家城商行理财产品总数的比例均值为 99.42%，其中河北银行占比高达 100%。

从理财资金不同期限类型投向比较来看，京津冀城商行发行的四种期限的理财产品最大投资对象是债券和货币市场工具为主的低风险自主投资，其综合平均投资数量占比达 94.43% 以上（见图 5-12）。另外，随着期限延长，理财产品资金投向更趋于丰富和多元化。具体而言，由于对流动性要求非常高，期限较短的理财产品大多投向货币市场和短期债券；而期限较长的理财产品较多投资于非标资产，如贷款类资产、票据以及收益权等。

具体从各家城商行来看，北京银行和河北银行利用不同期限的理财资金进行自主投资和利用信托等通道类投资的综合性能力优于其他两家银行；而天津银行和廊坊银行将不同期限理财资金均利用成熟度较高且标准化的债券，货币市场工具进行风险厌恶型自主投资。

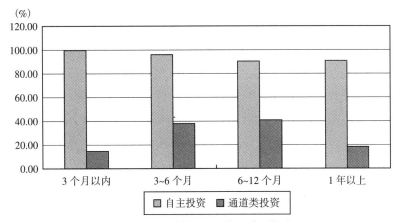

**图 5-12　理财资金不同期限类型投向**

资料来源：Wind 数据库。

# 五、河北省城商行理财产品的投资收益分析

## （一）银行业理财产品的收益比较

2016 年，银行业理财市场共 19.22 万只产品发生兑付，其中有 18.44 万只产品终止到期，累计兑付客户收益 9772.7 亿元，较 2015 年增长 1121.7 亿元，增幅 12.97%。从 2016 年全年看，封闭式产品按募集资金额加权平均兑付客户年化收益率为 3.79%，较 2015 年下降 90 个基点，2016 年封闭式理财产品兑付客户收益率呈现出下降的趋势，兑付客户年化收益率从年初的平均 4.2% 左右，下降到年末的平均 3.5% 左右。2016 年终止到期的理财产品中有 88 只出现了亏损，占全部终止到期产品的 0.05%。

1. 不同投资者类型的理财产品兑付客户收益情况

2016 年，一般个人类产品兑付客户收益 4582.71 亿元，占全市场兑付客户收益的 46.89%；机构专属类产品兑付客户收益 2515 亿元，占比为 25.74%；私人银行类产品兑付客户收益 1016.2 亿元，占比为 10.4%；银行同业类产品兑付客户收益 1658.91 亿元，占比为 16.97%。

**2. 不同性质银行理财产品兑付客户收益情况**

2016 年国有大型银行兑付客户收益 3455.41 亿元，占市场兑付客户收益的 35%；全国性股份制银行兑付客户收益为 4087.31 亿元，占比 41.82%，城市商业银行、农村金融机构和外资银行兑付客户收益分别占 14.98%、4.92% 和 1.02%。

整体来看，2016 年理财收益的兑付不再全部能实现刚性兑付，但亏损产品比例较低。在整体监管措施趋严、各商业银行规范发展理财业务、加强风险控制管理的过程中，银行理财资金投向相对安全的货币市场工具和债券是对产品收益的有力保障。

## （二）京津冀城商行理财收益率比较

鉴于京津冀各城商行发行理财产品期限不同、收益率不同，因此很难直接就具体的产品收益率进行比较。为此，我们将每个银行 2016 年发行的所有理财产品收益率和天数相乘再求和除以总天数，估算得出加权计算的综合收益率水平，计算结果见表 5–11。

表 5–11　京津冀城商行理财收益率比较

| 城商行 | 2016 年理财产品综合收益率（%） |
|---|---|
| 廊坊银行 | 4.33 |
| 唐山银行 | 4.29 |
| 秦皇岛银行 | 4.28 |
| 张家口银行 | 4.17 |
| 邢台银行 | 4.17 |
| 天津银行 | 4.02 |
| 北京银行 | 4.02 |
| 河北银行 | 3.92 |
| 沧州银行 | 3.60 |
| 衡水银行 | 3.54 |

资料来源：Wind 数据库。

从表 5–11 中可以看出，廊坊银行的理财收益率最高，从一个侧面反映了该行对资金的需求比较强烈，如该行发行的一年期理财产品收益率多在 4.7%~4.8%，相比较河北银行一年期理财多在 4.1%，收益率差别较大。唐山银行、秦皇岛银行、张家口银行、邢台银行收益率接近，其中张家口银行2016年初发行的理财产品收益率均较高，下半年以来逐渐降低收益率水平，唐山银行和秦皇岛银行理财产品收益基本一致。北京银行、天津银行作为大城市商业银行，具有较强的产品设计能力和资金运用能力，产品发行数量多，筹集资金规模大，理财资金成本相对较低。河北银行作为河北省城商行的代表，具有地处河北经济中心的优势，筹集资金能力强，产品认可度高，理财成本约在3.92%。沧州银行和衡水银行理财由于地域限制，缺少其他银行的竞争，因此可以较低的收益发行理财产品，但发行规模总体有限。

# 六、河北省城商行理财业务展望

回顾2016年银行业理财市场的表现，整体呈现出规模扩张增速放缓、理财预期收益持续下滑（12月中旬市场上出现恐慌性的流动性紧缺，银行间货币市场出现疯狂抢夺资金的现象，理财产品收益率出现翘尾）、产品类型逐步丰富的特点。

从上半年开始，银行理财市场规模扩张增速明显放缓，且不同类型银行呈现出不同的发展方向。同时，银行理财内部业务结构也在不断优化，尽管目前个人投资者仍占主体，但机构投资者占比的显著提升会为投资者结构均衡、为理财带来长期稳定的资金带来可能，从而使理财产品期限结构更趋合理。理财规模增速的放缓是必然的，这不仅因为上半年资产端收益率大幅下行，且存量高息资产大量到期，加上越来越多的银行理财开始迈进"万亿俱乐部"，各银行提升收益和流动性管理的难度都明显加大，因此对规模增速的追求逐渐降低，更别说遇到有史以来最严格的外部监管。

银行理财预期收益的持续下滑，使得市民以及机构对银行理财兴趣有所降低，同样也助推了规模的增速放缓。普益标准数据显示，2016年1月银行理财平均收益率最高，达到4.28%，而9月收益率达到了历史低点3.65%。受年末银行资金流动性收紧的影响，从第四季度开始，银行理财收益率有了较明显的回升，10月平均收益迅速反弹至7月水平，达到3.72%。

此外，2016年的银行理财市场上，商业银行在产品开发上坚持以客户为中心，主动调整产品形态，加快创新开发非保本浮动收益型理财产品。面对"资产荒"，各银行快速转变经营思维，调整资产配置策略。一方面，捕捉资本市场发展机遇，探索从债权类资产向权益类资产转移；另一方面，积极创新，结合国家政策导向，在推动普惠金融、稳定资本市场、参与自贸区创新及互联网金融等方面效果显著，尤其一些新产品表现优异，在逐步丰富产品类型的过程中，也推动银行理财真正回归"代客理财，风险自负"的本质上。

在整个银行业理财市场呈现出以上特点之时，城商行作为区域性商业银行尽管在发行规模、产品丰富性、风控能力等方面存在一定差距，但凭借其出色的投资回报水平，为投资者实现了良好的投资收益，并在风险防控、产品转型等方面取得了长足的进步。

鉴于当前监管层越来越严格的监管措施和宏观经济形势的不容乐观，京津冀城商行在京津冀一体化背景下及雄安新区规划建设之机，未来一定会面临更多挑战和机遇。展望未来，京津冀城商行需要在以下几方面提早谋划。

## （一）以打破刚兑为目标，收缩预期收益型产品，推进产品净值化发展

商业银行理财业务快速增长主要得益于利率市场化环境下居民对财富增值的需求、商业银行信誉优势、理财产品对收益风险合理设计等多方面的先发优势，十几年来商业银行对理财业务的依赖性在不断增强，但在券商、基金、保险等资产管理机构多方激烈竞争的"大资管行业"，银行理财产品必须回归资产业务本源，打破预期收益型产品的刚性兑付，向净值型产品转型。

目前银行发行净值型产品还面临诸多困难：从发行方角度看，净值型产品对于产品估值、风险计量等技术能力要求较高，银行未必具有准确评估定价的能力；净值型产品需要足够多的标准化资产支撑，而目前标准化资产可选择的范围较小，理财直接融资工具目前的规模也很小；理财对二级市场的股票投资有限制，因此理财产品缺乏足够的高收益标准化可投资资产。从投资者角度看，客户对预期收益型产品兑付模式的观念已经根深蒂固，尤其对于四大国有银行更是如此，因此对净值型产品的接受难度较大。另外，净值型产品收取的管理费率更高，在一定程度上会影响投资者的投资热情，使得发行面临更大困难。

因此，银行要想发展净值型产品，首先必须提升自身的业务团队，增强资管能力，使得银行能够自行设计风险层次明晰、定价合理的产品，并且能够准确评估定价、高效使用资金、提升收益能力，在此基础上向客户推广净值产品的概念以摒除

人们对银行理财保证预期收益率的错误观念，提升净值型产品接受度。这样，银行可以减少对通道机构的依赖，减少委外业务，真正做到"受人委托，代客理财"。通过投研团队的分析和运作，将客户的资金合理配置，为客户实现资产保值增值，这才是资产管理的核心和本质。

## (二) 合理配置理财资金，加强投行与资管业务联动

长期以来，信贷文化在银行业根深蒂固，许多理财资金被不合理地通过通道机构用于发放贷款。一方面，银行这种通道出表、监管套利的放贷方式会受到监管层严格监管，越来越没有发展空间；另一方面，在理财期限仍以短期为主的情况下，进行长期贷款加剧了期限错配，导致银行面临的风险增加。因此，合理配置理财资金、减少通道业务是银行理财回归资管本质的重要途径。

要合理配置理财资金，在宏观经济下行压力大、企业盈利能力持续下降、投资意愿普遍低迷的背景下，对接、挖掘市场中的优质资产已成为银行资产管理业务发展的核心竞争力之一。十多年发展历程中，商业银行资产管理部门在做资产配置时，多是从一篮子可供选择的投资工具中进行挑选，被动接受融资主体和资产创设机构开发出来的债券、股权、非标等融资工具，被动接受市场波动和收益，在资产配置困难不断加剧的情况下，商业银行对资产管理业务的投资需求也必将寻求转型。

一是向资产创造的上游延伸，主动创设金融工具以满足经济需求。在本身面临资产缺少的窘境下，商业银行可以借助投行业务来延伸其资产管理业务的范畴，在企业兼并重组、并购融资、股权融资、结构化融资、定增、产业基金等方面发力，将触角深入企业运行的生命周期，为投行与资产管理业务的转型发展提供助力。

二是改变配置策略，对标准化资产的择时择券改为对投资管理人的选择。借鉴国内外市场中成熟投资机构的运作模式，可以考虑采用 FOF、MOM 等模式进行资产配置，加强对公募基金、投资管理人的研究，通过组合基金或者组合管理人的方式运作理财资金，挑选具有优秀历史业绩、规范化风险管理、正规化日常运营、信息披露充分的投资人进行委托投资，分散理财资金的风险，获得持续稳健的理财收益。

## (三) 成立直销银行子公司，实现全面数字化的银行运营

京津冀城商行理财业务的开展很大程度上受区域和规模的限制而无法与国有大型银行和全国股份制银行展开有力的竞争，而互联网金融的迅猛发展提供了极好的

机会。面对国内互联网金融的飞速发展、客户消费习惯的转变以及银行利率市场化步伐的加快，全国股份制银行如民生银行、兴业银行、中信银行和城市商业银行纷纷试水成立直销银行。

简单来说，直销银行是不依赖物理网点和柜台，不发放实体银行卡，所有业务均通过电脑、手机和电话等远程渠道完成，满足了消费者随时随地的金融服务需求。据不完全统计，目前国内直销银行数量已超过60家，而百信银行是国内第一家以独立法人模式运行的直销银行。其中，最早一批上线直销银行的民生银行和江苏银行，均将其归属于银行的网络金融部。截至2016年末，民生直销银行客户数已突破500万户，金融资产近530亿元；江苏银行直销银行客户数已突破300万户，注重金融服务与互联网场景化业务融合，建立了理财、网贷、支付、生活四大开放式平台。

从国内整体架构看，直销银行大部分是作为传统银行特定部门或二级部门运作，被戏称为网络银行的升级版，如兴业银行的直销银行隶属于网络金融部，成都农商行成立了独立的直销银行事业部，徽商银行的"徽常有财"直销银行则直接挂靠于总行电子银行部，平安银行的"橙子银行"直接隶属于总行零售网络金融事业部。这种运作模式既无法体现直销银行的成本优势，也跳离不出传统银行的制度限制。百信银行（有中信银行和百度两家，分别认购百信银行1.4亿股和0.6亿股股份，入股比例分别为70%、30%）在经历了1年多的等待后，于2017年1月5日得到银监会批复，获准以独立法人形式开展直销银行业务。值得一提的是，同日由中小银行发展论坛主办的"中国直销银行联盟"在深圳成立。

在建立直销银行的商业银行中，多数都是中小型商业银行，以城商行为代表。直销银行在我国尚属新生事物，还处于起步阶段，在经营理念、运营机制、客户定位等方面仍未彻底摆脱传统银行的模式与羁绊。京津冀城商行要在理财—大资管—多元化产品发展道路的竞争中分庭抗礼，必须从直销银行运营模式的现存困境中找到突破口。从当前看，直销银行发展首先应处理好三大关系：处理好与母银行的关系、处理好经营方向与目标客户群的关系、处理好传统金融服务产品与建立独立产品体系的关系。

# 第六章 河北省城商行小微金融业务发展年度报告

小微企业是带动社会就业的主要渠道，也是城商行的主要目标客户群体，而城商行是服务小微企业的生力军。近年来，随着利率市场化程度加快、金融脱媒加剧、互联网金融兴起，不同类型的金融机构均将小微金融作为业务拓展的重点。因此，如何保住城商行在该领域的传统优势地位成为亟待深入探究的新课题。

## 一、目前政府扶持小微企业政策指向分析

小微企业在 2011 年有了明确的定义，近年来国家出台的一系列扶持小微企业的政策，从纵向看，中央部委制定小微企业基本政策，对全国小微企业的发展进行统筹规划与指导；京津冀各地方政府根据地方具体实际情况对本地区的小微企业进行指导并提供服务。从横向看，中央政府职能部门财政部、工业和信息化部下设的中小企业局主要负责小微企业政策的执行，其他负责企业工作的职能部门也负责制定、实施小微企业政策，如国家工商局、国家发展和改革委员会、国家税务总局下设的个体私营经济监督管理司等。

### （一）中央部委、地方政府对小微企业的扶持政策

从政策的类型看，小微企业政策大体上分为资金政策与服务政策，即从资金筹集税收方面以及改善创业发展环境方面着力，中央部委、地方政府对小微企业的扶持可以从财政、税收、金融、产业与技术、社会化服务五个方面划分小微企业政策。

### 1. 小微企业财政政策

财政政策对改善中小企业服务环境与发展环境有调节作用。它作为政府干预经济的手段，具有优化资源配置，弥补市场失灵的作用。具体政策主要是为中小企业提供专项资金支持和免征各类费用优惠等，见表6-1。

表6-1　小微企业财政政策

| 政策文件名称 | 发布机构 | 内容摘要 |
|---|---|---|
| 关于免征小型微型企业部分行政事业性收费的通知（财综〔2011〕104号） | 财政部、国家发展改革委 | 对小型微型企业免征管理类、登记类和证照类等行政事业性收费 |
| 关于政府采购促进中小企业发展暂行办法（财库〔2011〕181号） | 财政部、工业和信息化部 | 对中小企业在政府采购方面给予支持，主要体现在准入制度、政府采购市场份额以及市场价格三个方面 |
| 关于中小企业发展专项资金管理办法（财企〔2012〕96号） | 财政部、工业和信息化部 | 给予中小企业专项资金支持，主要采用无偿资助、贷款贴息方式 |
| 关于印发《地方特色产业中小企业发展资金管理办法》的通知（财企〔2013〕67号） | 财政部 | 为中小企业提供特色产业资金，主要采用无偿资助、贷款贴息、资本金投入三种支持方式 |
| 关于印发《中小企业发展专项资金管理暂行办法》的通知（财企〔2014〕38号） | 财政部、工业和信息化部、科技部和商务部 | 对科技型中小企业创新项目以无偿资助方式提供专项资金支持 |
| 关于印发《中小企业发展专项资金管理暂行办法》的通知（财建〔2015〕458号） | 财政部 | 将专项资金扶持范围扩大到民族贸易、少数民族特需商品定点生产企业。扶持方式包括无偿资助、投资补助、政府购买服务三个方面 |
| 关于扩大18项行政事业性收费免征范围的通知（财税〔2016〕42号） | 财政部、国家税务总局 | 对小微企业免征的18项行政事业性收费的免征范围扩大到所有企业和个人 |
| 关于不动产登记收费有关政策问题的通知（财税〔2016〕79号） | 财政部、国家税务总局 | 小微企业（含个体工商户）申请不动产登记的免收不动产登记费 |
| 关于2016年外经贸发展专项资金重点工作的通知（财行〔2016〕212号） | 财政部 | 支持外贸中小企业开拓市场。帮助外贸中小企业开展境外专利申请、商标注册及资质认证，参加国际性展会 |
| 关于印发《北京市小微企业信用担保代偿补偿资金管理实施细则》的通知（京财经〔2016〕1592号） | 北京市财政局、北京市经济和信息化委员会 | 设立北京市小微企业信用担保代偿补偿资金 |
| 关于印发《天津市科技型中小企业发展专项资金使用管理暂行办法》的通知（津科财〔2011〕72号） | 天津市财政局 | 要求实现专项资金规模效益，确定标准信贷产品，银行自助发放贷款，定期会商分类结算 |
| 《河北省中小企业发展专项资金管理办法》（冀财建〔2015〕102号） | 河北省财政局 | 改善中小企业融资环境，完善中小企业服务体系建设 |
| 河北省人民政府办公厅关于建立政银保合作模式促进小微企业融资发展的意见（冀政办字〔2016〕187号） | 省政府办公厅 | 推动政府与银行业和保险业的合作；促进政府与保险业合作；引导银行业与保险业的合作，推出"政银保"合作融资模式 |

资料来源：中国政府网，http://www.gov.cn/。

中央政府对于中小企业的财政政策主要包括免征各类费用以及为其提供专项资金支持，2011年以来，专项资金的扶持范围逐渐扩大，从普通中小企业到科技型中小企业再到民族贸易、国际贸易，扶持方式也不断变化；地方政府对于小微企业的财政政策更倾向于引导中小企业融资环境、服务体系的发展。

2. 小微企业税收政策

政府的税收政策是政府财政政策的手段之一，是特别重要的财政政策。为使小微企业更好的发展，政府对中小企业提供不同方式的税收优惠，见表6-2。

表6-2　小微企业税收政策

| 政策文件名称 | 发布机构 | 内容摘要 |
|---|---|---|
| 关于继续实施小型微利企业所得税优惠政策的通知（财税〔2011〕4号） | 财政部、国家税务总局 | 2011年起，规定小型微型企业年应纳税所得额在3万元以内的，缴纳税款时，减半且按20%的税率征收所得税 |
| 关于金融机构与小型微型企业签订借款合同免征印花税的通知（财税〔2011〕105号） | 财政部、国家税务总局 | 给予小型、微型企业的金融机构免征其印花税的优惠 |
| 关于小型微型企业所得税优惠政策有关问题的通知（财税〔2011〕117号） | 财政部、国家税务总局 | 2012~2015年，对小型微型企业年应纳税所得额在6万元以内的，缴纳税款时，减半且按20%的税率征收所得税 |
| 关于国家中小企业公共技术服务示范平台适用科技开发用品进口税收政策的通知（财关税〔2011〕71号） | 财政部、国家税务总局 | 在2015年12月31日前，对满足条件技术类中小企业免征其进口关税和进口环节增值税、消费税 |
| 关于中小企业信用担保机构有关准备金企业所得税税前扣除政策的通知（财税〔2012〕25号） | 财政部、国家税务总局 | 符合条件的中小企业信用担保机构可实行税前扣除优惠 |
| 关于暂免征收部分小微企业增值税和营业税的通知（财税〔2013〕52号） | 财政部、国家税务总局 | 规定暂免征收增值税的企业条件以及暂免征收营业税的企业条件 |
| 关于小型微利企业所得税优惠政策有关问题的通知（财税〔2014〕34号） | 财政部、国家税务总局 | 自2014年1月1日至2016年12月31日，对年应纳税所得额低于10万元的小型微利企业，缴纳税款时，减半且按20%的税率缴纳企业所得税 |
| 关于进一步支持小微企业增值税和营业税政策的通知（财税〔2014〕71号） | 财政部、国家税务总局 | 规定2014年10月1日起至2015年12月31日期间的免征收增值税的企业条件以及暂免征收营业税的企业条件 |
| 关于金融机构与小型微型企业签订借款合同免征印花的通知（财税〔2014〕78号） | 财政部、国家税务总局 | 继续给予小型、微型企业的金融机构免征其印花税的优惠 |
| 关于对小微企业免征有关政府性基金的通知（财税〔2014〕122号） | 财政部、国家税务总局 | 规定2015~2017年免征部分政府性基金以及免征残疾人就业保障金条件 |
| 关于小型微利企业所得税优惠政策的通知（财税〔2015〕34号） | 财政部、国家税务总局 | 2015~2017年，对小型微型企业年应纳税所得额在20万元以内的，缴纳税款时，减半且按20%的税率征收所得税 |

续表

| 政策文件名称 | 发布机构 | 内容摘要 |
|---|---|---|
| 关于继续执行小微企业增值税和营业税政策的通知（财税〔2015〕96号） | 财政部、国家税务总局 | 将免征增值税、营业税这一优惠政策延长2年的执行期限至2017年12月31日 |
| 关于进一步扩大小型微利企业所得税优惠政策范围的通知（财税〔2015〕99号） | 财政部、国家税务总局 | 自2015年10月1日起至2017年12月31日，对小型微型企业年应纳税所得额在20万元到30万元的，缴纳税款时，减半且按20%的税率征收所得税 |
| 关于中小企业信用担保机构免征营业税审批事项取消后有关问题的通知（工信部联企业〔2015〕286号） | 工业和信息化部、国家税务总局 | 免征营业税备案手续 |
| 《河北省小微企业降费工作方案》的通知（冀减负〔2015〕1号） | 河北省政府 | 最大限度为小微企业降费减负 |

资料来源：中国政府网，http://www.gov.cn/。

从税收方面看，2011年以来，对于小型微型企业征收所得税减半且按20%的税率的应纳税所得额度从3万元提高到30万元，同时不断修改免征收增值税以及暂免征收营业税的企业条件，并持续给予小微型企业的金融机构免征其印花税的优惠。

3. 小微企业金融政策

金融政策主要指政府为缓解中小企业融资困难采取一系列金融措施。政策主要内容是发展中小金融机构，完善小微企业担保体系等，见表6-3。

表6-3 小微企业金融政策

| 政策文件名称 | 发布机构 | 内容摘要 |
|---|---|---|
| 关于金融支持小微企业发展的实施意见（国办发〔2013〕87号） | 国务院办公厅 | 强调小微企业贷款增速和增量"两个不低于"的目标 |
| 关于加强小微企业融资服务支持小微企业发展的指导意见（发改财金〔2013〕1410号） | 国务院办公厅 | 提出拓宽小微企业融资渠道方式，如创业投资引导基金，股权投资企业、产业投资基金，小微企业增信集合债券等 |
| 关于多措并举着力缓解企业融资成本高问题的指导意见（国办发〔2014〕39号） | 国务院办公厅 | 提出小微企业融资成本高的解决意见，发展中小金融机构，如发展直接融资，发挥保险、担保作用，推进利率市场化改革等 |
| 关于印发《普惠金融发展专项资金管理办法》的通知（财金〔2016〕85号） | 国务院办公厅 | 对符合条件的小微企业创业担保贷款，并按贷款基准利率的50%给予贴息 |
| 关于修改天津市中小微企业贷款风险补偿金管理办法的通知（津政办发〔2015〕59号） | 天津市人民政府办公厅 | 扩大风险补偿金规模 |
| 关于印发《河北省科技型中小企业贷款风险补偿实施细则（试行）》的通知（冀科计〔2016〕13号） | 河北省科学技术厅、河北省财政厅 | 规定银行业金融机构加大对科技型中小微企业的信贷支持力度 |

资料来源：中国政府网，http://www.gov.cn/。

　　小微企业金融政策主要强调两个方面,一方面是对银行业金融机构,规定其小微贷款增速与增量,对小微企业扩大信贷支持力度,并扩大银行风险补偿金规模;另一方面体现在拓宽小微企业融资渠道以及小微企业融资成本高的解决意见上。

　　4. 小微企业产业与技术政策

　　小微企业由于自身企业规模小,仅仅依靠自身力量很难完成产业升级与转型,因此需要政策的支持和引导。小微企业产业与技术政策主要是对新兴产业小微企业的培养以及帮助劳动密集型转型升级,见表6-4。

表6-4　小微企业产业与技术政策

| 政策文件名称 | 发布机构 | 内容摘要 |
|---|---|---|
| 关于进一步促进科技型中小企业创新发展的若干意见(国科发政〔2011〕178号) | 科学技术部 | 支持引导科技型中小企业发展,加强产学研合作,拓展融资渠道,引导其加大技术创新投入 |
| 关于促进科技和金融结合加快实施自主创新战略的若干意见(国科发财〔2011〕540号) | 科学技术部 | 加大对科技型中小企业的信贷支持 |
| 关于促进劳动密集型中小企业健康发展的指导意见(工信部联企业〔2013〕542号) | 工业和信息化部 | 解决劳动密集型中小企业的困境,诸如用工成本上升、生存、发展压力大等,推动企业转型升级,增加就业岗位、扩大市场份额 |
| 关于大力支持小微文化企业发展的实施意见(文产发〔2014〕27号) | 文化部 | 对小微文化企业的概念做出规定 |
| 中国出口信用保险公司关于支持中小外贸企业提升国际化经营能力的通知(商财函〔2016〕6号) | 商务部 | 支持中小外贸企业提高经营管理信息化水平;支持中小外贸企业提高经营管理科学决策水平 |
| 河北省知识产权局关于组织实施河北省中小微企业知识产权战略推进工程有关事宜的通知(冀知协〔2016〕18号) | 河北省知识产权局 | 推进中小微企业知识产权战略 |

　　资料来源:中国政府网,http://www.gov.cn/。

　　小微企业产业与技术政策侧重对科技型中小企业的支持,并帮助中小企业转型升级,推进中小微企业知识产权战略实施。

　　5. 小微企业社会化服务政策

　　小微企业社会化服务政策旨在搭建中小企业公共服务平台,并不断丰富中小企业公共服务平台的内容,见表6-5。

表6-5　小微企业社会化服务政策

| 政策文件名称 | 发布机构 | 内容摘要 |
|---|---|---|
| 关于加快推进中小企业服务体系建设的指导意见（工信部企业〔2011〕575号） | 工业和信息化部 | 提出各省份中小企业公共服务平台、小企业创业基地、专业服务机构的建设目标 |
| 关于印发《国家中小企业公共服务示范平台认定的管理办法》的通知（工信部企业〔2012〕197号） | 工业和信息化部 | 对国家中小企业公共服务示范平台内涵作出规定 |
| 关于东城区中小企业服务分中心小企业创业基地管理办法的通知（东政发〔2016〕3号） | 北京市东城区人民政府 | 规定小企业创业基地分中心、基地的授牌、公共服务、日常管理、考评和称号撤销等内容 |
| 关于公布2015年度河北省中小企业公共服务示范平台的通知（冀工信企业〔2015〕447号） | 河北省工业和信息化部 | 完善中小企业公共服务示范平台，创新服务功能、服务方式 |
| 关于建立政银保合作模式促进小微企业融资发展的意见（冀政办字〔2016〕187号） | 河北省人民政府办公厅 | 推广政府、银行和保险公司共同参与、市场化运作、农户和企业自愿参加的"政银保"合作融资模式 |
| 天津市中小企业公共服务平台网络窗口平台项目建设指南（津中小企〔2016〕20号） | 天津市政府 | 建设窗口平台，规定窗口平台建设内容 |

资料来源：中国政府网，http://www.gov.cn/。

## （二）监管机构对小微企业的扶持政策

监管机构对小微企业政策扶持的主体为银监会，政策的主要内容为优化小企业贷款模式，放宽对小型微型企业贷款不良率的容忍度，完善信用担保体系，提高小微企业贷款服务，见表6-6。

表6-6　监管机构对小微企业扶持政策

| 政策文件名称 | 发布机构 | 内容摘要 |
|---|---|---|
| 关于支持商业银行进一步改进小企业金融服务的通知（银监发〔2011〕59号） | 中国银监会 | 对小企业不良贷款比率实行差异化考核，适当提高小企业不良贷款比率容忍度 |
| 关于支持商业银行进一步改进小型微型企业金融服务的补充通知（银监发〔2011〕94号） | 中国银监会 | 制定用于小型微型企业贷款的金融债，放宽对小型微型企业贷款不良率的容忍度 |
| 商业银行资本管理办法（试行）（银监会令〔2012〕1号） | 中国银监会 | 对符合条件的商业银行在内部评级法下比照零售贷款适用优惠的资本监管要求 |
| 关于进一步做好小微企业金融服务工作的指导意见（银监发〔2013〕37号） | 中国银监会 | 提出银行业金融机构工作的"六项机制"、"两个不低于"目标 |
| 关于完善和创新小微企业贷款服务提高小微企业金融服务水平的通知（银监发〔2014〕36号） | 中国银监会 | 对提升小微金融服务技术水平等方面提出指导意见 |
| 关于2015年小微企业金融服务工作的指导意见（银监发〔2015〕8号） | 中国银监会 | 提出小微企业贷款服务目标 |

续表

| 政策文件名称 | 发布机构 | 内容摘要 |
|---|---|---|
| 关于进一步加强商业银行小微企业授信尽职免责工作的通知（银监发〔2016〕56号） | 中国银监会 | 规定符号免责条件的商业银行在小微企业授信业务出现风险后的免责内容 |
| 关于个人综合消费贷款领域风险提示的通知（京银监发〔2014〕95号） | 北京银监局 | 设计针对不同的消费需求和贷款对象的信贷产品 |
| 关于民营企业融资难融资贵问题专项检查方案 | 河北银监局 | 支持引导银行为民营企业融资服务 |

资料来源：中国银行业监督管理委员会，http://www.cbrc.gov.cn/。

### （三）城商行角度对小微企业政策分析

从小微企业财政政策方面看，城商行可以将对中小企业政府采购与专项资金支持作为中小企业信用评级的指标；同时城商行要积极响应小微企业金融政策，完成规定指标；加大科技型中小企业信贷力度；参与政府倡导的银行间的合作模式，在银监局对于小微金融企业政策方面，城商行应该认真分析免责内容。

# 二、河北省城商行小微金融业务发展现状分析

### （一）小微企业贷款数据分析

2016年全国城商行小微企业贷款总额为169127亿元，较上年增长21.71%。京津冀多数城商行完成小微企业贷款"三个不低于"指标，少数城商行完成小微企业贷款"两个不低于"指标，其中北京银行小微贷款余额2908亿元，天津银行提供小微企业贷款135533.7百万元，河北省小微企业贷款总额在2016年已经超过1.1万亿元，较上年初增加736.22亿元，城商行小微企业贷款占有一定比重，约为1596.04亿元。[①]

---

① 中国银行业监督管理委员会，http://www.cbrc.gov.cn/；河北省城商行小微企业贷款数据缺秦皇岛银行、承德银行、张家口银行、邢台银行、唐山银行。

177

1. 北京银行小微企业贷款

北京银行始终将服务小微企业作为立行之本、发展之源，始终坚持"服务地方经济，服务中小企业，服务市民百姓"的市场定位。深耕三大特色金融，即"科技金融"、"文化金融"、"绿色金融"特色品牌，走出了一条独具特色的小微企业金融服务创新发展之路。截至2016年末，北京银行提供国标小微贷款余额2908亿元，较年初增加557亿元、增长22%；占公司贷款比重49%，同比上年占公司贷款比重上升9个百分点；实现小微企业贷款增速、户数增长、申贷获得率"三个不低于"监管指标；累计为11万家小微企业提供贷款近2万亿元，首都每4家中小微企业就有1家是北京银行的客户。[①]

2015年，北京银行针对高成长性小微企业，创新推出"成长贷"、"文创普惠贷"等产品；成立国内银行业首家创客中心，发展创客会员5200户；持续打造镇域金融，创新推出"普惠保"、"青年创业保"等创新产品。交易银行产品创新同业领先，发布"网速贷"，打通小微融资"最后一公里"，业内率先实现小微企业"分钟级"全流程线上融资，在线融资客户251户，放款22.8亿元。

2016年，北京银行开启了"五五"发展征程。成功获得投贷联动首批试点资格，科技金融、文化金融、绿色金融、小微金融特色进一步彰显。在多个区域已开业二级分行6家，分支机构总数达到503家，并设立多家村镇银行。在经济新常态背景下，北京银行各业务条线加快推进经营转型，公司银行业务持续推进"四轮驱动"，创新出"投贷通"产品，发行全国首单水务类绿色债券，发行300亿元小微金融债，"京医通"覆盖面持续扩大。

2. 天津银行小微企业贷款

近年来，天津银行始终将大力发展中小微企业业务作为推进经营转型、调整优化业务结构、实现又好又快发展的重要抓手，不断塑造"中小企业伙伴银行"的优质品牌。截至2016年末，天津银行流动资金贷款达136335.5百万元，较年初的108193.3百万元增长26.0%。流动资金贷款的增长主要是由于持续发放流动资金贷款，以满足中小微企业借款人不断增长的融资需求并支持其发展。

截至2016年末，天津银行提供贷款余额为182240.3百万元，该等贷款中的135533.7百万元为中小微企业贷款，较年初增加29706.3百万元、增长28.1%，占

---

① 《2016年北京银行年报》。

本行公司贷款总额的 74.4%，同比上年增加 6 个百分点。截至 2016 年末，科技型中小微企业的贷款结余为 19535.0 百万元，较年初减少 1.3%。此外，天津银行实行审慎的风险控制，中小微企业贷款的不良贷款率截至 2016 年末为 1.92%。总体来说，天津银行为中小微企业提供贷款数额增加，小微企业贷款数额占公司贷款总额比重也有所增加。①

3. 河北省城商行小微企业贷款

河北银行始终致力于服务中小企业，为支持中小企业产业结构升级，不断打造服务于科技型中小企业专业化支行，到目前为止，河北省内已经设立 6 家科技支行，有效解决小微企业融资难、融资贵问题。截至 2016 年末，河北银行小微企业贷款余额 520 亿元，较年初增加 96 亿元。小微企业贷款户数 14080 户，同比增加 1211 户；小微企业申贷获得率 94.61%，同比提高 9.38 个百分点。②

邯郸银行以服务小微企业为本，于 2011 年初成立了微贷中心，推出了为小微企业量身打造的贷款业务"邯银微贷"。为满足小微企业多元化的贷款需要，邯郸银行按照"扫街营销、挂图作业、上门送贷、不重抵押、等额还款、廉洁高效"的运作模式，解决了不同客户融资难问题。截至 2016 年底，邯郸银行小微企业贷款余额 277.14 亿元，增长率 29.3%，其中 15 亿元资金来源于中央银行借款。③

衡水银行积极落实支持小微企业政策，发挥审批流程短、办理时间快的优势，全力向小微企业倾斜，对符合政策的小微企业贷款可随时办理。截至 2016 年 12 月 31 日，衡水银行全部贷款余额 208.9 亿元，较年初增长 21.6 亿元，增长 11.53%。其中小微企业贷款余额为 150.67 亿元，增长 13.81%，高于全部贷款增速 2.28 个百分点；小微企业贷款户数为 1979 户，较年初下降 2624 户；小微企业申请贷款获得率 100%，达到了"两个不低于"的监管要求。衡水银行小微企业贷款户数大幅下降，而小微企业贷款总额却有所上升，说明每户获得的贷款数额增加。④

## （二）服务科技型企业举措

科技型企业可以简单地定义为生产含有科技元素的产品的企业，处于技术开发

---

① 《2016 年天津银行年报》。
② 河北省人民政府，http://www.hebei.gov.cn。
③ 《2016 年邯郸银行年报》。
④ 《2016 年衡水银行年报》。

和产业发展的前沿，是科技创新的主力军，无形资产比重高，具有良好的成长性，发展潜力巨大，但具有较高的经营风险。其特点决定了科技型企业是最为弱势和最少得到关照的一个群体。为缓解科技型企业的资金周转难题，各银行业金融机构不断创新服务方式，城商行为服务科技型企业发展，落实信贷政策，倾斜资金支持；优化服务方式，供给综合服务；加强产品创新，提升服务质效。

1. 落实信贷政策，倾斜资金支持

城商行积极落实科技型企业信贷政策，北京市政府专门成立了中关村科技园区管理委员会，相继推出了多项补贴及优惠政策，大力扶持中关村科技园区的中小企业发展。承德银行对符合国家产业政策和信贷条件的科研项目，优先给予信贷支持，对科技型中小企业授信每年拨出一定额度，给予专项支持，同时给予贷款利率优惠政策。在资金方面，北京银行重点打造科技金融品牌，累计为上万家科技型小微企业提供信贷资金超过 2500 亿元。截至 2016 年末，天津银行为科技型中小微企业提供贷款 19535.0 百万元。河北银行 2016 年累计为石家庄市科技型中小企业发放贷款达 1.2 亿元，与方大、日中天、鹿岛 V 谷、智同医药等多家科技园区开展合作，累计为 84 户园区科技型企业发放贷款 1.26 亿元。沧州银行目前已向科技型中小企业提供贷款 5000 万元。邢台银行自 2016 年 6 月科技支行成立以来，共支持拥有专利权、商标权以及技术创新企业、科技企业 305 户，贷款余额 26 亿元，有力地推动了当地经济转型和产业升级。

2. 加强产品创新，提升服务质效

城商行为满足科技型企业贷款需求，不断进行金融产品创新。北京银行发布"投贷通"产品，通过整合优势资源，为科技型小微企业提供"投资+贷款"的双渠道融资支持，满足企业多元化融资需求，助力企业实现快速成长。2014 年，北京银行与市科委联合发布的"循环贷"创新产品，用于解决中小企业由于经营周期与贷款时间不符带来的资金困难，这种循环授信业务满足了中小企业经营的后续需求，降低小微企业融资成本，真正实现符合一定条件的小微企业贷款到期后可无须先还后贷。

天津银行针对科技型企业提供"科技展业贷款"用于科技项目资金开发需求，支持科技型中小企业的发展。为进一步加大对科技型企业金融服务力度，邢台银行积极探索金融服务新模式，在邢台市率先成立了首家科技支行，为科技型企业量身定制了"科贷通"科技企业贷款、科研成果转化贷款、科研人员创业贷款等产品，有效拓宽了科技型企业融资渠道，为其加快科技创新及成果转化注入了新活力，开启了政银企合作新局面。

河北银行针对科技型小微企业"轻资产、高发展、重创意"的特点，不断创新信贷产品与服务，为不同成长时期的科技型中小企业定制专属金融产品。河北银行积极探索投贷联动模式，在部分科技支行试点开展选择权贷款业务，围绕科技企业成长周期前移金融服务，实现与企业相伴成长、共生共荣，见表6-7。

表6-7 河北银行不同成长周期的专属金融产品

| 科技型中小企业经济周期 | 专属金融产品 |
| --- | --- |
| 初创期 | 快速贷、年审贷、循环贷 |
| 成长期 | 保理、投联贷、超值贷、账易贷 |
| 壮大期及上市期 | 知识产权质押贷款、合同能源管理融资、融资租赁保理及上市 IPO 顾问 |

### 3. 以专业化的服务方式，提供综合服务

城商行为中小企业提供专业化的服务方式主要包括成立专业部门，设立专营机构，并建立专业服务于金融科技的团队，城商行还积极开展与政府、企业多元化合作，河北银行先后与河北省工信厅、科技厅等省直部门及分行所在地政府签订战略合作协议，提供专项授信额度，共同支持科技型中小企业发展，见表6-8。

表6-8 京津冀城商行专业化服务举措

| 城商行 | 专业部门、专营机构 |
| --- | --- |
| 北京银行 | 2000年率先在中关村设立中关村科技园区管理部<br>2011年5月将北京银行中关村分行落户在中关村国家自主创新示范核心区，这是中关村示范区内第一家分行级银行机构 |
| 河北银行 | 2015年，设立了省内首家科技金融专营机构石家庄裕东科技支行<br>在保定、唐山、廊坊、邯郸等科技型企业聚集区域设立6家科技支行<br>成立专业科技金融服务的"专家团"，目前科技支行共有120余人 |
| 承德银行 | 将凤凰支行设立为"科技型企业服务特色支行"，专门为科技型企业提供特色化、全方位金融服务 |
| 沧州银行 | 沧州市建立首家科技支行——沧州银行高新区科技支行，为处于初创期、成长期、壮大期的各类科技型企业提供资金扶持 |

## （三）金融扶贫举措

城商行不断积极推进金融扶贫工作，响应政策号召，充分发挥城商行区域优势，

金融扶贫具体措施包括加大信贷支持力度，为各行业小微企业提供信贷支持；加强产品创新，推出具有针对性的金融创新产品；不断推进服务专业化程度。

1. 信贷支持

截至 2015 年末，河北银行全行"涉农"贷款余额 333.17 亿元，较年初增加 110.24 亿元，增幅高达 49.45%，高于全行贷款增速 16.45 个百分点。持续加大对个体工商户和县域农业小微企业支持力度，为农林牧渔小微企业发放贷款超过 1 亿元。针对贫困地区的用款需求，该行研发了多种专属产品，与省科技厅签署合作协议，为广大小微企业、商户、农户创业致富搭建有效平台。其中，福农信用卡产品为贫困地区具有资金需求农户拓宽资金渠道、降低融资成本、夯实了发展基础。针对福农卡业务，该行设置专门的审批模式，不断简化手续、开辟绿色通道，保持业务的专业性、一致性和衔接性。为福农卡客户预留信用卡额度，在信贷规模紧张时，优先审批。结合企业的具体情况，酌情减免费用，截至 2015 年末，共核准发卡 1540 张，授信额度共计 7.86 亿元。该行还在邢台设立"小额票据贴现管理中心"，为小微企业、扶贫龙头企业贴现业务的办理提供便利，切实解决了企业难题。目前累计办理贴现 23.6 亿元。

承德银行率先提出了对实体经济"不撤贷、不惜贷、不限贷"的信贷政策，将支持全市重点工程、基础设施、惠民项目和市本级骨干企业发展作为重要政策导向，近三年累计发放授信资金近 1200 亿元。

2. 产品创新

天津银行国家级扶贫龙头企业是贫困农户与市场的连接纽带，是产业化扶贫的重要载体，也是信贷扶贫的重点对象，而"扶贫龙头企业+贫困农户"的信贷服务模式，在确保扶贫到户的同时，有效解决了单个贫困户贷款担保难、管理成本高、风险大等问题。张家口银行在"葡萄贷"、"土豆贷"、"皮毛贷"、"林权质押贷"等产品的基础上，开发了"农户预授信"产品，结合互联网大数据与客户经理实际调查相结合的方式，对农户进行预先授信，开发了随需随提随放的授信业务产品。廊坊银行积极引进国际先进的金融服务模式，与世界银行旗下 IFC 国际金融公司开展合作，引进 IFC 的"农村代理商银行"模式，针对农民的小农业务推出"爱农贷"金融创新产品，"爱农贷"以"区块链+农贷评分"模型为基础，为农户、农业企业的生产经营活动提供了有力的资金支持。

3.服务专业化

增加 ATM、POS 机、转账电话等电子机具的投放力度，加快贫困地区营业网点铺设。河北银行坚持网点下伸、服务下沉，努力让更多城镇乡村居民享受到高效、便捷的金融服务，河北银行县域支行达 88 家，其中 19 家位于河北省国家级贫困县和省级贫困县；稳步设立银行卡助农取款服务点。针对村民办理业务不方便的实际情况，河北银行还依托乡村服务站、便利店等创建了 310 家助农取款服务点，致力于打通金融服务农村"最后一公里"；强化电子渠道协同。该行加快移动金融、互联网金融布局，通过不断丰富手机银行、网上银行和直销银行转账汇款、便民缴费、理财购买等功能，进一步改善了农村支付环境。

北京银行积极发挥财政、金融以及税收等优惠政策作用，不断增加金融扶贫供给。北京银行鼓励和引导金融机构到贫困地区开设网点，放宽贫困地区金融机构的准入限制，鼓励民营资本在贫困地区组建民营银行、村镇银行、扶贫小贷公司等金融机构。根据贫困地区特点，扩大抵押品的范围，例如林权、土地承包经营权、大型农机具等，创新无担保新型金融产品。北京银行健全金融精准扶贫机制，由于贫困地区商业银行进入时间短，信息缺乏准确性以及完整性，北京银行与金融机构信息系统的互联互通，积极推动贫困地区建立健全信用体系，进一步深入推广信用村、信用评定工作，并建立激励惩戒运行机制，对于信用等级较高的客户给予再贷款利率以及贷款额度优惠。

# 三、城商行小微金融业务模式分析

随着我国资本市场的形成和发展以及银监会政策的调整，城商行在国家积极推动虚拟经济服务实体经济的大背景下，体制机制不断创新，形成了跨地区发展模式、IPO 挂牌的特色定位发展方向、联合重组发展模式、整体买断发展模式等。[①] 下面介绍两种小微金融业务模式：一种是小企业信贷工厂模式，它属于整体买断发展模式；另一种是专营特色支行，它属于跨地区发展模式的一种。

---

① 黄胜华.关于国内城商行发展模式的研究 [J]. 现代经济信息，2014（5）：296.

## （一）小企业信贷工厂模式

### 1. 信贷工厂概述

信贷工厂模式来源于马锡集团为服务于中小企业贷款推出的一种创新型信号贷款业务流程。信贷工厂是端到端的流水化作业流程，专业到贷款的每个环节，因此信贷工厂具有"六化"特点，即产品标准化、作业流程化、生产批量化、队伍专业化、管理集约化、风险分散化，满足了中小企业客户信贷融资的"短、频、急"需求，降低单位贷款成本，有效地控制了风险。信贷工厂模式采用专业化、标准化、流水线式的小企业业务流程，将客户营销与中后台管理相分离，提高交叉销售能力，有效控制操作风险和道德风险。通过提供专业、科学、高效的小企业金融服务，信贷工厂实现了银行开展小企业授信业务的三个"有效"：一是小企业业务风险得到有效识别、化解和防范；二是实现了标准化作业，运作效率和服务能力得到有效提高；三是集约化经营，规模效应明显，运作成本有效降低。[①]

在信贷工厂组织架构的设置上，主要有两种管理模式：一种是战略事业部制，另一种是准事业部制（见图6-1）。

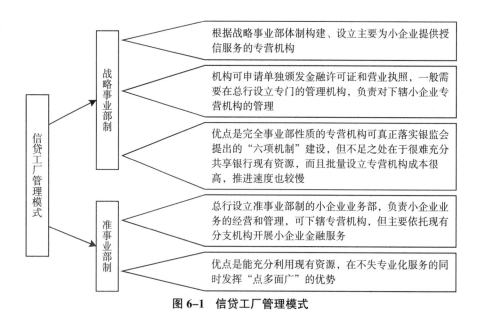

图 6-1　信贷工厂管理模式

---

① 苏鹏飞. 宜信 CEO 唐宁：信贷技术创新是互联网金融创新的基础［N］. 中华工商时报，2013-11-06（005）.

信贷工厂作为一种全新的中小企业信贷业务模式，其流程主要包括产品开发、流程设计、作业批量生产和队伍建设四大部分，而具体的流程见图6-2。

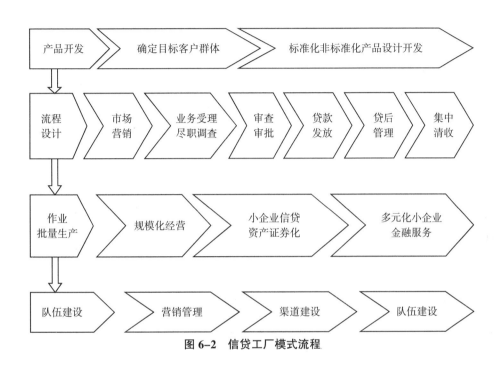

**图6-2 信贷工厂模式流程**

2. 城商行信贷工厂模式的案例——以北京银行为例

2010年10月20日，北京银行召开了"中小企业信贷工厂"试点方案启动会，在中关村分行先行先试，选择其辖内中关村海淀园支行进行"中小企业信贷工厂"经营模式试点，借鉴工厂流水线的操作方式，明确划分市场营销、业务操作、信贷审批、贷款发放、贷后管理等环节，支行配备营销经理、信贷经理，分行派驻风险经理和风险官，实现了营销与操作职能的分离，提升中小企业贷款业务处理效率，创新探索小微企业批量化服务模式。北京银行信贷工厂模式集中利用了其作为小型城市商业银行规模小，审批层级少的优势，主要特点即专业化、效率化。

客户经理专业化和审查人员专业化，让整个流程快速运转起来是北京银行信贷工厂模式专业化特点的集中体现。引入工厂"流水线"作业方式，就是分离信贷操作的前中后台业务，将统一的标准业务流程分块细化，专人专职，分岗操作，实现营销批量化、信贷操作标准化、贷后管理差异化和员工激励特色化。

风险嵌入营销是效率化的核心内容。风险嵌入营销就是在信贷工厂模式中，风险经理的提前介入，在传统的信贷模式中，营销和风险存在极大矛盾，主要由于信息不对称等原因，而风险经理的提前介入使得风险在营销前期就能够及时参与，在前台营销时使用小企业打分卡技术，并直接进入风险经理审查阶段，使得操作每笔贷款的时间缩短 7 倍，还可以共同设计贷款方案，在实现业务推进的同时控制了风险。北京银行利用风险嵌入营销模式，并且采取单线审批方式，单线审批使得北京银行中小企业信贷业务专营支行的风险经理拥有与分行信贷经理同样的审批权限，极大地提高了效率，满足小微企业贷款需求。①

## （二）专营特色支行

特色支行是服务于特定地区以及特色行业而建立，通过进行特色行业研究和开发、制定和完善特色行业信贷政策对培养特色人才，提升服务水平，使支行熟悉特色行业市场行情、运作流程，具有一定的行业经验和市场判断能力。同时，加大市场调研，发现目标客户并对客户实行营销与维护全覆盖。依托行业特点，创新特色产品。赋予特色支行一定的权限，可以根据各自服务的行业特色、创新服务方式和产品，更好地为当地企业服务。

以差异化管理实现小微战略转型。小微企业作为实体经济重要的组成部分，企业数量多、行业跨度大、区域分布广，业务潜力无限，是银行的重点培育客户，也是银行建立战略性合作关系的重要对象。建立和健全特色支行，实行差别化布局对小微企业服务成效良好。作为全国性的大型银行，邮储银行机构众多，而各省市的区域布局和产业特点不同，按照传统要求进行统一授权势必影响业务发展，不能将服务实体经济发展的初衷落到实处。特色支行建设让国家和分行服务地方产业的政策和措施更接地气。结合区域特点，开辟绿色通道和快速审批，使分行产品真正实现了高效、快捷。

产品创新是提升小微服务质量与效率的重要机制。小微企业的普遍特点是成立时间短、信用等级低、财务质量差且抵押物品少。银行传统的融资服务模式并不能满足小微企业的资金需求，同时小微企业所需贷款多数用于周转，临时性较强，这就有了迅速获取资金的需求，而行业特点不同，产业结构不同，结算方式不同，这些小微企业贷款的特点给银行的传统信贷管理带来了挑战。银行需要全面深化产品

---

① 朱云.商业银行小微金融服务研究：信贷工厂视角 [D].南京大学博士学位论文，2014.

服务创新机制，不断改革调整小微企业服务战略，实现银行对小微企业的综合性金融服务。[1]

2016年6月，天津银行济南分行设立系统内首家小微支行——盖世物流小微支行，盖世物流小微支行根据行业特点不同，专门服务于小微物流行业。通过培养物流金融专业团队，将业务发展的重点方向定位为支持园内物流企业加快发展。7月28日，天津银行济南时代总部小微支行正式对外营业。该小微支行是继盖世物流小微支行成立以后对外营业的天津银行系统内第二家小微支行，时代总部小微支行位于济南市天桥区时代总部基地三期D区，"时代总部基地"项目是济南市主要工业园区药山工业园的重点项目，是济南市重要的交通枢纽地、物流中心。时代总部基地小微支行是专为园内小微企业服务。

邢台银行充分发挥小微业务特色支行、科技支行的产品和效率优势，小微企业金融服务能力不断提升，2014年3月6日，邢台银行衡水分行正式成立，是邢台银行第二家域外分行。邢台银行衡水分行始终坚持"服务地方经济、服务中小企业、服务市民百姓"的经营理念，树立和倡导"责任、执行、包容、协作、感恩"的企业文化精神，以"打造精品行，报答家乡情"为宗旨，积极支持地方基础设施建设、重点项目建设、县域经济和中小企业发展，取得了良好的经济效益和社会效益。先后获得"全国文明单位"、"全国中小企业金融服务十佳机构"、"年度最佳小微企业服务中小银行"、"小微企业金融服务银行特色产品"等国家级荣誉称号。

# 四、经济下行期河北省城商行小微金融面临压力

目前中国正处在由经济高速增长向中高速增长的转换时期，信贷不良率也逐步攀升。小微金融作为2008年之后兴起的、新的模式尚未接受完整的经济周期考验，特别没有经历过信贷风险释放周期的压力与挑战，其持续性有待检验。由于城商行区域集中度或行业集中度较高，在经济下行周期受到冲击更为明显。

---

[1] 向世文. 银行服务小微企业的路径 [J]. 中国金融，2013（16）：67-69.

### （一）城商行小微企业贷款增速回落

京津冀多数城商行完成小微企业贷款"三个不低于"指标，少数城商行完成小微企业贷款"两个不低于"指标，其中北京银行小微贷款余额 2908 亿元，天津银行提供小微企业贷款 135533.7 百万元，河北省小微企业贷款总额在 2016 年已经超过 1.1 万亿元，较上年初增加 736.22 亿元，城商行小微企业贷款占有一定比重，约为 1596.04 亿元。城商行小微企业贷款是小微企业融资的主力军，城商行商业模式取得了一定成功，京津冀多数城商行小微企业贷款占其贷款总额的 50%以上，其中天津银行小微企业贷款总额占其贷款总额的 74.4%。城商行对小微企业的授信采取供应链模式以及信贷工厂模式，在这两种模式下，城商行对中小企业采取批量营销、集群授信的模式，借助联保联贷等方式弱化个体的信用风险，实现信贷业务的工厂化和低成本运作。

城商行成功的小微金融模式是在经济上行周期运作的，而一个成功的商业模式是要经历多个经济周期的检验。衡水银行 2016 年中小微企业贷款余额为 150.67 亿元，增长 13.81%，高于全部贷款增速 2.28 个百分点；小微企业贷款户数为 1979 户，较年初下降 2624 户；衡水银行小微企业贷款户数大幅下降，是经济下行时期城商行面对小微企业贷款的表现。以北京银行为例，图 6-3、图 6-4 显示北京银行小微金融贷款金额逐年增长，2012~2015 年小微企业贷款增长率逐年下降，2016 年有所上升。城商行商业模式正面临经济下行带来的挑战。

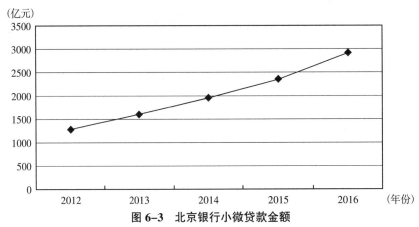

（亿元）

**图6-3 北京银行小微贷款金额**

资料来源：根据北京银行各年年报整理。

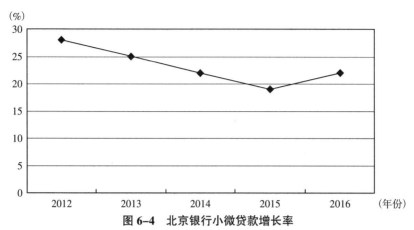

**图 6-4 北京银行小微贷款增长率**

资料来源：根据北京银行各年年报整理。

## （二）城商行小微金融贷款不良率攀升

在经济下行周期的压力测试中，不少机构的小微金融业务受到冲击，2015 年天津银行小微企业贷款不良率为 1.88%，2016 年为 1.92%，小微企业贷款不良率攀升。

首先，在现行的互联网金融模式下，运用大数据与计算技术建立风险控制模式，可以有效控制小微企业贷款的信用风险，但也存在着一定缺陷，信用风险数据库不足，现存的样本和数据只是半周期下的样本和数据，且经济上行时期小微企业的良好经营状态会使现在的数据存在着对信贷质量下滑预计不足的风险。

其次，在经济下行周期，小微企业经营受到很大的冲击，产生财务危机，这也是小微企业贷款不良率攀升的原因。

最后，城商行自身存在着盲目扩张，在管理能力不足的情况下设立分支机构、部分信贷也没有严格遵守流程和要求。

中国银监会发布《关于 2015 年小微企业金融服务工作的指导意见》，该意见指出小微企业贷款不良率可以高出全行各项贷款不良率年度目标 2 个百分点，提高了小微企业贷款不良率的容忍度。而目前京津冀城商行小微企业贷款不良率尚在容忍度之内，但经济继续下行将带来较大压力。

# 五、新形势下小微金融的创新探索

## （一）基于中小企业产业集群下供应链金融模式

开发精细化、专业化、垂直化的产业集群为供应链金融模式提供基础。中小企业各个部形成有机体，共享信息，组成信息流。而供应链金融模式是指将核心企业与其上下游企业作为一个整体研究，根据供应链上企业间的关系以及行业性质不同而设计的金融产品和服务的一种融资模式，目前国内最新的供应链模式是以第三方物流为基础的质押模式。在物流、资金流、信息流三个融合的关系体系下，银行跳出单个企业的局限，站在产业供应链的全局和高度，向所有成员的企业进行融资安排（见图6-5）。在这个资金池里，各部分相互制约，形成一个良好的融资环境。同时，越是精细化、专业化、垂直化的产业集群，越能降低商业银行资本消耗。

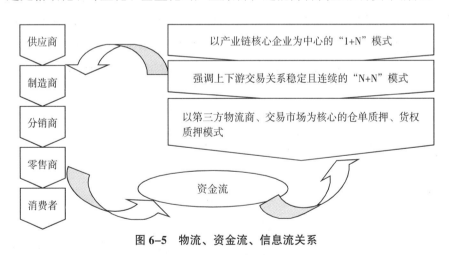

**图6-5 物流、资金流、信息流关系**

目前，供应链金融模式正在不断为中小企业提供贷款支持。随着互联网金融的发展，除银行业之外，P2P、互联网巨头旗下金融业纷纷加入到供应链金融模式中。通过对比三大主体，银行推出的供应链金融产品的优势在于安全性高，融资成本效率高，但审批速度低，门槛准入性过高，计息方式较为单一，P2P、互联网巨头旗下金融准入门槛低，审批效率高且计息方式灵活，具有良好的优势互补。

城商行可以借鉴 P2P 以及互联网巨头旗下金融业模式，更好地发挥三者的优势作用。银行可以利用大数据分析和风险模型搭建，加大固定成本投入，而将每一单的变动成本降到几乎为零，从而降低每家企业的融资成本。2016 年 11 月 23 日，贵阳银行携手数联铭品（BBD）联手开发"数谷 e 贷"产品，"数谷 e 贷"以大数据风控为核心，实现信贷业务的自动化、批量化办理，最大限度解决了贷款客户的信息不对称问题，降低融资成本。

### （二）丰富小微金融服务内涵，为小微企业提供除了融资以外的结算、理财、咨询服务，从而增加客户黏性

城商行要增强服务多样化的意识，城商行为小微金融提供包括融资的金融服务，同时要不断探索多元化非金融服务，包括财务顾问、税务筹划、管理咨询等。以客户的价值为中心，不断地丰富小微金融服务内涵，从而增加客户黏性。银行利用自身长期经营中信息等方面的优势，为小微企业提供财务顾问服务，弥补小微企业在经营上的不足，银行作为财务顾问，是对项目经营的参与渗透，部分避免了小微贷款的信用风险。税务筹划是指在税法的规定范围内，通过对项目安排，为小微企业谋取节税利益，银行通过分类，再集中处理同一类型的税务问题，节省每一小微企业的资本。小微企业尤其是在成长期的小微企业管理水平较低，银行通过科学的方法对企业进行调研、诊断，找出存在的问题，为中小企业制定管理方案。

财务顾问、税务筹划、管理咨询等多元化的非金融服务，根本来说是一种投资服务，如果服务成本过高，将会给中小企业带来相反效果。银行必须利用自身的规模经济优势，降低服务成本，不断根据客户需求调整自身服务。

### （三）业务流程优化再造

目前小微企业贷款业务是以"3+1+2"模式，涉及前中后台三个部门，至少 6 种角色设置才能通过。小微企业融资需求的特点是"短、频、急"，对贷款实效性要求非常高，贷款流程涉及链条越长，人员角色越多，越难以实现效率的提升。简单的业务种类面对复杂的流程规则，难以做到高效率，而且各类业务并没有差异化对待，统一流程规则。

业务流程优化再造旨在优化小微贷款业务流程中关键环节，以达到节约成本与提高业务效率的目的。

（1）优化人力资源配置，要做到专人专岗，对于不同的工作岗位分配不同的工作人员，前台工作人员整合调整，后台中心人员也要适应银行业务结构体系转型。

（2）增设市场规划环节。小微金融业务的市场规划从区域、行业的维度来划分，把握重点区域、行业，有效地把控客户群体定向投放贷款；不同级别银行，市场规划内容有所不同，一级银行即直属银行需要总体把握客户群体，按照不同区域，不同行业规划客户群体的融资限额以及合适金融产品，实现资源合理配置；二级分行则更注重细节以及具体内容的操作，包括了解客户信息，根据这些信息制定合适金融产品，最大限度地为客户提供个性化解决方案，实现对辖内小微金融客户资源的最优开发。

（3）实行简捷、差异化流程。精简小微企业信贷业务流程，对小微企业类型、信贷规模大小产品复杂程度设置差异化流程，再进行集中处理，建立协调运作处理中心。

（4）建立贷后管理和风险资产管理新模式。目前贷后管理的工作重点是对逾期贷款进行催收，制定针对潜在风险客户的再融资、展期和重组等信用恢复方案等业务，这需要专职人员，并且对专职人员有较高要求，但贷后风险管理对银行控制风险具有很大重要性，要求创新风险资产管理新模式，即全面风险管理，对城商行的资产与负债都进行风险管理。[①]

## （四）技术驱动征信、风险检测等创新

现存的征信体系建设取得了一定成绩，但仍存在诸多不足，如缺乏顶层设计、信用信息立法滞后、社会参与度低、信用评价标准不统一等。对此，要加强金融及征信领域内的合作和共同发展，借助大数据、云计算、区块链等技术，用技术驱动征信，完善信用收集、征信制作和体系各个环节，政府和民间组织都在积极努力，做好顶层设计，完善信用体系建设相关配套法律，引入第三方专业社会组织，统一信用评价标准等，推动促进征信健康化、市场化发展。

信息孤岛依然存在，信息不对称、不透明，带来了大量的欺诈风险，利用大数据技术且多方位定价信息采集来消除信息孤岛。建立一个兼顾个体和整体的小微贷款定价模式来解决国内银行普遍面临的信息不对称问题。在贷款定价评估中，注重

---

[①] 韩波. 中国工商银行辽宁省分行小微企业信贷流程优化研究［D］. 吉林大学博士学位论文，2016.

区分个体评估和整体评估的侧重点，如个体评估中重点把握担保品、企业主人品、企业主家庭、企业现金流等因素；整体评估中则侧重于行业发展前景、经营区域、历史沿革、标准化身份信息等因素（见图6-6）。通过对上述风险因素实施模型化的综合评价，确保了贷款定价的区分能力。[①]

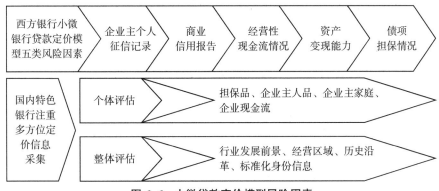

**图 6-6 小微贷款定价模型风险因素**

对比国内银行小微贷款定价模型风险因素分析，城商行应将企业主征信评分风险因素引入小微企业贷款定价模型，企业主征信评分是基于企业主个人过往的征信记录来预测违约概率的定量化评分，属于通用信用评分范畴，与申请评分和行为评分并列归属于风险评分。征信评分模型采集的信息来自于征信系统中跨地区、跨机构、跨产品、跨时段的信用信息，模型利用数理统计方法对这些信用历史信息、交易信息和行为信息进行批量化、自动化挖掘，以一个分数预测未来一定时期内的违约概率。

## （五）综合运用金融工具，加快产品创新

目前京津冀城商行金融产品大致分为三类：第一，担保方式不同的小微金融产品，例如河北银行推出以房地产为担保的"超值贷"、"年审贷"信贷产品；保定银行推出"旺铺贷"、"商户贷"等。第二，无须抵押担保的小微金融产品，例如邯郸银行推出"创业贷"、"助业贷"、"超短贷"等贷款方式灵活的信贷产品。第三，针对不同行业提供小微金融产品，承德银行针对农产品行业推出"农易贷"；北京银行

---

① 张日红，荣沉. 引入企业主征信评分风险因素创新小微企业贷款定价方法［J］. 中国银行业，2015（7）：82-85.

推出"创融通"、"及时予"、"腾飞宝"三大核心基本产品为科技型企业提供贷款支持。京津冀城商行推出许多以小微金融为导向的新产品，但是金融产品创新的本质是风险控制。因此，要综合运用金融工具，可从以下几个方面加快产品创新：

1. *基于担保品的产品创新*

扩大抵押品范围。第一，把有形的资产转化为无形的抵押权，即知识产权、专利权和应收款权都可作为抵押，这种抵押方式的转变是一种抵押贷款模式的创新。例如应收账款就是可作为有形资产转化为无形抵押权的典型代表。由于中小企业本身资产的特点，即应收账款占资产比例较大，所以应收账款作为主要的抵押物品恰好解决了中小企业抵押品问题。应收账款还具有周期短、融资便利的特点，能解决信息不对称带来的道德风险。第二，从"物"转变为"权"。人们日常生活中的私人财产权也可作为抵押。比如土地使用权、房屋所有权和矿业权等都可用来进行抵押贷款，但在使用这些作为抵押品时要做到避免权属关系不确定。

2. *基于企业未来综合现金流的产品创新*

目前金融市场上适用于大规模融资业务产品创新主要有保理、票据贴现、信用证等，而中小企业贷款需求量小、数量多，并不适用于这些形式，而基于企业未来综合现金流的产品创新首要特点是使小微企业财务信息透明化，基于这些财务信息以及综合现金流的情况，使其成为小微企业的信用指标，即依据未来一定时期内的综合现金流作为小微企业的还款来源。如工商银行的"小企业周转贷"、中国银行的"法人账户透支"、农业银行的"厂房贷"等。

3. *关系型融资产品创新*

关系型融资产品创新实质上是对中小企业软信息的一种风险评估标准，城商行需要通过多种渠道全方位了解中小企业披露以外的非量化指标，如中小企业业主品质等。这要求银行派出专职营业人员，增加了一定成本，这种模式非常适合城商行等金融组织，且产品服务对象主要集中在缺乏标准信息的微型企业和个人经营性融资。它不仅可以很好地解决小微企业贷款中信息不对称引起的道德风险和逆向选择问题，而且还可以减少银行的代理成本。如浙江泰隆商业银行"三品、三表"风险评估模式下的"创业通"、杭州银行的"小微贷"、包商银行的"诚信2+1"。

4. *基于信用评分的产品创新*

基于信用评分产品创新需要完整的历史信息信用资料，整理、搜寻、构建完整的历史信用数据库是信用评分的产品创新基础，这需要设定一系列的调查安排。建立信用评价模型，以中小型企业的实际信息不断地测试模型的有效性，综合考虑评价信用指标以及权重，利用如经营者素质、年销售额、存贷比、贷款逾期次数、实收资本等简单的指标体系进行信用评价，更有利于银行以较低的成本更准确地评估企业的真实状况，例如中小企业是否负债政府采购以及是否受到政府资金支持作为信用评价指标。建立客户的信用分数以及信用等级，并合理安排授信额度。

# 第七章 雄安新区专题报告

# 一、引言

2017 年 4 月 1 日，党中央做出一项深入推进京津冀协同发展的关键性部署——决定成立雄安新区。雄安新区位于河北省保定市，主要涉及雄县、容城、安新 3 县及周边部分区域，与北京、天津在地理位置上构成等边三角形的三个顶点。新区具有区位优势明显、开发程度低、交通相对便利和快捷、生态环境优良、资源环境承载能力较强，具备高起点高标准开发建设的基本条件。根据雄安新区规划，其初步规划的建设规模如图 7-1 所示。并且雄安新区将向全球招募优秀的规划方案，坚持"世界眼光、国际标准、中国特色"的高点定位。初步规划到 2020 年，新区的雏形初步显现，骨干交通路网基本建成，起步区基础设施建设和产业布局框架基本形成。

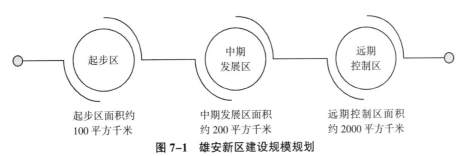

起步区

中期
发展区

远期
控制区

起步区面积约
100 平方千米

中期发展区面积
约 200 平方千米

远期控制区面积
约 2000 平方千米

**图 7-1 雄安新区建设规模规划**

资料来源：根据相关文件整理得到。

同时，雄安新区的设立具有重大的历史意义和现实意义，其对于集中疏解北京非首都功能、有效缓解北京大城市病、探索人口经济密集地区优化开发新模式、优化京津冀城市布局与空间结构和打造创新驱动发展新引擎等方面都会发挥重大的作用。此外，雄安新区的设立也为河北省带来了巨大的发展机遇，其能够有效地发挥"区域增长引擎"功能，有助于河北省深入融入京津冀协同发展大局，加快补齐区域发展短板、提升自身发展水平与质量、缩小与京津发展落差等。2017 年 8 月 17 日，北京和河北签署了《北京市人民政府、河北省人民政府关于共同推进河北雄安新区规划建设战略合作协议》，该协议主要涉及七个方面内容，如图 7-2 所示。该合作战略的签署标志着京津冀协同发展进入新的阶段，京冀合作迈上了新台阶。目前，河北、北京、天津三地都表示将全力支持与服务雄安新区建设，共同开创京津冀协同发展的美好明天。

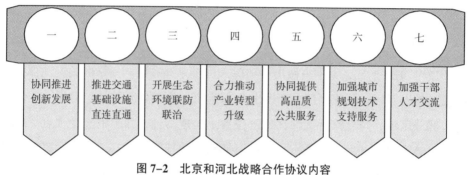

**图 7-2　北京和河北战略合作协议内容**

资料来源：根据相关文件整理得到。

# 二、雄安新区建设为河北省城商行带来的发展机遇

金融作为现代经济的血脉，应充分发挥支柱产业与服务实体经济的职能，为雄安新区建设提供优质的金融服务与支持。雄安新区建设前期，生态环保和交通、水利、能源等基础设施建设等领域必然是重点建设项目，会产生巨大的资金需求。此外，雄安新区建设在带来巨大资金需求的同时，对于金融服务的水平和质量、金融合作的模式、金融制度的完善以及金融产品的创新等多方面都会提出更高的要求。并且，未来雄安新区建设还会在资本市场产生大量的企业债、项目收益债、股权产品、PPP 融资以及资产证券化等融资需求，这无疑会为银行业带来巨大的发展机遇

以及推动银行业探索多元化的发展模式。

雄安新区设立后，河北银监局第一时间收集汇总 3 县经济社会及银行业基本数据、情况。调查数据显示，截至 2017 年 6 月末，雄县、安新、容城 3 县有银行业机构 10 家，金融机构结构较单一。未来雄安新区的建设将为包括银行在内的金融机构带来广阔的发展市场，其应积极把握历史性的发展机遇，严格按照京津冀协同发展空间、产业布局，立足有序疏解北京非首都功能，创新中长期建设资金供给方式；不断提升金融服务水平，积极发展绿色金融、科技金融等；加大对基础设施建设、环境保护、产业升级、科技创新、扶贫开发等重点领域和薄弱环节的支持力度。

服务国家重大战略的实施是金融机构的重要责任，城商行作为中国银行业的重要组成部分，有其自身的发展优势和特点，是满足雄安新区建设金融需求的重要力量。首先，大多数城市商业银行与地方政府联系紧密，受当地政府的管辖和支持，其主要资金来源于政府财政，在信息获取上具有全面和时效的优势。其次，城市商业银行市场定位之一是服务于地方经济。地方经济的发展需要大量的资金支持，而城市商业银行具有经营地域集中、决策链条短、经营相对灵活、对市场变化反应快和信息获取快捷等优势。城市商业银行和其他大型商业银行在业务上各有侧重，都是为新区建设提供资金支持的重要来源。

河北省城商行应紧紧抓住雄安新区建设所带来的重大发展机遇，积极承担好服务当地经济建设的重任，主动参与雄安新区基础设施、生态环保节能、绿色交通等重大项目建设；努力扶持参与新区建设中的当地优秀中小微企业，增强地区实体经济的发展实力；加强城商行间、城商行与其他金融机构间以及政银和银企间的密切合作，共同参与新区后续建设，实现互利共赢，稳中求进。

**表 7-1 河北省城市商业银行列表**

| 银行名称 | 银行简称 | 资产规模（万元） | 所属城市 | 成立日期 |
| --- | --- | --- | --- | --- |
| 河北银行股份有限公司 | 河北银行 | 31042711.9 | 石家庄市 | 1996 年 5 月 |
| 保定市城商银行股份有限公司 | 保定银行 | 8167323.0 | 保定市 | 2008 年 6 月 |
| 廊坊市城商银行股份有限公司 | 廊坊银行 | 20418653.2 | 廊坊市 | 2000 年 12 月 |
| 承德银行股份有限公司 | 承德银行 | 9056270.6 | 承德市 | 2009 年 |
| 秦皇岛银行股份有限公司 | 秦皇岛银行 | 5074671.3 | 秦皇岛市 | 1998 年 |
| 张家口银行股份有限公司 | 张家口银行 | 16701158.2 | 张家口市 | 2001 年 10 月 |
| 沧州市城商银行股份有限公司 | 沧州银行 | 11191232.4 | 沧州市 | 1998 年 9 月 |

| 银行名称 | 银行简称 | 资产规模（万元） | 所属城市 | 成立日期 |
|---|---|---|---|---|
| 邯郸银行股份有限公司 | 邯郸银行 | 14534667.6 | 邯郸市 | 2007 年 10 月 |
| 邢台市城商银行股份有限公司 | 邢台银行 | 7718665.0 | 邢台市 | 2007 年 |
| 唐山银行股份有限公司 | 唐山银行 | 20361160.7 | 唐山市 | 1998 年 5 月 |
| 衡水银行股份有限公司 | 衡水银行 | 3758452.7 | 衡水市 | 2002 年 5 月 |

资料来源：根据相关资料整理。

# 三、谋划河北省城商行雄安新区战略布局

雄安新区设立后，一些银行开始着手在雄安新区的战略布局工作，有的成立了专门机构或工作小组，了解新区建设金融需求，加强精准对接和跟踪服务。有的已经派出高级别的小组或团队去新区考察和调研，主动为新区建设提供对接计划和布局方案，争取参与新区各个项目的实施。有的成立了高规格的研究小组，积极谋划、稳妥推进，力争为新区建设提供全方位、高质量、高效率的金融服务。由此可见，多家银行已在积极部署雄安新区战略布局，统筹配置各类金融资源，加大人力、物力、财力和精力投入，主动对接雄安新区各项建设。本部分主要从以下几个角度出发，探索京津冀城商行雄安新区战略布局的途径。

## （一）在雄安新区设立新的金融机构

雄安新区现有的金融机构单一，金融机构主要以银行业为主。根据河北银监局的数据，截至 2017 年 6 月末，雄安新区有银行业机构 10 家，银行网点 113 个，从业人员 1561 人。截至 2016 年末，制造业和采矿业企业的银行贷款余额在雄安新区全部企业贷款占比中超过 50%，如图 7-3 所示。随着雄安新区规划建设的落地，雄安金融未来发展前景广阔。因此，京津冀城商行应积极争取在雄安新区设立新的金融机构。

雄安新区现有金融结构单一，以银行机构为主

| 10 家银行 | 113 个网点 | 1516 个金融从业人员 | 制造业和采矿业企业贷款超过 50% |
|---|---|---|---|
| 农业发展银行、工商银行、农业银行、中国银行、建设银行、保定银行、农村信用社（3 家）、邮储银行 | 银行网点的最高规格为支行 | 主要为银行从业人员 | 制造业和采矿业企业的银行贷款余额在雄安新区全部企业贷款占比中超过 50% |

**图 7-3 雄安新区金融机构情况**

资料来源：河北银监局、国企证券研究所。

1. 联合设立雄安银行

雄安新区作为"千年大计、国家大事"，具有很高的战略地位和历史意义，是深入推进京津冀协同发展的关键一步，对于北京、天津以及河北发展都具有重大的意义。京津冀城商行作为推动京津冀协同发展的关键主体，应积极主动服务好新区建设。京津冀城商行可考虑在新区联合设立股份制"雄安银行"，为新区的产业转型升级、城市建设、企业发展、社会民生改善等多领域提供精准和优质服务。京津冀城商行通过联合"雄安银行"可充分发挥北京银行和天津银行的资金、业务以及技术优势以及河北银行等河北城商行的区位优势，实现对新区建设多角度、全方位的金融支持。根据雄安新区高起点和高标准的定位，其对于"雄安"品牌金融机构的设立可能会提出更高的要求和更严格的审查，但京津冀城商行作为推动京津冀协同发展的重要主体，尤其是河北，作为服务新区建设的关键主体都有望参与到"雄安银行"的设立当中。

2. 设立分支机构

正如上文所述，目前京津冀城商行中只有保定银行在雄安新区设有分支机构，因此，京津冀城商行要积极争取在新区设立分支机构，加速雄安新区的布局工作。对于有实力、有能力的京津冀城商行如作为 A 股上市的北京银行和港股上市的天津银行以及拟上市的河北银行可以考虑在雄安新区单独设立分支机构，主动了解和对接新区建设情况及需求，为其提供精准的金融服务。结合新区实际情况和银行自身的优势和能力，成立高规格的领导小组或团队研究部署支持雄安新区建设、设立新区分支机构等各方面的具体措施。以北京银行为例，其已成立了高规格的领导小组，

共同谋划设立雄安新区分行的具体事宜。其表示将使雄安新区分行与北京分行、中关村分行、石家庄分行、保定分行、天津分行形成"总分联动、三地协同"的服务网络新格局。而对于其他规模较小、能力有限、发展水平有待提高的京津冀城商行可考虑共同出资，联合设立一家股份制银行落户雄安新区，整合各方业务、资金及区位优势，协力服务雄安新区各项建设。

3. 设立直销银行

直销银行是互联网时代应运而生的一种新型银行运作模式，这一经营模式下，银行没有营业网点，不发放实体银行卡，客户主要通过电脑、电子邮件、手机、电话等远程渠道获取银行产品和服务。随着互联网以及大数据技术的发展以及人们消费观念及习惯的转变都使得直销银行得到了快速的发展，其借助互联网开展业务，降低了成本，提高了运作效率，并且吸引了一大部分现代的互联网客户。目前，京津冀城商行中有三家银行设立了直销银行，分别为北京银行直销银行、河北银行彩虹 Bank 和廊坊银行直销银行。因此，京津冀城商行中其他银行也可通过设立直销银行的方式对接新区的个人金融需求，积极借鉴已经设立直销银行城商行的宝贵经验，创新除存贷款、理财、支付等业务之外金融产品和服务，为新区人民提供更方便、快捷、高效的金融产品和服务。

4. 设立雄安基金

创新中长期建设资金供给方式是支持雄安新区建设和创新发展的重要金融措施。要积极探索债权股权相结合的方式为新区建设提供资金支持。目前，银行贷款等债权融资方式较多，以股权方式支持企业发展的渠道有限，而雄安新区作为金融改革创新的实验区，应积极通过股权和债权相结合的方式支持相关产业和企业的发展。京津冀城商行可积极争取联合设立"雄安基金"，为新区的绿色环保产业、创新型高新技术产业、交通等基建产业以及其他国家重点支持产业提供长期的资金支持。例如，为了支持滨海新区的探索和发展，国家发改委有关部门上报国务院批准设立基金总规模 200 亿元，首期规模至少 50 亿元，用于支持具有创新能力的现代制造业项目，为环渤海地区服务的交通、能源等基础设施项目，具有自主知识产权的高新技术项目以及符合国家产业政策、有利于产业结构升级和技术进步的项目。京津冀城商行可参照"渤海产业投资基金"，探索"雄安基金"的发展和运作模式。

## （二）提升京津冀城商行服务雄安新区的资源整合能力

大型银行有从事非传统银行业务的投资银行、证券、基金、保险等子公司，可以实现金融资源的联动与相互支持，从而在竞争中立于不败之地。目前，京津冀城商行的金融资源整合能力还十分有限。因此，京津冀城商行需要整合京津冀城商行之间、城商行与非银行金融机构之间以及城商行与上市公司之间的资源，通过信息共享实现资源优化配置，协同服务雄安新区建设。

京津冀城商行之间可通过搭建金融资源整合平台，加强沟通和协调，实现在业务、客户、人力、营销等资源的整合和配置。例如，在扶持雄安新区高新技术企业发展、支持新区环保、基础设施建设等环节加强融合合作，各自发挥自身的业务优势，实现资源共享，提升合作效率。此外，京津冀城商行应深入开展与创投机构、证券公司、基金公司、保险公司等非银行金融机构的合作。未来，在雄安新区建设上必然会产生很多与该类非银行金融机构合作的领域。例如 PPP 项目，该种融资模式需要多方合作，在项目实施的各个环节各自以及共同发挥自身职能和实力，充分发挥合作效用，为新区建设提供更强大的金融支持。京津冀城商行还应加强与上市公司的联合发展。例如，在雄安新区基础设施以及城市建设中，京津冀城商行可与华夏幸福（600340）、荣盛发展（002146）等上市公司合作，通过支持该类上市公司在新区的布局，提升自身的业务空间和领域，实现多方共赢。

## （三）开发"雄安新区建设"专属产品

雄安新区被誉为未来的"中国硅谷"，其发展模式必将是紧紧围绕着创新。而作为一片创新性的土壤，必然会对金融产品与金融服务的创新水平提出更高的要求。京津冀城商行应充分发挥地方性银行应有的业务优势和各自的竞争优势，联合加快金融产品创新，在提高融资服务质量和效率的同时，共同探索投资银行、投贷联动、债券发行、产业基金等多种金融服务和融资模式，开发专项金融产品为雄安新区建设提供精准的金融服务。

例如，京津冀城商行可共同开发针对雄安新区的专属理财产品，拓宽社会资本的投资领域；发行绿色金融债券或联合发起或参股绿色产业基金为雄安新区绿色产业的发展提供多渠道的融资方式，加大对环保节能、清洁能源、清洁交通等绿色产业项目建设的支持力度；探索金融产品融合"互联网+"的创新发展模式，搭建互联网平台，实现金融产品的网上销售和认购，提高资源的配置和运作效率。

# 四、河北省城商行服务雄安新区建设中的合作

随着北京非首都功能的疏散以及京津产业转移等京津冀协同发展的推进，势必会产生三地更多的合作机会和合作领域。京津冀城商行要紧跟国家发展战略，加强地区间各方面的合作，共同推动雄安新区建设等重大战略的实施。

## （一）加强城商行间跨区合作

京津冀的协同发展要打破"一亩三分地"的思维局限，实现"1+1+1>3"的金融协调和共享效应。京津冀城商行应开展"跨区域、多层次、多渠道"的金融合作模式，实现优势互补，合力推进京津冀协同发展。目前，京津冀三地城商行跨区域合作尚不深入，并且发展水平和发展质量上的差异限制了其开展更深层次的合作。但京津冀的协同发展和雄安新区的建设会产生大量的金融需求，其中对金融规模、金融服务质量、金融跨区域合作、金融合作效率及环境等多方面都会有更高的要求和标准。因此，京津冀城商行应在差异化发展中加强合作，发挥协同带动作用，共同支持与服务雄安新区的建设工作。京津冀城商行应针对雄安新区建设的实际金融需求，联合创新金融产品、金融服务、合作机制等拓宽合作领域，构建信息共享平台和机制，加强经营经验和理念的沟通与交流，相互学习和借鉴，不断加强合作的深度、广度和力度。同时，京津冀城商行应充分利用互联网和大数据技术，不断提升合作空间、探索有效的合作途径，共同支持新区的建设和发展。具体可从以下几个角度出发，探究强化京津冀城商行服务新区建设中的跨区合作措施。

### 1. 加强金融创新合作

随着利率市场化改革的不断深入，未来银行业甚至金融业的竞争将不断加剧。并且，雄安新区作为一片创新的沃土对于金融创新的水平有更高的要求，京津冀城商行应该转变传统的经营模式，积极主动地进行金融创新，提升金融产品和服务的质量。然而现阶段，相较于国有大银行和具有实力的股份制商业银行而言，在金融

创新、人才储备、金融创新投入、金融创新模式等方面，京津冀城商行的金融实力都十分有限。如果各城商行在金融创新方面各自为政，分别开展产品的研发创新，就会出现投入大、见效慢、成本高的现象，关键是存在很大的重复投资成本。并且由于规模限制，大多数城商行目前还不能从事资产证券化等新兴业务。未来，京津冀三地城商行可通过共同入股成立一家金融公司，专门根据各城商行的业务需求开发金融产品。同时，城商行也可以抱团共同开发理财产品、通用城商行银行卡和资产证券化等业务。这对于城商行间提高在金融产品合作方面的黏合度、增强创新能力和节约开发成本方面有重大意义。

2. 加强京津冀城商行大数据中心的构建

随着互联网、大数据等信息技术的发展，互联网金融已经全面冲击和影响了传统金融，改变了金融业的生态。京津冀城商行应积极利用"大数据"、互联网等信息技术，引领银行由传统模式向数字化、智慧化转型发展。目前，随着京津冀城商行跨区分支机构的设立，逐渐打破了地域限制，在客户范围和业务领域上有了相似的一部分。因此，京津冀城商行可通过构建大数据中心，对相似客户群进行客户信用度分析、客户风险分析以及客户的资产负债状况分析，从而有助于京津冀城商行完善风险防控体系，有效控制风险。总之，京津冀城商行可以通过联合构建大数据中心以利用大数据的收集和分享，提高城商行信用风险、流动性风险、法律风险等方面的控制管理能力。

3. 通过互联网平台加强合作

互联网技术的发展及创新颠覆了传统金融的经营模式，使银行业不断地走向"脱媒"，而京津冀城商行应充分利用互联网技术构建互联网合作平台，提升彼此合作的深度和广度。通过构建互联网金融平台，京津冀城商行可以在此平台上实现资金的融通，实现资金的合理配置和有效利用。此外，京津冀城商行还可通过该平台销售相关的理财、信贷等产品，在有效控制风险的情况下，拓宽彼此的业务领域和经营收入。例如上文所述的直销银行，京津冀城商行可以联合设立直销银行，实现共同开发的或各自的金融产品的网上销售，增加了大众的选择空间。因此，京津冀城商行应积极利用互联网合作平台，不断助推在服务雄安新区建设中金融合作的深入发展，为新区建设提供高效、便捷的金融服务。

4. 彼此参股持股，加强深度联合

京津冀城商行可以通过股权结构的交叉持股提高彼此的深度联合。通过京津冀城商行之间的交叉持股，城商行可以"以大带小，以强扶弱"抱团发展，不需要再在其他区域租赁或购置办公地点、组建业务系统，可以利用被参股的城商行的庞大网络开展业务，弥补区域限制的不足，从而对于有些实力偏弱的城商行也可以参与到雄安新区建设当中。同时，城商行通过交叉持股可以扩大自身的经营范围，缩小与大型商业银行业务覆盖面广的差距，扩充自身的客户资源和管理资源，还可以优化自身的股权结构、提升自身的资本实力。通过交叉持股所建立的联盟关系更加可靠，合作的程度会更加深入，在跨区业务、金融产品、风险防范等方面的联合也会更加有效。京津冀城商行通过这种合作模式，在参与雄安新区未来各项建设当中，会增加整体的话语权和整体实力，并且发挥彼此的业务优势，为其发展提供更优质、更高效的服务。

## （二）加强银企合作

实体经济是支撑国民经济的基础，金融资本和实体经济是共存共促共发展的关系，金融资本离开实体经济就会造成资源的浪费和低效率，实体经济离开金融支持则无法可持续发展。因此，只有加强银企合作，使金融资本与实体企业携起手来，才能共生共强共赢。石家庄金融工作办公室主办了主题为"助力银企合作，服务社会大众"第十届中国·石家庄金融节。由政府搭建对接平台，组织金融机构为企业解读金融政策、推介金融产品，帮助中小微企业融资，推动银企合作。由此可见，政府对于加强银企合作的重视。

城商行市场一直定位于"服务地方经济、助力中小微企业"，经过多年的发展，在贷款总额、产品创新等方面都取得了一定的成果。而雄安新区表示未来不仅欢迎符合新区产业定位的知名大型企业入驻，更鼓励优质高端的中小型企业参与雄安新区建设。因此，京津冀城商行要加强银企合作，加大对产业转移以及高新技术性、创新型等中小企业的信贷支持。加大金融模式、金融产品与金融服务创新，结合中小企业发展特点，提供具有针对性的产品和服务。积极搭建中小微业务合作平台，实现资源共享，优势互补，共同支持中小微业务发展。同时，要充分利用互联网、大数据以及云计算等技术缓解中小微企业融资难、融资贵的问题。

京津冀城商行如何寻找和帮扶优秀中小企业积极参与雄安新区建设是加强银企合作的重要内容。首先，京津冀城商行应结合区位优势、资源优势、产业发展状况和分布情况做好产业和地区的细分工作，加强对市场和企业的深入调查，通过多渠道获取市场和企业信息，选择优质的、可持续发展的中小微企业。其次，京津冀城商行要加大对高新技术型、创新型等优质中小企业的扶持力度。京津冀城商行要坚持服务实体经济和助力小微企业发展的市场定位，选择行业，找准投向。目前，河北省创新型和高新技术型企业数量有限，需要城商行通过扶持更多优质中小企业的发展挖掘出更多具有发展前景的中小微企业。此外，京津冀城商行要加强与社会相关机构和协会的沟通交流，有利于发现优质的中小微企业，择优扶持培育成长。

## （三）加强政银合作

鉴于城商行在股东构成和业务经营上的特点——通常地方财政为其最大股东、市场定位于服务地方经济、受政府的管辖与支持，必然应加强政银合作，积极融入地方建设，服务实体经济的发展。并且，雄安新区设立作为国家一项重大战略部署，京津冀三地政府都表示将全力支持和服务其建设。其中，河北银监局连续 6 年联动省工信厅、工商联、保险公司、担保公司等组织开展"政银签约"，引导银行业机构加大对河北产业转型升级的支持力度。同样，在雄安新区建设上京津冀城商行也应加大和政府等相关部门的合作，实现互惠互利、多方共赢。

京津冀城商行应积极争取与三地政府签署战略合作协议，共同推动京津冀协同发展战略的实施，为交通设施建设、生态环境治理、高兴技术产业的发展以及产业转移等多领域提供金融支持。例如，2017 年 6 月 7 日，河北银行与邯郸市政府签署战略合作协议，约定河北银行将于 2017~2020 年，向邯郸市政府及辖内重点项目、重点企业以表内外融资形式累计投放不低于 500 亿元，以产业基金、租赁资金、引入域外资本市场资金等形式累计投入不低于 100 亿元。此次合作将充分发挥双方各自优势，携手打造高效的金融服务平台，共同推动邯郸市产业结构调整、城乡面貌提升、基础设施建设和文明城市创建工作，进一步贯彻落实京津冀协同发展战略。目前，河北银行已与保定市等河北省内 8 个市区政府和天津南开区政府签署了战略合作协议。因此，京津冀城商行应充分发挥自身的业务特色和区位优势，紧密配合雄安新区建设和发展需要，不断深化京津冀城商行的政银合作，为雄安新区各项重大项目的实施提供金融支持。

# 五、共同参与雄安新区 PPP 项目

## （一）雄安新区 PPP 项目需求

PPP（Public Private Partnership），即公私合作模式，20 世纪 80 年代起源于英国，主要用于基础设施及公共服务建设等，其运作流程如图 7-4 所示。PPP 模式的特点是政府和社会资本共同参与基础设施建设，政府赋予私人部门特许经营权，私人部门通过独立运营和收益权获取利润，之后政府回收项目。这种模式的主要初衷是解决公共基础设施建设和运营当中的融资难和运营效率差的问题，同时拓宽社会资本的投资领域，活跃社会资本。由于政府财政资金、金融资本和民间资本共同参与 PPP 项目建设，因此，不仅缓解了政府债务压力、解决了基础设施建设融资问题，同时也提高了民间投资的积极性。

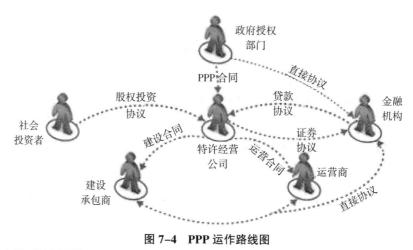

**图 7-4　PPP 运作路线图**

资料来源：《新华日报》。

雄安新区基础设施及公共服务建设期限长、资金需求量大，如果仅凭政府的财政资金难以满足，会形成巨大资金缺口。随着地方政府债务压力的不断增大，以旧的土地财政为核心的融资模式无法可持续发展，也存在很多缺陷和弊端。并且，河北省副省长、雄安新区党工委书记陈刚表示："虽然新区规划方案尚未出台，但有三条原则是定了的：一是新区绝对不搞土地财政；二是一定要考虑百姓的长远利益；三是绝不搞形象工程。"这都使得 PPP 成为新区基础设施等建设的重要融资模式。PPP 模式中，政府只发挥引导作用，其介入增大了项目的信用程度，有利于鼓励其他金融资本以及社会资本的加入。

此外，近年来财政部等多部门多次发文表示要规范地方政府举债融资机制，鼓励推广使用 PPP 模式，各省政府也相继成立了产业引导基金，引导和鼓励政府与社会资本合作。本章汇总了近年来关于推广使用 PPP 的主要政策文件，如表 7-2 所示。这些文件的出台，明显传递出未来地方政府基础设施建设的主要模式，即政府不能再实行传统"大包大揽"的建设模式，而应该调动社会资本，鼓励民间资本参与当地的各项基础设施建设，充分发挥各方优势，实现互利共赢的局面。

表 7-2　有关 PPP 的政策文件

| 发文日期 | 发文单位 | 文件名称 | 文号 | 文件要点 |
|---|---|---|---|---|
| 2014 年 9 月 23 日 | 财政部 | 《关于推广运用政府和社会资本合作模式有关问题的通知》 | 财金〔2014〕76 号 | 发布了地方版的 PPP 操作指南和指导意见；被称为我国 PPP 模式的总动员 |
| 2014 年 11 月 29 日 | 财政部 | 《关于印发政府和社会资本合作模式操作指南（试行）的通知》 | 财金〔2014〕113 号 | 保证政府和社会资本合作项目实施质量；规范项目识别、准备、采购、执行、移交各环节操作流程 |
| 2015 年 5 月 19 日 | 国务院办公厅 | 《关于在公共服务领域推广政府和社会资本合作模式指导意见的通知》 | 国办发〔2015〕42 号 | 大力推广政府和社会资本合作（PPP）模式；并提出指导意见 |
| 2016 年 5 月 28 日 | 发改委、财政部 | 《关于进一步共同做好政府和社会资本合作（PPP）有关工作的通知》 | 财金〔2016〕32 号 | 进一步推动政府和社会资本合作顺利实施；完善合理的投资回报机制；提高 PPP 项目融资效率 |
| 2016 年 10 月 11 日 | 财政部 | 《关于在公共服务领域深入推进政府和社会资本合作工作的通知》 | 财金〔2016〕90 号 | 切实践行供给侧结构性改革的最新要求；进一步推动公共服务机制转变 |

资料来源：根据相关文件整理。

据不完全统计，雄安新区基础设施建设和公共服务建设等投资将达到 5000 亿元的规模，而项目落地的主要模式就是 PPP 模式。雄安新区 PPP 项目资金需求量巨大，且偏向于长期投资，将成为京津冀城商行新的贷款投向及稳定的长期贷款收入。此外，京津冀城商行参与 PPP 项目，也将为其带来优质客户，拓宽自身业务领域和广阔的市场空间。在参与过程中还能实现与政府、金融机构、企业等多方合作。京津冀城商行应结合自身资源和独特优势，加强多方合作，可从以下几个途径，探索京津冀城商行共同参与雄安新区 PPP 项目的模式。

## （二）京津冀城商行共同参与雄安新区 PPP 项目的模式

### 1. 传统信贷模式

随着国民经济市场化程度的不断提高以及政府鼓励社会资本对国家重点支持产业的投资，银行也在加强引导社会资本向基础设施以及公共服务建设项目的投资。鉴于 PPP 项目资金需求量大、建设周期长，加之政府无法用财政资金满足其建设需求，而银行又具有资金充足、融资成本较低、风险较小等优势，这为银行业提供了广阔的贷款业务市场。政府通过投入引导资本和政策导向鼓励，使得京津冀城商行以债权的方式投资 PPP 项目的盈利性得以保障。并且，在 PPP 项目建设过程中，政府信用的注入以及以项目未来收入和资产为质押，不仅降低了融资成本，也减少了债权人的风险，提高了银行引导社会资本投资该类项目的活力。因此，京津冀城商行可通过传统贷款方式即经营贷款或项目贷款等为雄安新区 PPP 项目建设提供资金支持。

### 2. 投贷模式

投贷模式是指银行通过贷款资金和投行资金联动满足 PPP 项目融资需求的一种模式。京津冀城商行通过投贷模式向雄安新区 PPP 项目提供资金支持，运用"股权+债权"的资金供给方式，可在获得利息的同时获得股权分红，不仅提高了城商行的收入，也有助于调节收入结构。在投贷模式下，"贷款+投行资金"同时参与 PPP 项目，也可减少京津冀城商行单独运用债权模式提供大量贷款所带来的风险。因此，该模式为京津冀城商行参与 PPP 项目提供了广阔的业务市场，京津冀城商行应加强合作模式创新，通过具有投行业务或投行子公司的城商行带动其他实力偏弱、具有一定资金规模的城商行或联合设立一家投行公司共同通过投贷联动模式参与雄安新区 PPP 项目建设。

### 3. 银行理财模式

2016 年 7 月 27 日，银监会下发《商业银行理财业务监督管理办法（征求意见稿）》。该文件表示鼓励银行利用理财资金服务实体经济。目前，京津冀城商行直接投资 PPP 项目具有一定障碍，但京津冀城商行可以通过信托、资管计划等渠道参与 PPP 项目投资。京津冀城商行可联合开发该类理财产品，由银行共同募集资金，然后通过与信托或资管计划签订合作协议，将资金交由其投资 PPP 项目。以唐山世园会 PPP 项目为例，中信信托通过信托计划募集了 6.08 亿元，其中包括来自中信银行的理财资金投入到该项目当中，是国内首例信托参与 PPP 项目的案例。京津冀城商行也可共同探索利用该模式募集资金，对接信托或资管公司。该模式下，城商行几乎不参与项目的决策和运作，只获得稳定的利息和分红收益，风险较小。

### 4. 资产证券化

2017 年 2 月，上交所、深交所、中国基金业协会同时发文支持本轮 PPP 项目资产证券化，并为其开设了"绿色通道"，提高了审批效率。由此可见，国家对 PPP 项目资产证券化的鼓励与支持。由于 PPP 项目主要是基础设施和公共服务建设，具有风险分散、长期性、现金流可预测、收益稳定等特点，适用于资产证券化。鉴于当前的分业经营模式以及受限于监管部门监管，银行参与 PPP 资产证券化的渠道有限。首先，京津冀城商行可利用表外资金购买 PPP 资产证券化产品，收益稳定、风险可控。其次，京津冀城商行可通过与非银行金融机构合作，共同参与 PPP 资产证券化的产品设计和承销。

### 5. 参股 PPP 基金

随着 PPP 模式的兴起，PPP 基金成为各地政府鼓励的一种投融资方式。首先，PPP 基金有利于缓解地方政府债务压力，减轻债务负担。其次，有助于引导金融资本和民间资本向国家重点支持产业的流动。最后，可以帮助解决该类产业中一些中小微企业融资难的问题。

为助推京津冀协同发展战略有效实施，2016 年河北省政府批准设立了"PPP 京津冀协同发展基金"，是全国第一只区域性基金。基金总规模为 100 亿元，其中，省财政出资 10 亿元作为引导基金，银行以及其他非银行金融机构和社会资本出资 90 亿元。2016 年 12 月 30 日，京津冀协同发展基金首只子基金——沧州冀蓝股权投资基金正式设立。该基金规模为 10 亿元，其中政府财政出资 1 亿元，其他由北京银行石家庄分行以及其他公司共同出资组建。河北省政府财政部通过投入 1 亿元的引导资金带动了 10 亿元的资金规模，并且随着该资金投入到 PPP 项目以后，又会撬动更多其他社会资本的投入。PPP 基金充分发挥了政府引导基金撬动社会资本的杠杆效应。

京津冀城商行应加大与 PPP 基金的合作，切实推动产融结合，积极支持雄安新区 PPP 项目建设。京津冀城商行应充分发挥各自区域、资金、业务等优势，积极争取参股 PPP 基金，为新区建设提供更多的资金支持，助推产业更好的发展。

# 六、河北省城商行参与雄安新区建设中的
# 绿色金融业务

## （一）开办绿色信贷，加大对绿色产业支持

根据雄安新区建设规划，未来新区的绿色面积要超过 50%，要将新区建设成"绿色智慧新城"和"生态宜居城市"。2017 年 8 月 19 日发布的《雄安新区绿色金融规划报告》指出，绿色发展是规划建设雄安新区的基本要求，金融是现代经济资源配置的核心。雄安新区要成为中国探索绿色低碳发展的创新试验区和典型样板，需要通过构建绿色金融体系，支持实体经济可持续和绿色发展。由此可见雄安新区对绿色金融和绿色产业的支持和重视。因此，生态、环保、低碳、节能等绿色产业必然是雄安新区建设高度关注的重点产业。但目前保定生态环境问题突出，治理压力较大。日前，雄安新区联合工作组发文表示，雄安新区容不得半点污染，要以铁腕治污的决心，完成雄安新区生态城市的建设目标。雄安新区的绿色投资需求主要源于三大方面：①污染治理、生态修复及保护性开发；②绿色智慧城市的基础设施建设和绿色建筑；③清洁能源及资源节约利用。未来五年雄安新区绿色投资需求或达10000 亿元。因此，京津冀城商行应开办绿色信贷业务，加大对绿色产业和项目的信贷投入，同时也实现京津冀城商行专业化和特色化的转型发展。

1. 单个银行提供绿色信贷

京津冀城商行应针对雄安新区绿色产业的发展开办绿色信贷，设立明确的信贷标准，根据企业和项目的环保信息等决定绿色信贷的审批。为符合绿色标准的企业和项目加大授信力度、提高审批效率、开辟绿色通道等，拒绝向高能耗、高污染等项目提供贷款或提早收回贷款以引导该类企业尽早进行整改和升级，推动绿色经济发展，为雄安新区绿色产业提供信贷支持。对存在污染风险的项目进行重点监控并采取限制或退出措施，对符合循环、绿色经济要求的客户和项目给予重点支持。此外，在提高绿色信贷支持的同时要加强风险管控，将风险控制和绿色信贷流程紧密结合，在确保银行一定收益的情况下支持新区绿色企业和项目的发展。

2. 银团贷款方式

银团贷款（也称辛迪加贷款）是指由两家或两家以上的银行根据协议规定的份额，共同为借款人提供贷款支持的一种业务，其成员构成如图 7-5 所示。银团贷款具有金额大、期限长、融资花费时间短、贷款形式多样等特点，恰好成为雄安新区污水治理、环境整治、清洁能源开发、推广和使用、清洁交通等基础设施建设或相关绿色项目建设的长期资金供给方式。

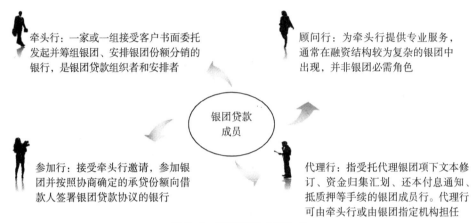

**图 7-5　银团贷款成员构成**

资料来源：银团贷款与交易委员会官网。

2016 年 6 月，北京新机场项目就是由中国农业银行北京分行作为牵头行及代理行，联合包括工行、中行、建行、交行、国开行、邮储银行等国有大型商业银行为该项目提供不超过 400 亿元的银团贷款。该项贷款不仅为北京新机场建设提供了大量的资金支持，也极大地提升了中国农业银行在同行业的地位和影响力。因此，京津冀城商行应积极借鉴和学习该类成功案例，通过银团贷款方式共同助力雄安新区绿色产业发展。由京津冀城商行中实力较强的银行作为牵头行或代理行，其他作为参与银行，管理雄安新区相关绿色信贷事宜。这样既可提高京津冀城商行在雄安新区建设中的参与度，也能提高协同服务雄安新区的运作效率和便利性。

## （二）加快绿色金融产品及服务创新

京津冀城商行开办绿色金融业务，不应仅限于绿色信贷，还应加大绿色金融产品和服务创新，以多样性的绿色金融产品和服务引导社会资金向绿色产业的转移。绿色金融需要根据绿色产业的发展要求和绿色企业的融资及服务等金融需求，开发有针对性的创新产品，提高产品服务的客户满意度。目前京津冀城商行在绿色信贷方面的发展还处于初期，绿色信贷产品及服务种类相对较少。京津冀城商行应加快构建绿色金融产品及服务创新机制，以推动绿色产业的发展，从而为绿色经济发展提供强有力的金融支持。

首先，可针对绿色产业提供绿色债券或绿色产业基金等金融产品拓宽绿色金融融资渠道。其中，京津冀城商行可与政府合作，设立绿色投资基金，共同扶持绿色产业的发展。

其次，要积极争取发行绿色金融债券，将资金及时投入到有需要的绿色项目当中，提升服务实体经济和支持绿色产业的能力。绿色金融债券是建设绿色金融体系的一项重要举措，金融机构通过债券市场筹集资金，进一步加大对环保节能、清洁能源、清洁交通等绿色产业项目建设的支持力度。共同开发促进清洁能源应用推广的专项金融产品和服务，重点加大对低碳经济类项目、循环经济类项目、生态经济类等项目的支持。

最后，可以结合绿色经济消费模式，研发相关的消费金融产品，从消费方面推动绿色经济发展，从而推动绿色金融发展。创新绿色金融与传统金融的合作模式，提高绿色金融服务水平，引导产业向绿色低碳转型升级。

## （三）加大绿色金融与互联网、大数据的融合

伴随着互联网、大数据、云计算等技术的发展，其与金融的结合程度越来越高，提升了金融服务水平，提高了金融效率。与传统金融相比，互联网等技术与金融的融合发展有利于金融产品的创新、市场的细分、渠道的拓展等，并且互联网金融也有利于缓解中小微企业融资难、推进普惠金融进程、提高我国金融业整体竞争水平。因此，京津冀城商行要加大绿色金融与互联网、大数据、云计算等技术的融合发展，顺应时代的发展要求，积极创新绿色金融与互联网的融合发展以及创新二者的合作模式。"互联网+绿色金融"不仅丰富了绿色环保项目的参与主体、提高了市场效率、有效地扩大了绿色金融体系的广度，还将绿色金融的发展提升到了传统金融模式无法达到的高度。此外，要充分发挥大数据的应用及分析优势，获得更为全面、多样的数据信息，既能提高审核效率，同时也减少了人工的主观干预，从而构建适应绿色经济发展特点的城商行商业模式。未来，京津冀城商行可通过绿色金融与互联网以及大数据等的融合发展支持新区绿色环保产业、生态农业等产业的发展。

### （四）加强与社会各方的紧密合作

由于绿色经济发展初期成本高、回报周期长，京津冀城商行应强化利益关联方的紧密合作，积极构建长期合作机制。

首先，各地方政府在推进环保产业与绿色经济的过程中，均会相应地颁布财政与税收优惠政策，甚至为优质的绿色环保企业提供融资担保。因而与地方政府的有效合作，能够基于政府介入而削减绿色信贷风险，从而有利于城商行业务范围拓展。

其次，京津冀城商行应加强与环保部门的合作，构建信息共享平台，保证企业环保信息的准确和及时，为信贷决策提供依据，从而进一步削减绿色信贷风险。

最后，京津冀城商行应积极主动与国内或国际开展绿色金融的金融机构进行合作，学习和借鉴其在环境风险评估及防范、绿色金融业务的丰富经验，为自身绿色金融业务的开展提供指导。

# 七、加大产融结合，发起或参股设立产业基金

产融结合起源于美英等发达国家，通俗地讲，产融结合就是产业和金融的结合，表现为金融资本和产业资本相互渗透的一种经济现象。这种渗透模式主要是产业部门和金融部门通过股权关系相互渗透，实现产业资本和金融资本的相互转化及直接融合。产融结合一般有两种形式：一是"由产到融"，即产业资本向金融领域的转移，从而形成金融核心，提升资本的运营效率，充分发挥产融优势；二是"由融到产"，即金融资本向产业资本的转移，金融机构通过控股、参股等方式控制实业资本以获得一定收益为目标的经营活动。在我国市场经济的体制下，产融结合也得到了一定的发展，尤其在经济转型和金融体制改革的大背景下，产融结合的发展也成为了大家关注的热点，并且成为了企业集团发展的重要战略方式之一。

随着我国金融资本不断发展壮大，再加上利率市场化改革的不断加深，银行类金融机构的传统存贷业务已无法满足其发展的需求。银行业必须不断寻求新的发展方向，拓展新的业务领域。再加上近些年国家不断出台相关试行文件，对银行资金参与产业投资的监管逐渐放松，一些商业银行开始通过参股或设立的创投机构逐渐

试水产业投资领域。我国的产融结合开始逐步实现由"由产到融"向"由融到产"的过渡。

## （一）雄安新区成为京津冀城商行产融结合的试验田

在利率市场化和政府减少银行持股的大背景下，京津冀城商行如何通过产融结合这一商业模式优化股权结构、提高自身竞争力，是值得深入研究的问题。雄安新区未来发展是对各种创新模式进行的一次有益探索和尝试，尤其是对京津冀城商行来说，雄安新区成为其寻求金融创新，通过加速产融结合积极参与产业投资的试验田。相较于全国性的商业银行，京津冀城商行由于地域局限阻碍了其发展壮大，导致其规模和实力有限。由此，大多数城商行很难通过投行业务和理财业务参与非银行类的投资业务。而对于京津冀城商行来说，这必然是未来竞争中一个很大的缺陷。

雄安新区初设就决定了"创新"这种自生性发展模式，它是以创新驱动发展模式的试验田，是基于今天中国经济发展的现实需要。而雄安新区金融业作为未来发展的支柱产业，创新是其必不可少的生存之道。未来，银行业等各种金融产业必然会受益于雄安新区的发展，为京津冀城商行参与产融结合创造了更大的发展机会。并且雄安新区在建设中激发的大量金融资本需求会不断催化金融创新。在创新过程中，城商行可以通过借助投行业务和理财业务参与发起或参股设立产业投资基金、直接股权投资项目公司参与 PPP 项目建设、认购信托资产计划、参股私募基金等形式间接参与优质企业股权投资。雄安新区将成为京津冀城商行开展各项产业投资业务、加速产融结合的试验田。

## （二）城商行参股产业基金成为产融结合的有效途径

根据雄安新区建设规划，其建设主要围绕以下七大重点任务实施，如表 7-3 所示。

表 7-3　雄安新区建设的七大重点任务

| 任务 | 具体要求 | 涉及行业 |
|---|---|---|
| 任务一：智慧城市 | 国际一流、绿色、现代、智慧城市 | 生态环保行业 |
| 任务二：生态城市 | 清新明亮、水城共融的生态城市 | 生态环保行业 |
| 任务三：创新城市 | 吸纳集聚创新要素资源，培育新动能 | 高新行业 |
| 任务四：服务城市 | 优质公共服务，优质公共设施 | 基建行业 |

续表

| 任务 | 具体要求 | 涉及行业 |
|------|----------|----------|
| 任务五：畅通城市 | 快捷高效交通网，绿色交通体系 | 交通行业 |
| 任务六：改革城市 | 发挥市场在资源配置中的决定性作用，激发市场活力 | 综合行业 |
| 任务七：开放城市 | 扩大开放新高地和对外合作新平台 | 综合行业 |

资料来源：根据相关文件整理。

根据雄安新区建设的七大重点任务可知，雄安新区建设初期主要涉及交通、水利、能源等基础设施、公共服务、生态环保、高新技术等产业。因此，京津冀城商行应通过加大产融结合全方位支持雄安新区建设相关产业发展。其中，产业基金是加大产融结合的有效途径。经过多年的发展，产业基金已经成为一种十分灵活、有效的产融结合手段，成功地服务于基础设施工程、国企改制、产业升级等多个领域，以及各类新兴的、有巨大增值潜力的企业。目前，我国产业基金主要以政府产业引导基金为主，其是创新财政资金分配方式、充分发挥财政资金带动作用、提高资源配置效率、推动产业发展和促进企业成长的重要手段。该模式改变了以往财政资金直接注资、贷款贴息、担保补贴等方式，实现了利益共享、风险共担的集合式产融结合投资制度。目前我国政府引导产业基金主要投向基础设施和战略性新兴产业等领域。

1. 加强与政府引导产业基金合作的现实需要

随着各地方政府财政压力的不断增大，无法再利用财政资金满足多项产业的发展和建设，并且政府出资建设的效率可能并没有达到资金的充分使用和提高配置效率。因此，各地方政府也在转变资金投入的方式，由"拨"改"投"，为金融业的发展和结构优化带来了新的市场及业务领域。其中，政府主要是通过设立产业引导基金的方式引导和撬动社会资本和政府资本的合作，实现资源的充分利用和优化配置，支持国家重点战略型产业的发展，发挥财政资金"四两拨千斤"的能力，提高财政资金的使用效率和影响力。

目前河北省内高新技术型及创新型产业发展水平不高，其中在融资问题上存在一些困难。因为这类产业早期的发展对资金投入的要求比较大，风险较高。因此，银行出于风险的考虑，参与的积极性不高，其主要将资金投放到发展稳定并且相对成熟的传统产业当中。但是，高新技术及创新型产业在未来经济转型及经济发展中会有很大的增值潜力，银行通过对该类产业提供资金支持也可以减少投资于传统产业投资收益率不断下降的经营风险。京津冀城商行可通过与政府以及政府引导基金合作，介入创新型以及高新技术型产业的经营和发展当中，为它们提供金融服务，获取未来的潜在收益。在这种情况下，京津冀城商行与政府及政府引导基金合作就可以增加收入。尤其在面临经济转型、技术创新等诸多挑战因素和京津冀协同发展、雄安新区建设等众多发展机遇的环境中，京津冀城商行更需要与政府等相关部门加强合作，同时转变传统债权的合作模式，积极以股权的合作模式参与其中，助力产业发展，实现多方共赢。

2. 参股政府产业引导基金，助推产业发展

随着政府债务的高涨以及土地财政政策的缺陷，无法利用财政资金满足新区建设所有资金需求，因此，政府产业引导基金将充分发挥财政资金、社会资本以及金融机构的各自优势，形成优势互补、互惠共赢的局面，成为支持雄安新区众多建设项目落地的主要模式。2015年5月，国务院转发《关于在公共服务领域推广政府和社会资本合作模式的指导意见》，首次从国务院层面表示积极鼓励和推广使用政府资本及社会资本合作模式。该文表示："鼓励地方政府在承担有限损失的前提下，与具有投资管理经验的金融机构共同发起设立基金，并通过引入结构优化设计，吸引更多社会资本参与。"因此，京津冀城商行应充分发挥各自区域、资金、业务等优势，积极争取参股政府产业引导基金，引导和撬动社会资本投向新区项目建设，助推产业更好的发展。由于产业引导基金投向特定行业，其专业性较强，京津冀城商行在参与这些产业当中时，应充分利用自身已经积累的资源、信息等管理模式和经营经验，为相关产业、企业提供优质的金融服务，以实现推动产业发展、企业提质增效、成功转型的最终目标。

例如，为加快培育和发展战略性新兴产业，冀财基金公司代政府出资与廊坊市新型显示产业发展基金、华夏幸福、知合资本共同设立百亿级河北新型显示产业发展基金，重点投向云谷（固安）第6代AMOLED及相关新型显示项目，开创了河北省首次通过设立大型产业基金支持重大项目建设的先河。该基金对于加快新型显示产业发展、促进产业结构优化调整、实施创新驱动发展战略，推动经济提质增效升级具有重要意义。

总之，政府产业引导基金作为一种投融资方式对于经济的发展具有重大的意义。首先，其有助于解决企业发展的融资问题，尤其是中小微企业的融资难问题。其次，其对于产业的发展和转型升级可以发挥重要的作用。再次，其可以缓解地方政府财

政压力、优化负债结构，有利于分散重大项目风险，提高建设与运营效率。最后，其为广大的投资者拓宽了投资的渠道，有利于提高社会资金的配置效率和运作效率。在此大环境下，京津冀城商行应加大与政府产业基金的合作，共同引导社会资本的投入，切实推动产融结合，积极支持国家经济转型升级。

# 参考文献

［1］陈一洪. 城商行"发展转型综合症"及策略探讨［J］. 金融发展研究，2015（1）：78-81.

［2］秦奋. 我国国有商业银行竞争环境分析［D］. 中国海洋大学博士学位论文，2008.

［3］孙蒙. 利率市场化河北省城商行利率风险管理研究［D］. 河北大学博士学位论文，2016.

［4］张坤. 城商行竞争力评价报告（2016）（上）［J］. 银行家，2016（1）：7-14.

［5］北京银行. 北京银行2016年年度报告［R］. 北京银行，2016.

［6］天津银行. 天津银行2016年年度报告［R］. 天津银行，2016.

［7］河北银行. 河北银行2016年年度报告［R］. 河北银行，2016.

［8］张家口银行. 张家口银行2016年年度报告［R］. 张家口银行，2016.

［9］邯郸银行. 邯郸银行2016年年度报告［R］. 邯郸银行，2016.

［10］沧州银行. 沧州银行2016年年度报告［R］. 沧州银行，2016.

［11］唐山银行. 唐山银行2016年年度报告［R］. 唐山银行，2016.

［12］承德银行. 承德银行2016年年度报告［R］. 承德银行，2016.

［13］邢台银行. 邢台银行2016年年度报告［R］. 邢台银行，2016.

［14］保定银行. 保定银行2016年年度报告［R］. 保定银行，2016.

［15］衡水银行. 衡水银行2016年年度报告［R］. 衡水银行，2016.

［16］秦皇岛银行. 秦皇岛银行2016年年度报告［R］. 秦皇岛银行，2016.

［17］廊坊银行. 廊坊银行2016年年度报告［R］. 廊坊银行，2016.

［18］中国银监会. 中国银监会2016年年报［R］. 中国银监会，2016.

［19］中国人民银行官网. 存贷款基准利率表［R］. 中国人民银行，2016.

［20］吕向公. 中国城市商业银行公司治理优化研究［D］. 西北农林科技大学博

士学位论文，2012.

[21] 王珺威. 我国中小商业银行公司治理问题研究［D］. 东北财经大学博士学位论文，2011.

[22] 窦洪权. 银行公司治理分析［M］. 北京：中信出版社，2005.

[23] 朱若絮. 我国商业银行竞争力研究［D］. 西南财经大学博士学位论文，2012.

[24] 程惠芳，姚遥. 江浙沪城市商业银行竞争力及其影响因素分析［J］. 经济地理，2013，33（7）：121-126.

[25] 赖黄平. 我国城市商业银行发展中存在的问题及对策研究［J］. 对外经贸，2012（11）：122-123.

[26] 李贞彩. 城市商业银行发展战略研究［D］. 首都经济贸易大学博士学位论文，2006.

[27] 何雯. 利率市场化下商业银行优化负债结构策略［N］. 中国会计报，2017-04-21（005）.

[28] 陈一洪. 利率市场化如何影响城商行经营绩效？——影响机制及经验证据［J］. 金融发展评论，2017（1）：128-139.

[29] 陆岷峰，徐阳洋. "十三五"时期城商行创新发展环境［J］. 长春市委党校学报，2016（4）：33-35.

[30] 刘澍. 中国城市商业银行上市研究［D］. 辽宁大学博士学位论文，2016.

[31] 冯曦明，李朝霞，郭晓辉. 金融脱媒对商业银行资产负债结构的影响［J］. 商业研究，2016（5）：45-51.

[32] 郭江山. 京津冀协同发展中的金融支持——以银行资管业务为例［J］. 银行家，2016（1）：61-64.

[33] 张洁. 探讨"钱荒"背景下城市商业银行多元化战略［J］. 财经界（学术版），2014（22）：35-36.

[34] 蔡鸿志. 我国商业银行负债结构的衍变与思考［J］. 银行家，2014（8）：21-23.

[35] 伍戈，何伟. 商业银行资产负债结构与货币政策调控方式——基于同业业务的分析［J］. 金融监管研究，2014（7）：40-53.

[36] 郑杰. 我国商业银行负债结构优化［D］. 东北财经大学博士学位论文，2013.

[37] 张翔宇. 金融脱媒背景下我国商业银行经营前景分析 [J]. 山西财政税务专科学校学报，2013，15（2）：21-24.

[38] 周静. 金融脱媒与我国商业银行应对策略研究 [D]. 西南财经大学博士学位论文，2012.

[39] 白玉玲. 中国商业银行负债结构的变化、特征、原因及其对银行的影响 [J]. 科技信息（学术研究），2008（22）：69-70.

[40] 王浩. 利率市场化下我国商业银行资产负债管理研究 [D]. 东北财经大学博士学位论文，2006.

[41] 户艳领，李丽红. 我国商业银行负债结构优化探析 [J]. 边疆经济与文化，2005（6）：52-53.

[42] 户艳领，李丽红. 简析我国商业银行负债结构的优化 [J]. 广西农村金融研究，2005（2）：56-58.

[43] 王娜，王在全. 金融科技背景下商业银行转型策略研究 [J]. 现代管理科学，2017（7）：24-26.

[44] 贺建清. 金融科技：发展、影响与监管 [J]. 金融发展研究，2017（6）：54-61.

[45] 崔子腾，马越，吴晗. 金融科技发展对银行业的影响及对策研究 [J]. 中国物价，2017（6）：43-45.

[46] 李文红，蒋则沈. 金融科技（FinTech）发展与监管：一个监管者的视角 [J]. 金融监管研究，2017（3）：1-13.

[47] 严圣阳. 我国金融科技发展状况浅析 [J]. 金融经济，2016（22）：156-158.

[48] 张雅鹏. 河北银行直销银行发展研究 [D]. 河北经贸大学博士学位论文，2016.

[49] 刘盼. 河北银行互联网金融业务调研报告 [D]. 河北金融学院博士学位论文，2016.

[50] 刘智国. 互联网金融背景下的直销银行 [J]. 银行家，2014（10）：106.

[51] 陈希琳. 直销银行风头渐起 [J]. 经济，2014（10）：56-60.

[52] 高杰. 人工智能在金融交易中的作用及未来的发展方向 [J]. 电子技术与软件工程，2017（18）：253.

[53] 陆岷峰，虞鹏飞. 金融科技与商业银行创新发展趋势 [J]. 银行家，2017

（4）：127–130.

［54］张吉光.新常态下城商行的发展趋势与特点［J］.北方金融，2016（3）：14–17.

［55］李黄燕.浅议城商行信用卡客户分层管理［J］.现代商业，2014（36）：138–139.

［56］吕东.城商行信用卡领地面临"大行入侵"［N］.证券日报，2014–07–01（B03）.

［57］郭锐.要么不做，要么大做——城商行信用卡业务发展策略浅析［J］.中国信用卡，2012（6）：16–19.

［58］戴欣.城商行信用卡营销模式与风险浅析［D］.西南财经大学博士学位论文，2010.

［59］刘夏.商业银行信用卡业务盈利研究［D］.中国海洋大学博士学位论文，2014.

［60］郭玉功.我国商业银行信用卡风险管理研究［D］.山东大学博士学位论文，2013.

［61］简宁.践行金融科技创新北京银行信用卡点亮"京彩生活"［N］.华夏时报，2017–04–17（009）.

［62］管圣义，夏茂成，舒辰，果世恒.中国银行业理财市场2013年年度报告［J］.债券，2014（8）：16–22.

［63］管圣义，夏茂成，舒辰，果世恒.中国银行业理财市场2014年年度报告［J］.债券，2015（5）：28–36.

［64］中国银行业理财市场2015年年度报告［J］.债券，2016（3）：34–41.

［65］银行业理财登记托管中心.中国银行业理财市场年度报告（2016年）［R］.银行业理财登记托管中心，2017.

［66］张蒙.区域性银行理财产品资金投向分析［J］.中国信用卡，2017（4）：63–69.

［67］《2015年中国银行业理财业务发展报告》发布　银行理财规模保持高速增长，资管全球化布局有望成为新蓝海［J］.中国银行业，2016（6）：98–100.

［68］王俊.小微企业融资问题研究［J］.合作经济与科技，2017（14）：74–76.

［69］韩波.中国工商银行辽宁省分行小微企业信贷流程优化研究［D］.吉林大

学博士学位论文，2016.

［70］张日红，荣沉.引入企业主征信评分风险因素创新小微企业贷款定价方法［J］.中国银行业，2015（7）：82-85.

［71］朱云.商业银行小微金融服务研究：信贷工厂视角［D］.南京大学博士学位论文，2014.

［72］黄胜华.关于国内城商行发展模式的研究［J］.现代经济信息，2014（5）：296.

［73］苏鹏飞.宜信CEO唐宁：信贷技术创新是互联网金融创新的基础［N］.中华工商时报，2013-11-06（005）.

［74］向世文.银行服务小微企业的路径［J］.中国金融，2013（16）：67-69.

［75］刘海洋.以支持小微企业为导向的银行产品创新研究［D］.中国社会科学院研究生院博士学位论文，2013.

［76］罗晓雪.浅析"信贷工厂"模式［J］.经营管理者，2011（3）：23.

［77］常纪文.雄安新区的科学定位与绿色发展路径［J］.党政研究，2017（3）：7-14.

［78］王凤娇.金融支持京津冀协同发展研究［D］.河北经贸大学博士学位论文，2016.

［79］高敬.京津冀经济一体化形势下金融合作探析［J］.辽宁行政学院学报，2016（3）：3-8.

［80］刘静文.京津冀金融合作的方式与路径研究［J］.企业导报，2016（15）：3-8.

［81］朱永亮.河北省承接京津产业转移的金融支持研究［J］.产业与科技论坛，2017（4）：5-7.

［82］杨树青，金钰.京津冀金融协同发展研究［J］.华北金融，2016（3）：17-19.

［83］多部门研究金融支持京津冀协同发展［N］.中国保险报，2017-01-01.

［84］王俊.我国商业银行参与PPP模式的策略研究［J］.政策研究，2016（1）：7-14.

［85］曾林峰.银行参与PPP项目分析［J］.政策研究，2016（23）：7-14.

［86］李西江.对加强区域金融合作支持京津冀协同发展的建议［J］.华北金融，2014（6）：21-24.

[87] 刘玮. 论我国商业银行绿色金融发展策略研究［D］. 江西财经大学博士学位论文，2016.

[88] 高清霞，吴青莹. 我国商业银行发展绿色金融的问题及对策研究［J］. 环境与可持续发展，2016（1）：32-35.

[89] 官恒秋. 关于推进商业银行绿色金融业务的思考［J］. 金融纵横，2016（6）：21-24.

[90] 邢华彬. 关于商业银行服务京津冀协同发展的研究［J］. 商业银行经营管理，2017（2）：11-16.

[91] 郭炎兴. "同城金融圈"中的天津角色——天津银监局副局长王文刚等谈服务京津冀协同发展［J］. 中国金融家，2017（2）：4-10.

[92] 许英杰. 金融创新助力天津自贸区发展的探索与思考［J］. 天津经济，2017（2）：11-13.

[93] 郭小卉，康书生. 京津冀金融协同发展的路径选择［J］. 金融理论探索，2016（2）：22-24.

[94] 杨树青，金钰. 京津冀金融协同发展研究［J］. 华北金融，2016（3）：31-33.

[95] Warner M., Putting Child Care in the Regional Economy: Empirical and Conceptual Challenges and Economic Development Prospects[J]. Journal-Community Development Society, 2006, 37（2）: 7.

[96] Aidan R. Vining & Anthony E. Boardman. Public-Private Partnerships in Canada: Theory and Evidence［J］. Canadian Public Administration, 2008（1）: 7-14.

# 后 记

　　《河北省城市商业银行发展报告（2017）》如约与大家见面了。这是河北经贸大学金融与企业创新研究中心、河北经贸大学京津冀县域金融研究中心以及河北经贸大学金融研究所作为智库的一项重要成果，已经连续两年发布了。2017年的报告从确立专题、搜集整理资料、分工撰写，再到统撰定稿，历时半年时间，期间多次召开讨论会，协调进度，修改内容，力求符合政府部门、银行以及其他需求者的需要，为政府决策、城商行发展以及其他利益相关者提供有价值的参考，如果其具有上述作用，就说明该报告有意义。各章作者分别是：第一章（郭江山、王倩倩、王明利），第二章（郭江山、赵金康），第三章（曹衷阳、王重润、梁琪、秦莎），第四章（曹衷阳、王重润、温礼瑶、史宝英），第五章（郭翠荣、王梓豪、管佩昕），第六章（封文丽、刘佳慧），第七章（封文丽、邱宁）。全书由王重润、申富平组稿并统撰。

　　感谢人民银行石家庄中心支行调统处副处长孟会娟女士以及邢台银行副行长张皓阳先生的大力支持！